西

图解词典

ESPAÑOL · ENGLISH · 汉语

贾文波 车玉平 译

外语教学与研究出版社

北京

京权图字：01-2005-1019

A Dorling Kindersley Book
www.dk.com

Original title：BI-LINGUAL VISUAL DICTIONARY：SPANISH Copyright © 2005 Dorling
Kindersley Limited，London

本书仅供在中华人民共和国境内销售，不包括香港特别行政区、澳门特别行政区及台湾省。不得出口。

图书在版编目(CIP)数据

西英汉图解词典 / 贾文波，车玉平译. — 北京：外语教学与研究出版社，2007. 1 (2013.5 重印)
ISBN 978-7-5600-6304-1

Ⅰ. 西… Ⅱ. ①贾… ②车… Ⅲ. 图解词典—西、英、汉 Ⅳ. H061

中国版本图书馆 CIP 数据核字 (2006) 第 164396 号

出 版 人：蔡剑峰
责任编辑：李　丹
封面设计：蔡　曼
出版发行：外语教学与研究出版社
社　　址：北京市西三环北路 19 号 (100089)
网　　址：http://www.fltrp.com
印　　刷：北京华联印刷有限公司
开　　本：889×1194　1/32
印　　张：12.125
版　　次：2007 年 3 月第 1 版　2013 年 5 月第 7 次印刷
书　　号：ISBN 978-7-5600-6304-1
定　　价：45.00 元
*　　　　*　　　　*
购书咨询: (010)88819929　电子邮箱: club@fltrp.com
如有印刷、装订质量问题，请与出版社联系
联系电话: (010)61207896　电子邮箱: zhijian@fltrp.com
制售盗版必究 举报查实奖励
版权保护办公室举报电话: (010)88817519
物料号: 163040001

出 版 说 明

《西英汉图解词典》是外语教学与研究出版社在英国DK出版公司2005年出版的图解词典*Spanish English Visual Bilingual Dictionary*的基础上，为适应中国西班牙语、英语双语学习者的需要，增加每个词条的中文释义后编辑而成。

本词典用图解这种直观的方式来解释各种事物，清楚明了。词汇以所属范畴分类，便于查找。全书附图1,600余张，涉及到人们日常生活中接触的方方面面。图片清晰、生动、色彩鲜明，准确反映了事物的各个细节。书后附有三种语言的索引，方便读者查阅。

鉴于英西两种语言对事物的审视角度有所不同，故存在对同一事物的用词不尽一致的现象，且书中所涉及的某些事物的称谓与国内的习惯称谓有一定差异，因此编者在确定最后的中文释义时，以英语为基础，结合具体图片，作了较为灵活的处理。由于书中涉及的事物较多，难免有不尽完善之处，欢迎广大读者批评指正。

外语教学与研究出版社

contenido
contents
目录

sobre el diccionario
about the dictionary
词典介绍

42

la salud
health
健康

56

la casa
home
家居

146

comer fuera
eating out
外出就餐

160

el estudio
study
学习

252

el ocio
leisure
休闲

278

el medio ambiente
environment
环境

8

cómo utilizar este libro
how to use this book
使用说明

10

la gente
people
人

28

el aspecto
appearance
外表

92

los servicios
services
服务

102

las compras
shopping
购物

116

los alimentos
food
食物

170

el trabajo
work
工作

192

el transporte
transport
交通运输

218

los deportes
sports
体育运动

302

los datos
reference
日常便览

326

índice
index
索引

388

agradecimientos
acknowledgments
鸣谢

sobre el diccionario

Está comprobado que el empleo de fotografías ayuda a la comprensión y a la retención de información. Basados en este principio, este diccionario plurilingüe y altamente ilustrado exhibe un amplio registro de vocabulario útil y actual en tres idiomas.

El diccionario aparece dividido según su temática y abarca la mayoría de los aspectos del mundo cotidiano con detalle, desde el restaurante al gimnasio, la casa al lugar de trabajo, el espacio al reino animal. Encontrará también palabras y frases adicionales para su uso en conversación y para ampliar su vocabulario.

Este diccionario es un instrumento de referencia esencial para todo aquél que esté interesado en los idiomas; es práctico, estimulante y fácil de usar.

Algunos puntos a observar

Los tres idiomas se presentan siempre en el mismo orden: español, inglés y chino.

En español, los sustantivos se muestran con sus artículos definidos reflejando el género (masculino, femenino o neutro) y el número (singular/plural):

la semilla	**las almendras**
seed	almonds
种子	杏仁

Los verbos se indican con una (v) después del inglés:

recolectar • harvest (v) • 收获

El español tiene su propio índice. Aquí podrá mirar una palabra y se le indicará el número de la página donde aparece. El género se indica utilizando las siguientes abreviaturas:

m = masculino
f = femenino

about the dictionary

The use of pictures is proven to aid understanding and the retention of information. Working on this principle, this highly-illustrated multilingual dictionary presents a large range of useful current vocabulary in three languages.

The dictionary is divided thematically and covers most aspects of the everyday world in detail, from the restaurant to the gym, the home to the workplace, outer space to the animal kingdom. You will also find additional words and phrases for conversational use and for extending your vocabulary.

This is an essential reference tool for anyone interested in languages – practical, stimulating, and easy-to-use.

A few things to note

The three languages are always presented in the same order – Spanish, English and Chinese.

In Spanish, nouns are given with their definite articles reflecting the gender (masculine or feminine) and number (singular or plural), for example:

la semilla	**las almendras**
seed	almonds
种子	杏仁

Verbs are indicated by a (v) after the English, for example:

recolectar • harvest (v) • 收获

The Spanish has its own index at the back of the book. Here you can look up a word and be referred to the page number(s) where it appears. The gender is shown using the following abbreviations:

m = masculine
f = feminine

词典介绍

众所周知，图片的使用有助于对信息的理解与记忆，基于此原则，这本配有大量插图的多语种词典用西班牙、英、汉三种语言介绍了大量的当代有用词汇。

本词典按主题划分，涵盖了从餐馆到健身房、住宅到工作场所、外层空间到动物王国等日常生活中的大多数方面。书中还附有补充单词和词组以备日常对话及扩充词汇量之用。

本词典集实用性、直观性、方便性于一身，是语言爱好者必备的参考工具。

几点说明

三种语言均按：西班牙语、英语、汉语的顺序排列。
西班牙语用定冠词标注单词的性（阳性、阴性或中性）和数（单数或复数）。
例如：

la semilla   las almendras
seed   almonds
种子   杏仁

英语的动词后边标有(v)，例如：

recolectar • harvest (v) • 收获

书后附有三语索引，可以查到相应词汇及所在页。词性用以下缩写形式表示：

m = 阳性
f = 阴性
n = 中性

cómo utilizar este libro

Ya se encuentre aprendiendo un idioma nuevo por motivos de trabajo, placer, o para preparar sus vacaciones al extranjero, o ya quiera ampliar su vocabulario en un idioma que ya conoce, este diccionario es un instrumento muy valioso que podrá utilizar de distintas maneras.

Cuando esté aprendiendo un idioma nuevo, busque palabras similares en distintos idiomas y palabras que parecen similares pero que poseen significados totalmente distintos. También podrá observar cómo los idiomas se influyen unos a otros. Por ejemplo, la lengua inglesa ha importado muchos términos de comida de otras lenguas pero, a cambio, ha exportado términos empleados en tecnología y cultura popular.

Podrá comparar dos o tres idiomas, dependiendo de cómo de amplios sean sus intereses.

Actividades prácticas de aprendizaje

• Mientras se desplaza por su casa, lugar de trabajo o colegio, intente mirar las páginas que se refieren a ese lugar. Podrá entonces cerrar el libro, mirar a su alrededor y ver cuántos objetos o características puede nombrar.

• Desafíese a usted mismo a escribir una historia, carta o diálogo empleando tantos términos de una página concreta como le sea posible. Esto le ayudará a retener vocabulario y recordar la ortografía. Si quiere ir progresando para poder escribir un texto más largo, comience con frases que incorporen 2 ó 3 palabras.

• Si tiene buena memoria visual, intente dibujar o calcar objetos del libro; luego cierre el libro y escriba las palabras correspondientes debajo del dibujo.

• Cuando se sienta más seguro, escoja palabras del índice de uno de los idiomas y vea si sabe lo que significan antes de consultar la página correspondiente para comprobarlo.

how to use this book

Whether you are learning a new language for business, pleasure, or in preparation for a holiday abroad, or are hoping to extend your vocabulary in an already familiar language, this dictionary is a valuable learning tool which you can use in a number of different ways.

When learning a new language, look out for cognates (words that are alike in different languages) and false friends (words that look alike but carry significantly different meanings). You can also see where the languages have influenced each other. For example, English has imported many terms for food from other European languages but, in turn, exported terms used in technology and popular culture.

Practical learning activities

• As you move about your home, workplace, or college, try looking at the pages which cover that setting. You could then close the book, look around you and see how many of the objects and features you can name.

• Challenge yourself to write a story, letter, or dialogue using as many of the terms on a particular page as possible. This will help you retain the vocabulary and remember the spelling. If you want to build up to writing a longer text, start with sentences incorporating 2–3 words.

• If you have a very visual memory, try drawing or tracing items from the book onto a piece of paper, then close the book and fill in the words below the picture.

• Once you are more confident, pick out words in a foreign-language index and see if you know what they mean before turning to the relevant page to check if you were right.

使用说明

　　无论出于工作、娱乐或出国度假的需要，还是为了扩充一门您业已熟悉语言的词汇量，本词典都是满足您各种需求的极有价值的工具书。

　　当学习一门新的语言时，请留心同源词（虽属不同的语种但词形相近）和"假朋友"词（词形相近但含义却大相径庭）。在此还可以看出语言之间的相互影响之处。例如，英语在吸收了欧洲其他国家许多食品方面词汇的同时，其在科技及流行文化领域的词汇也融入了那些国家的语言。

　　您可以依据自己的兴趣比较本词典中的两三种语言。

实用学习法

● 当您在家中、工作场所或校园中信步时，尝试翻看本词典的相关内容，然后合上书环顾四周，看看能说出多少个物品的名称及其相关特征。

● 挑战自己，写一篇故事、一封信或一则对话，尽可能多地用到本词典某一页中的词汇，这有助于您保持一定的词汇量，并记住单词的拼写。如果您还要通过写更长的文章来提高自己的写作能力，不妨先从用两个词造句做起。

● 如果您拥有出众的视觉记忆力，不妨把书中所示的物品画在或拓绘在纸上，然后合上书，将相关的词汇一一标出。

● 一旦您信心增强，就可以在外文索引中摘出一些单词，看看是否知道它们所表达的意思，然后再翻到相应的页检查一下是否正确。

la gente

people

人

el cuerpo • body • 人体

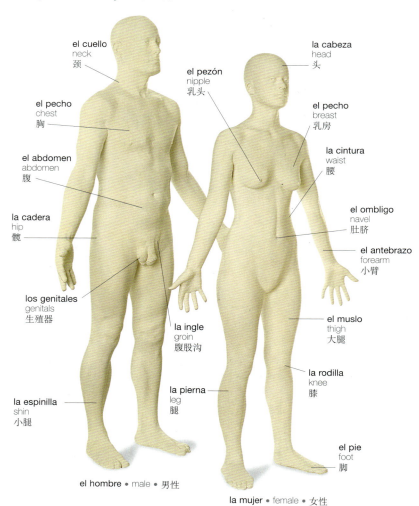

el cuello
neck
颈

la cabeza
head
头

el pezón
nipple
乳头

el pecho
chest
胸

el pecho
breast
乳房

el abdomen
abdomen
腹

la cintura
waist
腰

la cadera
hip
髋

el ombligo
navel
肚脐

el antebrazo
forearm
小臂

los genitales
genitals
生殖器

el muslo
thigh
大腿

la ingle
groin
腹股沟

la rodilla
knee
膝

la espinilla
shin
小腿

la pierna
leg
腿

el pie
foot
脚

el hombre • male • 男性

la mujer • female • 女性

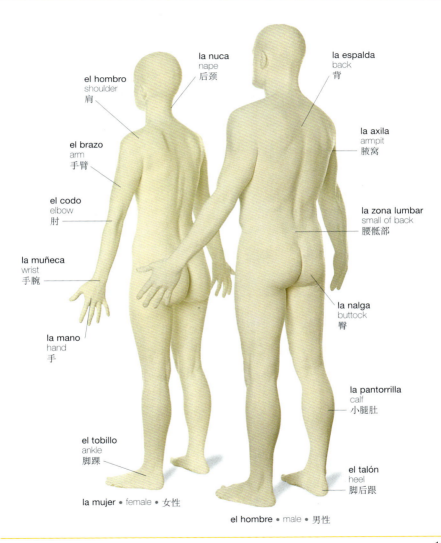

el hombro
shoulder
肩

la nuca
nape
后颈

la espalda
back
背

la axila
armpit
腋窝

el brazo
arm
手臂

el codo
elbow
肘

la zona lumbar
small of back
腰骶部

la muñeca
wrist
手腕

la mano
hand
手

la nalga
buttock
臀

la pantorrilla
calf
小腿肚

el tobillo
ankle
脚踝

el talón
heel
脚后跟

la mujer • female • 女性

el hombre • male • 男性

la cara • face • 面部

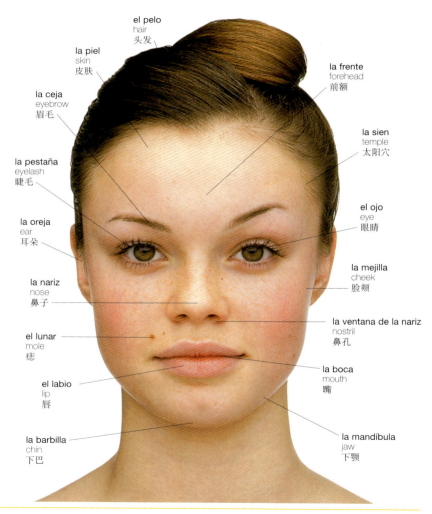

el pelo
hair
头发

la piel
skin
皮肤

la frente
forehead
前额

la ceja
eyebrow
眉毛

la sien
temple
太阳穴

la pestaña
eyelash
睫毛

el ojo
eye
眼睛

la oreja
ear
耳朵

la mejilla
cheek
脸颊

la nariz
nose
鼻子

la ventana de la nariz
nostril
鼻孔

el lunar
mole
痣

la boca
mouth
嘴

el labio
lip
唇

la barbilla
chin
下巴

la mandíbula
jaw
下颚

la arruga
wrinkle
皱纹

la peca
freckle
雀斑

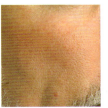
el poro
pore
毛孔

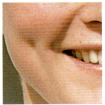
el hoyuelo
dimple
酒窝

la mano • hand • 手

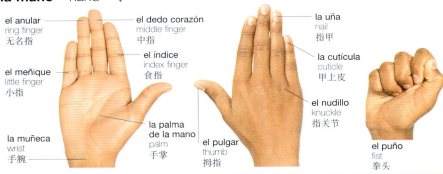

el anular
ring finger
无名指

el dedo corazón
middle finger
中指

la uña
nail
指甲

el índice
index finger
食指

la cutícula
cuticle
甲上皮

el meñique
little finger
小指

el nudillo
knuckle
指关节

la palma
de la mano
palm
手掌

la muñeca
wrist
手腕

el pulgar
thumb
拇指

el puño
fist
拳头

el pie • foot • 足

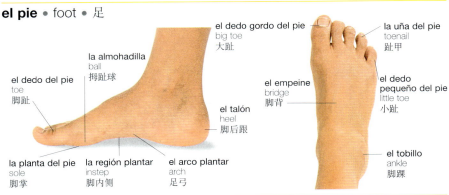

el dedo gordo del pie
big toe
大趾

la uña del pie
toenail
趾甲

la almohadilla
ball
拇趾球

el dedo del pie
toe
脚趾

el empeine
bridge
脚背

el dedo
pequeño del pie
little toe
小趾

el talón
heel
脚后跟

la planta del pie
sole
脚掌

la región plantar
instep
脚内侧

el arco plantar
arch
足弓

el tobillo
ankle
脚踝

los músculos • muscles • 肌肉

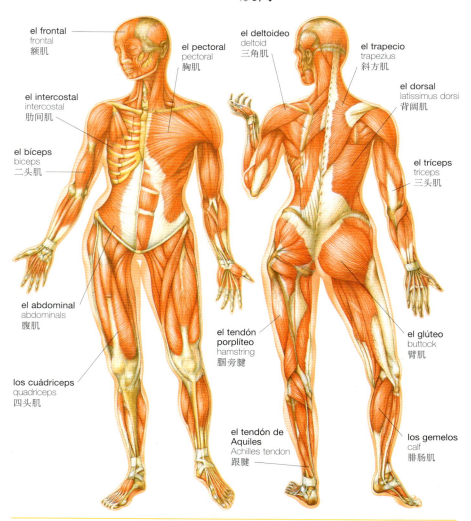

el frontal
frontal
额肌

el pectoral
pectoral
胸肌

el deltoideo
deltoid
三角肌

el trapecio
trapezius
斜方肌

el intercostal
intercostal
肋间肌

el dorsal
latissimus dorsi
背阔肌

el bíceps
biceps
二头肌

el tríceps
triceps
三头肌

el abdominal
abdominals
腹肌

el tendón
porplíteo
hamstring
腘旁腱

el glúteo
buttock
臀肌

los cuádriceps
quadriceps
四头肌

el tendón de
Aquiles
Achilles tendon
跟腱

los gemelos
calf
腓肠肌

el esqueleto • skeleton • 骨骼

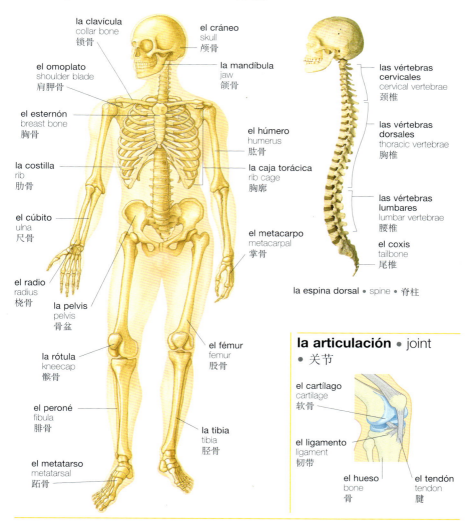

la clavícula
collar bone
锁骨

el cráneo
skull
颅骨

el omoplato
shoulder blade
肩胛骨

la mandíbula
jaw
颌骨

el esternón
breast bone
胸骨

el húmero
humerus
肱骨

la costilla
rib
肋骨

la caja torácica
rib cage
胸廓

el cúbito
ulna
尺骨

el metacarpo
metacarpal
掌骨

el radio
radius
桡骨

la pelvis
pelvis
骨盆

la rótula
kneecap
髌骨

el fémur
femur
股骨

el peroné
fibula
腓骨

la tibia
tibia
胫骨

el metatarso
metatarsal
跖骨

las vértebras
cervicales
cervical vertebrae
颈椎

las vértebras
dorsales
thoracic vertebrae
胸椎

las vértebras
lumbares
lumbar vertebrae
腰椎

el coxis
tailbone
尾椎

la espina dorsal • spine • 脊柱

la articulación • joint • 关节

el cartílago
cartilage
软骨

el ligamento
ligament
韧带

el hueso
bone
骨

el tendón
tendon
腱

los órganos internos • internal organs • 内脏

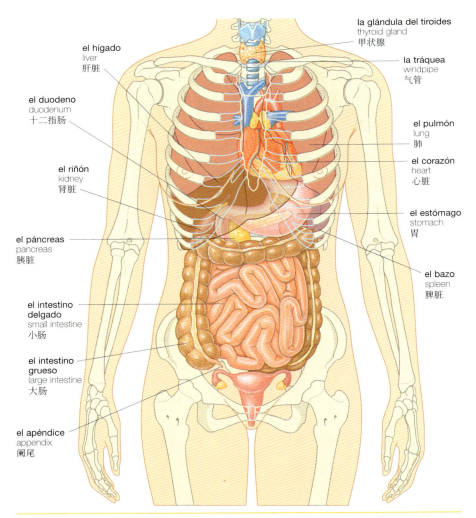

la glándula del tiroides
thyroid gland
甲状腺

la tráquea
windpipe
气管

el hígado
liver
肝脏

el pulmón
lung
肺

el duodeno
duodenum
十二指肠

el corazón
heart
心脏

el riñón
kidney
肾脏

el estómago
stomach
胃

el páncreas
pancreas
胰脏

el bazo
spleen
脾脏

el intestino
delgado
small intestine
小肠

el intestino
grueso
large intestine
大肠

el apéndice
appendix
阑尾

la cabeza • head • 头部

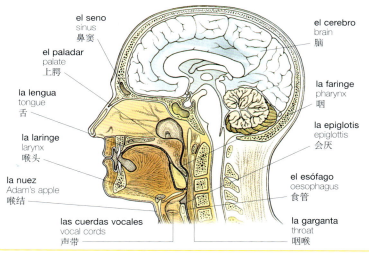

el seno
sinus
鼻窦

el cerebro
brain
脑

el paladar
palate
上腭

la faringe
pharynx
咽

la lengua
tongue
舌

la epiglotis
epiglottis
会厌

la laringe
larynx
喉头

la nuez
Adam's apple
喉结

el esófago
oesophagus
食管

las cuerdas vocales
vocal cords
声带

la garganta
throat
咽喉

los sistemas • body systems • 人体系统

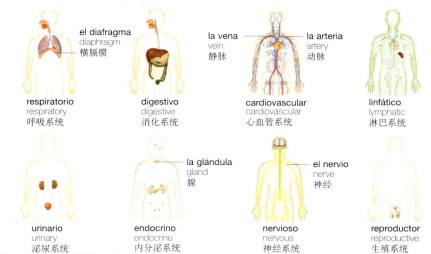

el diafragma
diaphragm
横膈膜

la vena
vein
静脉

la arteria
artery
动脉

respiratorio
respiratory
呼吸系统

digestivo
digestive
消化系统

cardiovascular
cardiovascular
心血管系统

linfático
lymphatic
淋巴系统

la glándula
gland
腺

el nervio
nerve
神经

urinario
urinary
泌尿系统

endocrino
endocrine
内分泌系统

nervioso
nervous
神经系统

reproductor
reproductive
生殖系统

los órganos reproduct ores • reproductive organs • 生殖器官

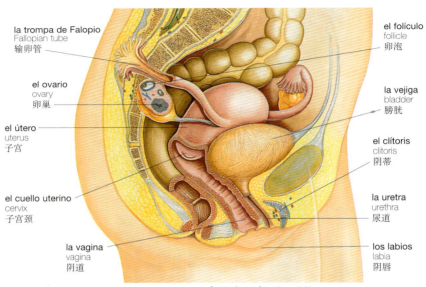

la trompa de Falopio
Fallopian tube
输卵管

el ovario
ovary
卵巢

el útero
uterus
子宫

el cuello uterino
cervix
子宫颈

la vagina
vagina
阴道

el folículo
follicle
卵泡

la vejiga
bladder
膀胱

el clítoris
clitoris
阴蒂

la uretra
urethra
尿道

los labios
labia
阴唇

femenino • female • 女性

la reproducción
• reproduction • 生殖

el esperma
sperm
精子

el óvulo
egg
卵子

la fertilización • fertilization • 受精

la hormona hormone 荷尔蒙	impotente impotent 阳痿	la menstruación menstruation 月经
la ovulación ovulation 排卵	fértil fertile 有生殖能力的	el coito intercourse 性交
estéril infertile 不育	concebir conceive 怀孕	la enfermedad de transmisión sexual sexually transmitted disease 性病

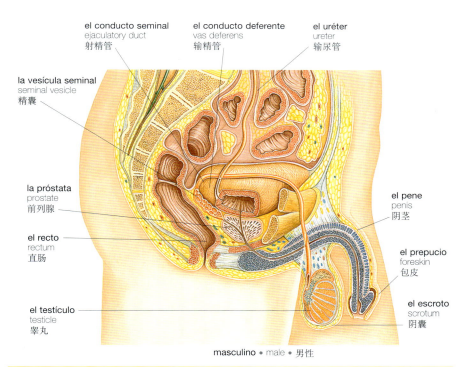

el conducto seminal
ejaculatory duct
射精管

el conducto deferente
vas deferens
输精管

el uréter
ureter
输尿管

la vesícula seminal
seminal vesicle
精囊

la próstata
prostate
前列腺

el recto
rectum
直肠

el testículo
testicle
睾丸

el pene
penis
阴茎

el prepucio
foreskin
包皮

el escroto
scrotum
阴囊

masculino • male • 男性

la anticoncepción • contraception • 避孕

el anillo cervical
cap
子宫托

el diafragma
diaphragm
阴道隔膜

el condón
condom
避孕套

el dispositivo intrauterino DIU
IUD
宫内避孕器

la píldora
pill
避孕药

español • english • 汉语

la familia • family • 家庭

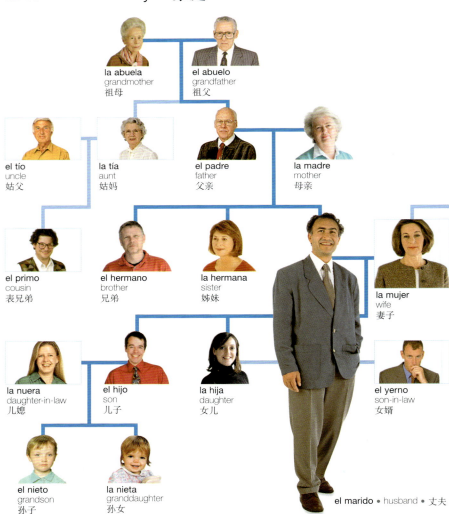

la abuela
grandmother
祖母

el abuelo
grandfather
祖父

el tío
uncle
姑父

la tía
aunt
姑妈

el padre
father
父亲

la madre
mother
母亲

el primo
cousin
表兄弟

el hermano
brother
兄弟

la hermana
sister
姊妹

la mujer
wife
妻子

la nuera
daughter-in-law
儿媳

el hijo
son
儿子

la hija
daughter
女儿

el yerno
son-in-law
女婿

el nieto
grandson
孙子

la nieta
granddaughter
孙女

el marido • husband • 丈夫

los parientes relatives 亲戚	**los padres** parents 父母	**los nietos** grandchildren 孙子女，外孙子女	**la madrastra** stepmother 继母	**el hijastro** stepson 继子	**la generación** generation 世代
los abuelos grandparents 祖父母，外祖父母	**los niños** children 孩子	**el padrastro** stepfather 继父	**la hijastra** stepdaughter 继女	**el/la compañero/-a** partner 配偶	**los gemelos** twins 双胞胎

las etapas • stages • 成长阶段

la suegra
mother-in-law
岳母

el suegro
father-in-law
岳父

el bebé
baby
婴儿

el niño
child
儿童

el cuñado
brother-in-law
妻妹(姐)夫

la cuñada
sister-in-law
妻妹(姐)

el chico
boy
男孩

la chica
girl
女孩

la sobrina
niece
外甥女

el sobrino
nephew
外甥

la adolescente
teenager
青少年

el adulto
adult
成年人

Señora
Mrs
太太

los tratamientos • titles • 称谓

Señor
Mr
先生

Señorita
Miss
小姐

el hombre
man
男人

la mujer
woman
女人

las relaciones • relationships • 人际关系

el jefe
manager
经理

la ayudante
assistant
助理

la socia
business partner
生意伙伴

la empresaria
employer
雇主

el empleado
employee
雇员

el compañero
colleague
同事

la oficina • office • 办公室

el vecino
neighbour
邻居

el amigo
friend
朋友

el conocido
acquaintance
熟人

el amigo por
correspondencia
penfriend
笔友

el novio
boyfriend
男朋友

la novia
girlfriend
女朋友

el prometido
fiancé
未婚夫

la prometida
fiancée
未婚妻

la pareja • couple • 情侣

la pareja prometida • engaged couple • 未婚夫妻

las emociones • emotions • 情感

la sonrisa
smile
微笑

contento
happy
快乐

triste
sad
悲伤

entusiasmado
excited
兴奋

aburrido
bored
无聊

sorprendido
surprised
惊讶

asustado
scared
惊恐

el ceño fruncido
frown
皱眉

enfadado
angry
恼怒

confuso
confused
困惑

preocupado
worried
忧虑

nervioso
nervous
紧张

orgulloso
proud
自豪

seguro de sí mismo
confident
自信

avergonzado
embarrassed
尴尬

tímido
shy
羞涩

triste upset 烦躁	reír laugh (v) 笑	suspirar sigh (v) 叹息	gritar shout (v) 叫喊
horrorizado shocked 震惊	llorar cry (v) 哭	desmayarse faint (v) 晕倒	bostezar yawn (v) 打哈欠

los acontecimientos de una vida • life events
• 人生大事

nacer
be born (v)
出生

empezar el colegio
start school (v)
入学

hacer amigos
make friends (v)
交友

licenciarse
graduate (v)
毕业

conseguir un trabajo
get a job (v)
就业

enamorarse
fall in love (v)
恋爱

casarse
get married (v)
结婚

tener un hijo
have a baby (v)
生子

la boda • wedding • 婚礼

el divorcio
divorce
离婚

el funeral
funeral
葬礼

el bautizo
christening
洗礼

el bar mitzvah
bar mitzvah
犹太男孩成人(13岁)仪式

el aniversario
anniversary
纪念日

emigrar
emigrate (v)
移民

jubilarse
retire (v)
退休

morir
die (v)
死亡

hacer testamento
make a will (v)
立遗嘱

la partida de nacimiento
birth certificate
出生证明

la celebración de la boda
wedding reception
婚宴

la luna de miel
honeymoon
蜜月

las celebraciones • celebrations • 节庆

los festivales
• festivals • 节日

la fiesta de
cumpleaños
birthday party
生日聚会

la tarjeta
card
贺卡

el regalo
present
礼物

el cumpleaños
birthday
生日

la Navidad
Christmas
圣诞节

la Pascua judía
Passover
逾越节

el Año Nuevo
New Year
新年

el carnaval
carnival
狂欢节，嘉年华会

el desfile
procession
游行

el Ramadán
Ramadan
斋月

la cinta
ribbon
缎带

el día de Acción de Gracias
Thanksgiving
感恩节

la Semana Santa
Easter
复活节

el día de Halloween
Halloween
万圣节

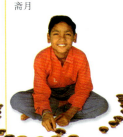

el Diwali
Diwali
排灯节

el aspecto

appearance

外表

la ropa de niño • children's clothing • 童装

el bebé • baby • 婴儿

el buzo
snowsuit
儿童防雪装

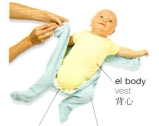

el body
vest
背心

el corchete
popper
摁扣

el pelele con pies
babygro
婴儿连脚裤

el pijama enterizo
sleepsuit
婴儿睡衣

el pelele sin pies
romper suit
连衫裤

el babero
bib
围嘴

las manoplas
mittens
婴儿手套

los patucos
booties
婴儿鞋

el pañal de felpa
terry nappy
绒布尿布

el pañal desechable
disposable nappy
一次性尿布

las braguitas de plástico
plastic pants
塑料尿裤

el niño pequeño • toddler • 幼儿

el gorro para el sol
sunhat
遮阳帽

el delantal
apron
围兜

los pantalones con peto
dungarees
工装裤

los pantalones cortos
shorts
短裤

la camiseta
t-shirt
T恤衫

la falda
skirt
裙子

el niño • child • 儿童

el vestido
dress
连衣裙

la capucha
hood
风帽

las sandalias
sandals
凉鞋

el verano
summer
夏天

los pantalones
vaqueros
jeans
牛仔裤

el impermeable
raincoat
雨衣

el otoño
autumn
秋天

la mochila
backpack
背包

la muletilla
toggle
棒形纽扣

la trenca
duffel coat
粗呢外套

la bufanda
scarf
围巾

el chaquetón
anorak
滑雪衫

las botas de
agua
wellington boots
长筒橡胶靴

el invierno
winrer
冬天

la bata
dressing gown
晨衣，室内便袍

el logotipo
logo
标识

las zapatillas de deporte
trainers
运动鞋

el uniforme del equipo
football strip
足球球衣

el chándal
tracksuit
运动服

las mallas
leggings
儿童保暖裤

el camisón
nightie
儿童睡衣

las zapatillas
slippers
拖鞋

la ropa para dormir • nightwear • 睡衣

la fibra natural natural fibre 天然纤维	¿Se puede lavar a máquina? Is it machine washable? 这可以机洗吗?
sintético synthetic 合成的	¿Le valdrá esto a un niño de dos años? Will this fit a two-year-old? 这适合两岁的孩子穿吗?

la ropa de caballero • men's clothing • 男装

el cuello
collar
衣领

la corbata
tie
领带

el cinturón
belt
腰带

la solapa
lapel
翻领

el ojal
buttonhole
扣眼儿

el puño
cuff
袖口

la chaqueta
jacket
上装

el botón
button
纽扣

los pantalones
trousers
裤子

el traje de chaqueta
business suit
西装

el bolsillo
pocket
口袋

el abrigo • coat • 外套

el forro
lining
衬里

los zapatos
de piel
leather shoes
皮鞋

la camisa shirt 衬衫	la bata dressing gown 晨衣	el chándal tracksuit 运动服	largo long 长
la rebeca cardigan 羊毛衫	la ropa interior underwear 内衣裤	la gabardina raincoat 雨衣	corto short 短

¿Tiene una talla más/menos?
Do you have this in a larger/smaller size?
有没有大/小一点儿的尺寸?

¿Me lo puedo probar?
May I try this on?
我可以试穿一下吗?

la chaqueta
blazer
体闲上衣

la americana sport
sports jacket
粗呢夹克

el chaleco
waistcoat
马甲

el cuello de pico
v-neck
V型领

el cuello redondo
round neck
圆领

la camiseta
t-shirt
T恤衫

el chaquetón
anorak
滑雪衫

la sudadera
sweatshirt
运动衫

la cazadora
windcheater
防风夹克

los pantalones
de chándal
sweatpants
运动裤

el jersey
sweater
套头毛衣

el pijama
pyjamas
睡衣

la camiseta de tirantes
vest
背心

la ropa sport
casual wear
便装

los pantalones cortos
shorts
短裤

los calzoncillos
briefs
三角内裤

los calzoncillos de pata
boxer shorts
短衬裤

los calcetines
socks
袜子

la ropa de señora • women's clothing
● 女装

la chaqueta
jacket
上装

el escote
neckline
领口

la costura
seam
缝合线

la manga
sleeve
袖子

largo
ankle length
及脚踝长

la falda
skirt
裙子

el dobladillo
hem
裙边

hasta la rodilla
knee-length
及膝长

las medias
tights
连裤袜

los zapatos
shoes
鞋

sin tirantes
strapless
无肩带

sin mangas
sleeveless
无袖

el traje de noche
evening dress
晚礼服

el vestido
dress
连衣裙

la blusa
blouse
女士衬衫

los pantalones
trousers
裤子

sport • casual • 便装

la lencería • lingerie • 女用内衣

el tirante
strap
肩带

el salto de cama
negligée
女用长睡衣

la combinación
slip
衬裙

la camisola
camisole
紧身内衣

las ligas
suspenders
吊袜带

el corsé con liguero
basque
女式短上衣

las medias de liguero
stockings
长筒袜

las medias
tights
连裤袜

la camiseta de tirantes
vest
背心

el sujetador
bra
胸罩

las bragas
knickers
女用内裤

el camisón
nightdress
女睡衣

la boda • wedding • 婚礼

el velo
veil
头纱

el encaje
lace
花边

el ramo de flores
bouquet
花束

la cola
train
拖裾

el vestido de novia • wedding dress • 结婚礼服

el corsé corset 束腹	**sastre** tailored 剪裁考究
la liga garter 松紧袜带	**con los hombros al aire** halter neck 露背装
la hombrera shoulder pad 垫肩	**el sujetador deportivo** sports bra 运动胸罩
la cinturilla waistband 腰带	**con aros** underwired 内有金属丝的(胸罩)

los accesorios • accessories • 配饰

la gorra
cap
帽子

el sombrero
hat
礼帽

el pañuelo
scarf
围巾

la hebilla
buckle
腰带扣

el cinturón
belt
腰带

el asa
handle
柄

la punta
tip
尖

el paraguas
umbrella
伞

el pañuelo
handkerchief
手帕

la pajarita
bow tie
领结

el alfiler de corbata
tie-pin
领带夹

los guantes
gloves
手套

las joyas • jewellery • 首饰

el colgante
pendant
项链坠

el broche
brooch
胸针

el gemelo
cufflink
袖扣

el collar de perlas
string of pearls
珍珠项链

el eslabón
link
链环

el cierre
clasp
链扣

el pendiente
earring
耳环

el anillo
ring
戒指

la piedra
stone
宝石

el collar
necklace
项链

la pulsera
bracelet
手镯

la cadena
chain
链子

el reloj
watch
手表

el joyero
jewellery box
首饰盒

los bolsos • bags • 包

el cierre
fastening
扣环

la correa
shoulder strap
背带

las asas
handles
提手

la cartera
wallet
钱夹

el monedero
purse
钱包

el bolso
shoulder bag
挎包

la bolsa de viaje
holdall
旅行袋

la serviett
briefcase
公文包

el bolso de mano
handbag
手提包

la mochila
backpack
背包

los zapatos • shoes • 鞋

el ojal
eyelet
鞋眼

la cordonera
lace
鞋带

la lengüeta
tongue
鞋舌

el tacón
heel
鞋跟

la suela
sole
鞋底

el zapato de cordoneras • lace-up • 系带鞋

la bota de trekking
walking boot
步行靴

la zapatilla
deportiva
trainer
运动鞋

el zapato de piel
leather shoe
皮鞋

la chancla
flip-flop
平底人字拖鞋

el zapato de tacón
high heel shoe
高跟鞋

el zapato de plataforma
platform shoe
厚底鞋

la sandalia
sandal
凉鞋

el mocasín
slip-on
无带便鞋

el zapato de
caballero
brogue
镂花皮鞋

el pelo • hair • 头发

el peine
comb
发梳

peinar
comb (v)
梳头

el cepillo
brush
发刷

cepillar
brush (v)
刷头发

la peluquera
hairdresser
美发师

el lavabo
sink
洗头盆

la cliente
client
顾客

lavar • wash (v) • 洗

enjuagar
rinse (v)
冲洗

la bata
robe
罩衫

cortar
cut (v)
剪

secar con el secador
blow dry (v)
吹干

marcar
set (v)
定型

los accesorios • accessories • 美发用品

el secador
hairdryer
吹风机

el champú
shampoo
洗发水

el suavizante
conditioner
护发素

el gel
gel
发胶

la laca
hairspray
定型水

las tenacillas
curling tongs
卷发钳

las tijeras
scissors
剪刀

la diadema
hairband
发箍

el rulo
curler
卷发夹子

la horquilla
hairpin
发卡

los estilos • styles • 发型

la cinta
ribbon
丝带

la cola de caballo
ponytail
马尾辫

la trenza
plait
麻花辫

el moño francés
french pleat
法式盘头

el moño
bun
发髻

las coletas
pigtails
小辫

la melena
bob
女式短发

el pelo corto
crop
短发

rizado
curly
卷发

la permanente
perm
烫发

lacio
straight
直发

las raíces
roots
发根

los reflejos
highlights
挑染

calvo
bald
秃顶

la peluca
wig
假发

los colores • colours • 发色

rubio
blonde
金色

castaño
brunette
深褐色

rojizo
auburn
红褐色

pelirrojo
ginger
红棕色

negro
black
黑色

gris
grey
灰色

blanco
white
白色

teñido
dyed
染色的

la goma del pelo hairtie 发带	**graso** greasy 油性(发质)
cortar las puntas trim (v) 修剪	**seco** dry 干性(发质)
el barbero barber 理发师	**normal** normal 中性(发质)
la caspa dandruff 头皮屑	**el cuero cabelludo** scalp 头皮
las puntas abiertas split ends 发梢分叉	**alisar** straighten (v) 拉直

la belleza • beauty • 美容

el tinte para el pelo
hair dye
染发

la sombra de
ojos
eye shadow
眼影

el rímel
mascara
睫毛膏

el lápiz de ojos
eyeliner
眼线液

el colorete
blusher
腮红

el maquillaje de fondo
foundation
粉底

la barra de labios
lipstick
口红

el maquillaje • make-up • 化妆

el lápiz de cejas
eyebrow pencil
眉笔

el cepillo para las cejas
eyebrow brush
眉刷

las pinzas
tweezers
眉夹

el brillo de labios
lip gloss
唇彩

el pincel de labios
lip brush
唇刷

el lápiz de labios
lip liner
唇线笔

la brocha
brush
化妆刷

el lápiz corrector
concealer
遮瑕膏

el espejo
mirror
化妆镜

los polvos compactos
face powder
粉饼

la borla
powder puff
粉扑

la polvera
compact
粉盒

los tratamientos de belleza
• beauty treatments • 美容护理

la mascarilla
face pack
面膜

la cama de rayos
ultravioletas • sunbed
• 紫外线浴床

exfoliar
exfoliate (v)
去死皮

la limpieza de cutis
facial
面部护理

la depilación a la cera
wax
热蜡脱毛

la pedicura
pedicure
趾甲护理

la manicura • manicure
• 指甲护理

el quitaesmalte
nail varnish remover
洗甲水

la lima de uñas
nail file
指甲锉

el esmalte de uñas
nail varnish
指甲油

las tijeras de uñas
nail scissors
指甲剪

el cortaúñas
nail clippers
指甲刀

los artículos de tocador
• toiletries • 化妆用品

la leche limpiadora
cleanser
洁面水

el tónico
toner
爽肤水

la crema hidratante
moisturizer
保湿霜

la crema auto-
bronceadora
self-tanning cream
黑肤霜

el perfume
perfume
香水

el agua de colonia
eau de toilette
淡香水

el cutis complexion 肤色	graso oily 油性（皮肤）	el bronceado tan 棕褐色皮肤
claro fair 皮肤白皙	sensible sensitive 敏感性的	el tatuaje tattoo 纹身
moreno dark 肤色较深	hipoalergénico hypoallergenic 低变应原的	las bolas de algodón cotton balls 棉球
seco dry 干性（皮肤）	el tono shade 色调	antiarrugas anti-wrinkle 抗皱

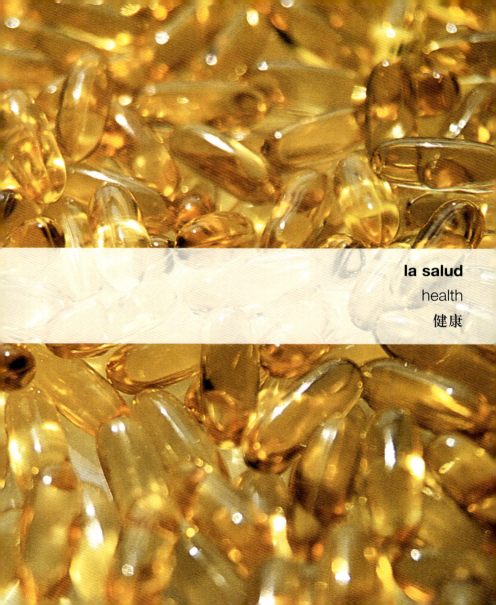

la salud

health

健康

la enfermedad • illness • 疾病

la fiebre • fever • 发烧

el dolor de cabeza
headache
头痛

la hemorragia nasal
nosebleed
鼻血

la tos
cough
咳嗽

el estornudo
sneeze
喷嚏

el resfriado
cold
感冒

la gripe
flu
流感

el inhalador
inhaler
气雾剂

el asma
asthma
哮喘

los calambres
cramps
痉挛

la náusea
nausea
恶心

la varicela
chickenpox
水痘

el sarpullido
rash
皮疹

el infarto de miocardio heart attack 心肌梗塞	**la diabetes** diabetes 糖尿病	**el eccema** eczema 湿疹	**el resfriado** chill 寒战	**vomitar** vomit (v) 呕吐	**la diarrea** diarrhoea 腹泻
el derrame cerebral stroke 中风	**la fiebre del heno** hayfever 枯草热	**la infección** infection 传染	**el dolor de estómago** stomach ache 胃痛	**la epilepsia** epilepsy 癫痫	**el sarampión** measles 麻疹
la tensión arterial blood pressure 血压	**la alergia** allergy 过敏	**el virus** virus 病毒	**desmayarse** faint (v) 昏厥	**la jaqueca** migraine 偏头痛	**las paperas** mumps 腮腺炎

el médico • doctor • 医生
la visita • consultation • 诊断

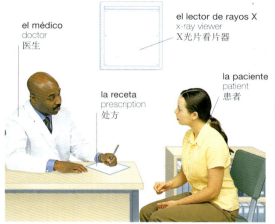

el médico
doctor
医生

el lector de rayos X
x-ray viewer
X光片看片器

la receta
prescription
处方

la paciente
patient
患者

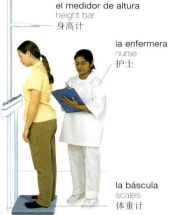

el medidor de altura
height bar
身高计

la enfermera
nurse
护士

la báscula
scales
体重计

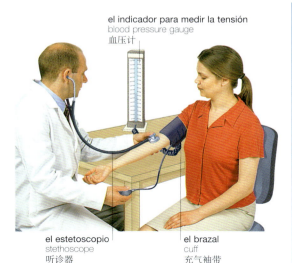

el indicador para medir la tensión
blood pressure gauge
血压计

el estetoscopio
stethoscope
听诊器

el brazal
cuff
充气袖带

la cita appointment 预约	el examen médico medical examination 体检
la consulta surgery 诊疗室	la inoculación inoculation 接种
la sala de espera waiting room 候诊室	el termómetro thermometer 体温计

Necesito ver a un médico.
I need to see a doctor.
我需要看医生。

Me duele aquí.
It hurts here.
这儿疼。

la lesión • injury • 创伤

el cabestrillo
sling
医用吊带

la fractura
fracture
骨折

el collarín
neck brace
颈托

el tirón en el cuello
whiplash
头颈部损伤

la torcedura • sprain • 扭伤

el corte
cut
割伤

el arañazo
graze
擦伤

el hematoma
bruise
瘀伤

la astilla
splinter
刺伤

la quemadura de sol
sunburn
晒伤

la quemadura
burn
烧伤

el mordisco
bite
咬伤

la picadura
sting
蜇伤

el accidente accident 事故	la hemorragia haemorrhage 大出血	la conmoción concussion 脑震荡	¿Se pondrá bien? Will he/she be all right? 他/她没事吧?
la urgencia emergency 紧急情况	la ampolla blister 水泡	la lesión en la cabeza head injury 头部损伤	Por favor llame a una ambulancia. Please call an ambulance. 请叫救护车。
la herida wound 伤口	el envenenamiento poisoning 中毒	la descarga eléctrica electric shock 电击	¿Dónde le duele? Where does it hurt? 哪里疼?

los primeros auxilios • first aid • 急救

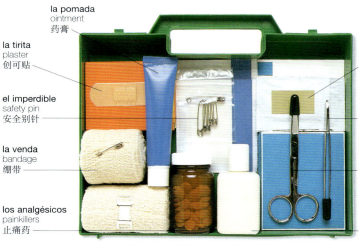

la pomada
ointment
药膏

la tirita
plaster
创可贴

el imperdible
safety pin
安全别针

la venda
bandage
绷带

los analgésicos
painkillers
止痛药

la toallita antiséptica
antiseptic wipe
消毒湿巾

las pinzas
tweezers
镊子

las tijeras
scissors
剪刀

el desinfectante
antiseptic
消毒剂

el botiquín • first aid box • 急救箱

la gasa
gauze
纱布

el vendaje
dressing
包扎

la tablilla • splint • 医用夹板

el esparadrapo
adhesive tape
橡皮膏

la reanimación
resuscitation
复苏术

el shock shock 休克	el pulso pulse 脉搏	ahogarse choke (v) 窒息	¿Me puede ayudar? Can you help me? 您能帮帮我吗?
inconsciente unconscious 不省人事	la respiración breathing 呼吸	estéril sterile 无菌	¿Sabes primeros auxilios? Do you know first aid? 你会急救吗?

el hospital • hospital • 医院

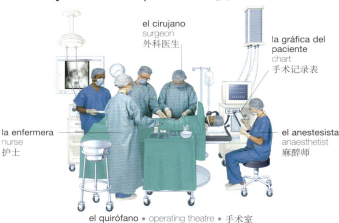

el cirujano
surgeon
外科医生

la gráfica del paciente
chart
手术记录表

la enfermera
nurse
护士

el anestesista
anaesthetist
麻醉师

el quirófano • operating theatre • 手术室

el análisis de sangre
blood test
验血

la inyección
injection
注射

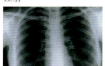

la radiografía
x-ray
X光

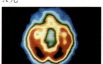

la ecografía
scan
CT扫描

la camilla
trolley
移动病床

la sala de urgencias
emergency room
急诊室

el timbre
call button
呼叫按钮

la planta
ward
病房

la silla de ruedas
wheelchair
轮椅

la operación	dado de alta	las horas de visita	la sala de maternidad	la unidad de cuidados intensivos
operation	discharged	visiting hours	maternity ward	intensive care unit
手术	出院	探视时间	产科病房	加护病房
ingresado	la clínica	la sala de pediatría	la habitación privada	el paciente externo
admitted	clinic	children's ward	private room	outpatient
收治的	诊所	儿童病房	单人病房	门诊病人

los servicios • departments • 科室

la otorrinonaringología
ENT
耳鼻喉科

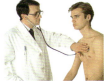

la cardiología
cardiology
心脏病科

la ortopedia
orthopaedy
整形外科

la ginecología
gynaecology
妇科

la fisioterapia
physiotherapy
理疗科

la dermatología
dermatology
皮肤科

la pediatría
paediatrics
儿科

la radiología
radiology
放射科

la cirugía
surgery
外科

la maternidad
maternity
产科

la psiquiatría
psychiatry
精神科

la oftalmología
ophthalmology
眼科

la neurología neurology 神经科	la urología urology 泌尿科	la cirugía plástica plastic surgery 矫形外科	la patología pathology 病理科	el resultado result 结果
la oncología oncology 肿瘤科	la endocrinología endocrinology 内分泌科	el volante referral 转诊	el análisis test 检查	el especialista consultant 专科医生

el dentista • dentist • 牙医

el diente • tooth • 牙齿

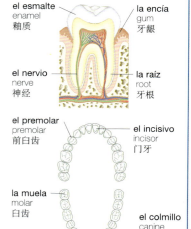

el esmalte
enamel
釉质

la encía
gum
牙龈

el nervio
nerve
神经

la raíz
root
牙根

el premolar
premolar
前白齿

el incisivo
incisor
门牙

la muela
molar
白齿

el colmillo
canine
犬齿

la revisión • check-up • 检查

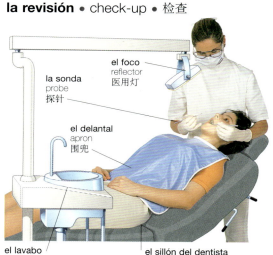

el foco
reflector
医用灯

la sonda
probe
探针

el delantal
apron
围兜

el lavabo
basin
漱口池

el sillón del dentista
dentist's chair
牙科椅

el dolor de muelas toothache 牙痛	el torno del dentista drill 牙钻
la placa bacteriana plaque 牙菌斑	el hilo dental dental floss 牙线
la caries decay 龋齿	la extracción extraction 拔牙
el empaste filling 填充物	la corona crown 齿冠

usar el hilo dental
floss (v)
用牙线洁齿

cepillarse los dientes
brush (v)
刷牙

el aparato
corrector
brace
畸齿矫正器

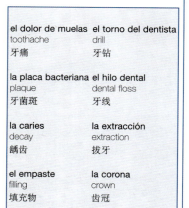

los rayos x dentales
dental x-ray
口腔X光

la radiografía
x-ray film
牙片

la dentadura
postiza
dentures
假牙

el óptico • optician • 配镜师

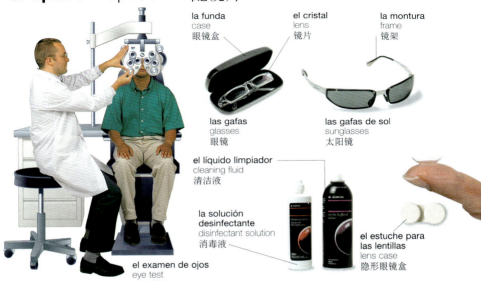

la funda
case
眼镜盒

el cristal
lens
镜片

la montura
frame
镜架

las gafas
glasses
眼镜

las gafas de sol
sunglasses
太阳镜

el líquido limpiador
cleaning fluid
清洁液

la solución
desinfectante
disinfectant solution
消毒液

el estuche para
las lentillas
lens case
隐形眼镜盒

el examen de ojos
eye test
视力检查

las lentes de contact • contact lenses • 隐形眼镜

el ojo • eye • 眼睛

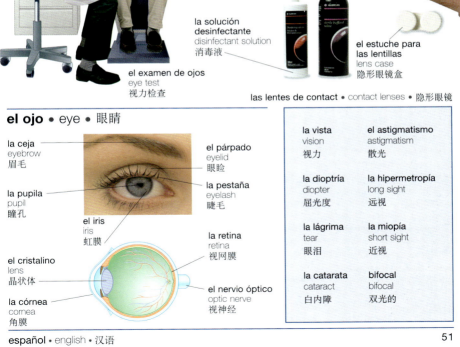

la ceja
eyebrow
眉毛

el párpado
eyelid
眼睑

la pestaña
eyelash
睫毛

la pupila
pupil
瞳孔

el iris
iris
虹膜

la retina
retina
视网膜

el cristalino
lens
晶状体

la córnea
cornea
角膜

el nervio óptico
optic nerve
视神经

la vista vision 视力	el astigmatismo astigmatism 散光
la dioptría diopter 屈光度	la hipermetropía long sight 远视
la lágrima tear 眼泪	la miopía short sight 近视
la catarata cataract 白内障	bifocal bifocal 双光的

el embarazo • pregnancy • 怀孕

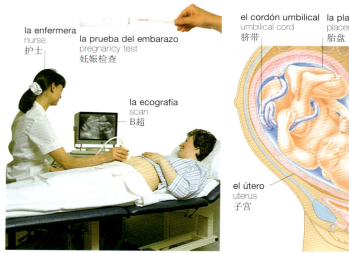

la enfermera
nurse
护士

la prueba del embarazo
pregnancy test
妊娠检查

la ecografía
scan
B超

el ultrasonido • ultrasound • 超声波（检查）

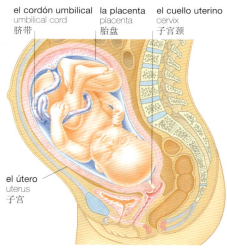

el cordón umbilical
umbilical cord
脐带

la placenta
placenta
胎盘

el cuello uterino
cervix
子宫颈

el útero
uterus
子宫

el feto • foetus • 胎儿

la ovulación ovulation 排卵	prenatal antenatal 出生前	el líquido amniótico amniotic fluid 羊水	la dilatación dilation 扩张术	los puntos stitches 缝合	de nalgas breech 逆产
la concepción conception 怀孕	el trimestre trimester 怀孕三个月	la amniocentesis amniocentesis 羊水穿刺诊断	la epidural epidural 硬膜外麻醉	el parto delivery 分娩	prematuro premature 早产的
embarazada pregnant 怀孕的	el embrión embryo 胚胎	la contracción contraction 宫缩	la cesárea caesarean section 剖腹产	el nacimiento birth 出生	el ginecólogo gynaecologist 妇科医生
encinta expectant 待产的	la matriz womb 子宫	romper aguas break waters (v) 破羊水	la episiotomía episiotomy 外阴切开术	el aborto espontáneo miscarriage 流产	el tocólogo obstetrician 产科医生

el parto • childbirth • 分娩

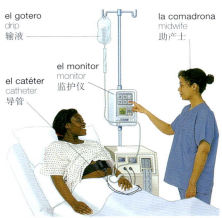

el gotero
drip
输液

la comadrona
midwife
助产士

el monitor
monitor
监护仪

el catéter
catheter
导管

provocar el parto • induce labour (v) • 引产

la incubadora • incubator • 育婴箱

la báscula
scales
婴儿秤

el peso al nacer • birth weight • 出生时体重

los fórceps
forceps
产钳

la ventosa
ventouse cup
吸杯

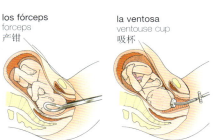

el parto asistido
assisted delivery
助产

la pulsera de identificación
identity tag
身份标签

el recién nacido • newborn baby • 新生儿

la lactancia • nursing • 哺乳

el sacaleches
breast pump
吸乳器

el sujetador para la lactancia
nursing bra
哺乳胸罩

dar el pecho
breastfeed (v)
喂母乳

los discos protectores
pads
乳垫

las terapias alternativas • alternative therapy • 替代疗法

el profesor
teacher
辅导教师

el masaje
massage
按摩

el shiatsu
shiatsu
指压按摩

el yoga • yoga • 瑜伽

la colchoneta
mat
垫子

la quiropráctica
chiropractic
脊柱按摩法

la osteopatía
osteopathy
整骨疗法

la reflexología
reflexology
足底反射疗法

la meditación
meditation
冥想

el terapeuta
counsellor
顾问

la terapia de grupo • group therapy • 集体治疗

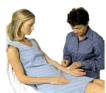

el reiki
reiki
灵气疗法

la acupuntura
acupuncture
针灸

la ayurveda
ayurveda
印度草药疗法

la hipnoterapia
hypnotherapy
催眠疗法

los aceites esenciales
essential oils
精油

el herbolario
herbalism
本草疗法

la aromaterapia
aromatherapy
芳香疗法

la homeopatía
homeopathy
顺势疗法

la acupresión
acupressure
指压疗法

la terapeuta
therapist
治疗师

la psicoterapia
psychotherapy
精神疗法

la cristaloterapia crystal healing 水晶疗法	la naturopatía naturopathy 自然疗法	la relajación relaxation 放松	la hierba herb 药草
la hidroterapia hydrotherapy 水疗	el feng shui feng shui 风水	el estrés stress 压力	el suplemento supplement 营养品

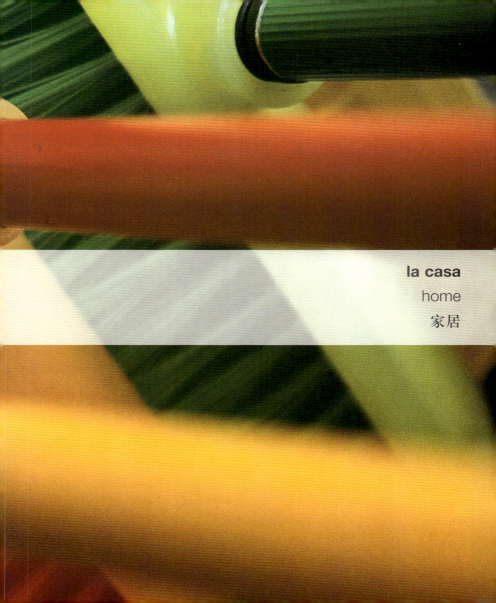

la casa

home

家居

la casa • house • 房屋

el tejado
roof
屋顶

la chimenea
chimney
烟囱

la ventana de la buhardilla
dormer window
屋顶窗

el canalón
gutter
檐槽

la teja
tile
瓦片

la pared
wall
墙壁

el alero
eaves
屋檐

la contraventana
shutter
百叶窗

el porche
porch
门廊

la ventana
window
窗户

la ampliación
extension
(建筑物)增建部分

el camino
path
小径

la puerta principal
front door
前门

no adosado detached 独立式	la vivienda urbana townhouse 独栋住宅	el garaje garage 车库	el piso floor 楼层	la alarma antirrobo burglar alarm 防盗警报	alquilar rent (v) 租用
adosado por un lado semidetached 半独立式	la vivienda de una planta bungalow 平房	el ático attic 阁楼	el patio courtyard 庭院	el buzón letterbox 信箱	el alquiler rent 房租
adosado terraced 连排式	el sótano basement 地下室	la habitación room 房间	la luz del porche porch light 门廊灯	el propietario landlord 房东	el inquilino tenant 房客

la entrada • entrance • 入口

el pasamanos
hand rail
扶手

el descansillo
landing
楼梯平台

la barandilla
banister
楼梯栏杆

la escalera
staircase
楼梯

el vestíbulo • hallway • 门厅

el timbre
doorbell
门铃

el felpudo
doormat
门垫

la aldaba
door knocker
门环

la llave
key
钥匙

la cadena
door chain
门链

la cerradura
lock
锁

el cerrojo
bolt
门闩

el piso • flat • 公寓

el balcón
balcony
阳台

el balcón
block of flats
公寓楼

el interfono
intercom
对讲器

el ascensor
lift
电梯

las instalaciones internas • internal systems
• 室内系统

el radiador • radiator • 暖器片

la hoja
blade
扇叶

el ventilador
fan
风扇

la estufa
heater
电暖器

el calentador de convección
convector heater
对流式电暖器

la electricidad • electricity • 电

el filamento
filament
灯丝

el portalámparas de bayoneta
bayonet fitting
灯泡接口

la bombilla • light bulb • 灯泡

la toma de tierra
earthing
接地

la clavija
pin
插片

el enchufe macho • plug • 插头

neutro
neutral
零线

con corriente
live
火线

los cables • wires • 电线

el voltaje voltage 电压	el fusible fuse 保险丝	el enchufe hembra socket 插座	la corriente continua direct current 直流电	el transformador transformer 变压器
el amperio amp 安培	la caja de los fusibles fuse box 保险盒	el interruptor switch 开关	el contador de la luz electricity meter 电表	el suministro de electricidad mains supply 供电系统
la corrriente eléctrica power 电力	el generador generator 发电机	la corriente alterna alternating current 交流电	el corte de luz power cut 停电	

la fontanería • plumbing • 管道装置

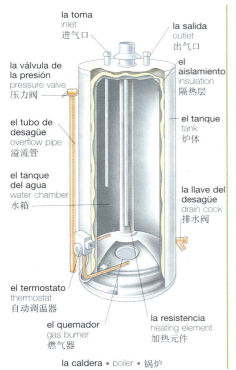

la toma
inlet
进气口

la salida
outlet
出气口

la válvula de
la presión
pressure valve
压力阀

el
aislamiento
insulation
隔热层

el tubo de
desagüe
overflow pipe
溢流管

el tanque
tank
炉体

el tanque
del agua
water chamber
水箱

la llave del
desagüe
drain cock
排水阀

el termostato
thermostat
自动调温器

el quemador
gas burner
燃气器

la resistencia
heating element
加热元件

la caldera • boiler • 锅炉

el fregador • sink • 洗涤槽

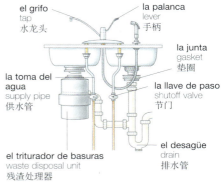

el grifo
tap
水龙头

la palanca
lever
手柄

la junta
gasket
垫圈

la toma del
agua
supply pipe
供水管

la llave de paso
shutoff valve
节门

el triturador de basuras
waste disposal unit
残渣处理器

el desagüe
drain
排水管

el retrete • water closet • 抽水马桶

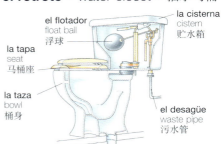

el flotador
float ball
浮球

la cisterna
cistern
贮水箱

la tapa
seat
马桶座

la taza
bowl
桶身

el desagüe
waste pipe
污水管

la eliminación de desechos • waste disposal • 垃圾处理

la botella
bottle
瓶子

el cubo para reciclar
recycling bin
垃圾回收箱

la tapa
lid
盖子

el pedal
pedal
踏板

el cubo de la basura
rubbish bin
垃圾桶

el armario para
clasificar la basura
sorting unit
分类箱

los despercicios
orgánicos
organic waste
有机废物

el cuarto de estar • living room • 起居室

el cuadro
painting
画

el marco
frame
画框

la lámpara
lamp
灯

el aplique
wall light
壁灯

el reloj
clock
钟表

el techo
ceiling
天花板

el armario
cabinet
储物柜

el sofá
sofa
沙发

el cojín
cushion
靠垫

la mesa de
café
coffee table
茶几

el suelo
floor
地板

el espejo
mirror
镜子

el jarrón
vase
花瓶

la repisa de la chimenea
mantelpiece
壁炉台

la chimenea
fireplace
壁炉

el biombo
screen
挡火板

la vela
candle
蜡烛

la cortina
curtain
窗帘

el visillo
net curtain
窗幔

el estor de láminas
venetian blind
百叶窗

el estor
roller blind
卷帘

la moldura
moulding
装饰脚线

el sillón
armchair
扶手椅

la estantería
bookshelf
书架

el sofá-cama
sofabed
沙发床

la alfombra
rug
地毯

el despacho • study • 书房

el comedor • dining room • 餐厅

la pimienta
pepper
胡椒粉

la sal
salt
盐

la mesa
table
餐桌

la vajilla
crockery
陶瓷餐具

los cubiertos
cutlery
餐具

la silla
chair
椅子

el respaldo
back
椅背

el asiento
seat
座位

la pata
leg
椅子腿

poner la mesa	el mantel individual	la comida	lleno	el anfitrión	¿Puedo repetir, por favor?
lay the table (v)	place mat	lunch	full	host	Can I have some more, please?
摆桌子	餐具垫	午餐	饱	主人	请再给我加一些，好吗？
servir	el mantel	la cena	la ración	la anfitriona	Estoy lleno, gracias.
serve (v)	tablecloth	dinner	portion	hostess	I've had enough, thank you.
上菜	桌布	晚餐	一份	女主人	我吃饱了，谢谢。
comer	el desayuno	hambriento	la comida	el invitado	Estaba buenísimo.
eat (v)	breakfast	hungry	meal	guest	That was delicious.
吃	早餐	饿	饭菜	客人	很好吃。

la vajilla y los cubiertos • crockery and cutlery • 餐具

la taza
mug
马克杯

la taza de café
coffee cup
咖啡杯

la taza de té
teacup
茶杯

la cucharilla de café
teaspoon
茶匙

el plato
plate
盘子

el bol
bowl
碗

la cafetera de émbolo
cafetière
咖啡壶

la tetera
teapot
茶壶

la jarra
jug
带柄水壶

la huevera
egg cup
蛋杯

la copa de vino
wine glass
酒杯

el vaso
tumbler
平底玻璃杯

la cristalería
glassware
玻璃器皿

el servilletero
napkin ring
餐巾套环

el plato del pan
side plate
甜点盘

el plato llano
dinner plate
正餐用盘

el plato sopero
soup bowl
汤盆

la cuchara sopera
soup spoon
汤匙

la servilleta
napkin
餐巾

el tenedor
fork
餐叉

la cuchara
spoon
餐匙

el cuchillo
knife
餐刀

el cubierto • place setting • 餐具摆放

la cocina • kitchen • 厨房

los estantes
shelves
搁架

el frente de
la cocina
splashback
防溅挡板

el grifo
tap
水龙头

el fregadero
sink
洗涤槽

el cajón
drawer
抽屉

el extractor
extractor
抽油烟机

la placa vitrocerámica
ceramic hob
陶瓷炉台

la encimera
worktop
操作台

el horno
oven
烤箱

el armario
cabinet
橱柜

los electrodomésticos • appliances • 厨房电器

el horno microondas
microwave oven
微波炉

el cuenco mezclador
mixing bowl
搅拌容器

la cuchilla
blade
刀片

la tapa
lid
盖子

el hervidor
kettle
电水壶

el tostador
toaster
烤面包机

el robot de cocina
food processor
食品加工器

la licuadora
blender
搅拌器

el friegaplatos
dishwasher
洗碗机

la máquina de los cubitos
ice maker
制冰室

el frigorífico
refrigerator
冷藏室

el congelador
freezer
冷冻室

el estante
shelf
搁板

el cajón de
las verduras
crisper
蔬菜保鲜格

la placa hob 炉盘	congelar freeze (v) 冷冻
el escurridor draining board 餐具沥水架	descongelar defrost (v) 解冻
el quemador burner 火炉	cocer al vapor steam (v) 蒸
el cubo de basura rubbish bin 垃圾桶	saltear sauté (v) 炒

el frigorífico congelador • fridge-freezer • 双门电冰箱

cocinar • cooking • 烹饪

pelar
peel (v)
削皮

cortar
slice (v)
切片

rallar
grate (v)
擦碎

echar
pour (v)
注水

mezclar
mix (v)
搅拌

batir
whisk (v)
搅打

hervir
boil (v)
煮沸

freír
fry (v)
煎

extender con el rodillo
roll (v)
擀

remover
stir (v)
搅动

cocer a fuego lento
simmer (v)
文火烧，煨，炖

escalfar
poach (v)
沸水煮

cocer al horno
bake (v)
烘制

asar
roast (v)
烤制

asar a la parrilla
grill (v)
烧烤

los utensilios de cocina • kitchenware • 厨具

el cuchillo de sierra
bread knife
面包刀

la tabla para cortar
chopping board
案板

el cuchillo de cocina
kitchen knife
厨刀

el hacha de cocina
cleaver
切肉刀

el afilador
knife sharpener
磨刀器

el mazo de cocina
meat tenderizer
松肉槌

el pincho
skewer
串肉扦

el mondador
peeler
削皮刀

el descorazonador
apple corer
苹果去核器

el rallador
grater
礤床

la mano de
mortero
pestle
研杵

el mortero
mortar
研钵

**el mazo para puré
de patatas**
masher
捣泥器

el abrelatas
can opener
开罐器

el abrebotellas
bottle opener
开瓶器

el prensaajos
garlic press
压蒜器

la cuchara de servir
serving spoon
分餐匙

**la pala para
pescado**
fish slice
煎鱼铲

el escurridor
colander
滤锅

la espátula
spatula
刮铲

la cuchara de madera
wooden spoon
木勺

la espumadera
slotted spoon
漏勺

el cucharón
ladle
长柄勺

el tenedor para trinchar
carving fork
切肉叉

la cuchara para helado
scoop
深口圆匙

el batidor de varillas
whisk
打蛋器

el colador
sieve
滤网

la tapa
lid
锅盖

antiadherente
non-stick
不粘锅

la sartén
frying pan
煎锅

el cazo
saucepan
长柄深平底锅

la parrilla
grill pan
烤架盘

el wok
wok
炒锅

la cazuela de barro
earthenware dish
陶制炖锅

de cristal
glass
玻璃

resistente al horno
ovenproof
耐热

el cuenco
mixing bowl
搅拌碗

el molde para suflé
soufflé dish
雪花酥模子

la fuente para gratinar
gratin dish
烘烤菜肴盘

el molde individual
ramekin
干酪蛋糕模

la cazuela
casserole dish
砂锅

la repostería • baking cakes • 蛋糕制作

la báscula de cocina
scales
秤

la jarra graduada
measuring jug
量壶

el molde para bizcocho
cake tin
蛋糕烤模

el molde redondo
pie tin
馅饼烤模

la flanera
flan tin
奶油蛋糕烤模

la brocha de cocina
pastry brush
面粉刷

el rodillo de cocina
rolling pin
擀面杖

la manga pastelera
piping bag
蛋糕裱花袋

el molde para magdalenas
muffin tray
松饼烤盘

la bandeja de horno
baking tray
烤盘

la rejilla
cooling rack
冷却架

la manopla de cocina
oven glove
烤箱手套

el delantal
apron
围裙

el dormitorio • bedroom • 卧室

el armario
wardrobe
衣橱

la lámpara de la
mesilla
bedside lamp
床头灯

el cabecero
headboard
床头板

la mesilla de noche
bedside table
床头柜

la cómoda
chest of drawers
五斗橱

el cajón
drawer
抽屉

la cama
bed
床

el colchón
mattress
床垫

la colcha
bedspread
床罩

la almohad
pillow
枕头

la bolsa de agua
caliente
hot-water bottle
暖水袋

la radio despertador
clock radio
时钟收音机

el reloj despertador
alarm clock
闹钟

la caja de pañuelos
de papel
box of tissues
纸巾盒

la percha
coat hanger
衣架

la ropa de cama • bed linen • 床上用品

la funda de la almohada
pillowcase
枕套

la sábana
sheet
床单

el cubrecanapé
valance
床帷

el espejo
mirror
镜子

el tocador
dressing table
梳妆台

el edredón
duvet
羽绒被

el suelo
floor
地板

la colcha
quilt
棉被

la manta
blanket
毯子

la cama individual single bed 单人床	el estribo footboard 床脚板	el insomnio insomnia 失眠	despertarse wake up (v) 醒来	poner el despertador set the alarm (v) 设定闹钟
la cama de matrimonio double bed 双人床	el muelle spring 弹簧	acostarse go to bed (v) 上床睡觉	levantarse get up (v) 起床	roncar snore (v) 打鼾
la manta eléctrica electric blanket 电热毯	la moqueta carpet 地毯	dormirse go to sleep (v) 入睡	hacer la cama make the bed (v) 整理床铺	el armario empotrado built-in wardrobe 内嵌式衣橱

el cuarto de baño • bathroom • 浴室

el toallero
towel rail
毛巾架

la puerta de la ducha
shower door
淋浴隔门

el grifo de agua fría
cold tap
冷水龙头

el grifo de agua caliente
hot tap
热水龙头

la alcachofa de la ducha
shower head
淋浴喷头

el lavabo
washbasin
洗手池

la ducha
shower
淋浴

el tapón
plug
塞子

el desagüe
drain
地漏

la tapa del wáter
toilet seat
马桶座

el wáter
toilet
抽水马桶

la escobilla del wáter
toilet brush
马桶刷

la bañera • bathtub • 浴缸

el bidé • bidet • 净身盆

el armario de las medicinas medicine cabinet 家用药箱	la alfombrilla de baño bath mat 浴室防滑垫
el rollo de papel higiénico toilet roll 卫生纸	la cortina de ducha shower curtain 淋浴隔帘
darse una ducha take a shower (v) 洗淋浴	darse un baño take a bath (v) 洗澡

la higiene dental • dental hygiene • 口腔卫生

el cepillo de dientes
toothbrush
牙刷

el hilo dental
dental floss
牙线

la pasta de dientes
toothpaste
牙膏

el enjuague bucal
mouthwash
漱口液

la esponja de luffa
loofah
丝瓜络

la esponja
sponge
海绵

la piedra pómez
pumice stone
浮石

el cepillo para la espalda
back brush
背刷

el desodorante
deodorant
除臭剂

la jabonera
soap dish
肥皂盒

el gel de ducha
shower gel
沐浴乳

el jabón
soap
肥皂

la crema para la cara
face cream
面霜

el gel de baño
bubble bath
泡泡浴液

la toalla de lavabo
hand towel
擦手巾

la toalla de baño
bath towel
浴巾

las toallas
towels
毛巾

la leche del cuerpo
body lotion
润肤露

los polvos de talco
talcum powder
爽身粉

el albornoz
bathrobe
浴袍

el afeitado • shaving • 剃须

la maquinilla eléctrica
electric razor
电动剃须刀

la espuma de afeitar
shaving foam
剃须泡沫

la cuchilla de afeitar desechable
disposable razor
一次性剃须刀

la hoja de afeitar
razor blade
剃刀刀片

el aftershave
aftershave
须后水

la habitación de los niños • nursery • 育婴室
el cuidado del bebé • baby care • 婴儿护理

la crema para las escoceduras
nappy rash cream
尿疹膏

la toallita húmeda
wet wipe
湿纸巾

la esponja
sponge
海绵

la bañera de plástico
baby bath
婴儿浴盆

el orinal
potty
婴儿便盆

el cambiador
changing mat
换衣垫

la hora de dormir • sleeping • 睡眠

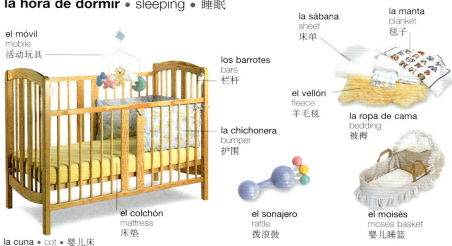

el móvil
mobile
活动玩具

los barrotes
bars
栏杆

la chichonera
bumper
护围

el colchón
mattress
床垫

la cuna • cot • 婴儿床

la sábana
sheet
床单

la manta
blanket
毯子

el vellón
fleece
羊毛毯

la ropa de cama
bedding
被褥

el sonajero
rattle
拨浪鼓

el moisés
moses basket
婴儿睡篮

los juegos • playing • 游戏

la muñeca
doll
娃娃

el muñeco de peluche
soft toy
长毛绒玩具

la casa de muñecas
doll's house
娃娃屋

la casa de juguete
playhouse
玩具屋

la seguridad • safety • 安全

el cierre de seguridad
child lock
儿童安全锁

el escuchabebés
baby monitor
婴儿监视器

el oso de peluche
teddy bear
长毛绒玩具熊

el juguete
toy
玩具

la pelota
ball
球

el cesto de los juguetes
toy basket
玩具篮

el parque • playpen • 游戏围栏

la barrera de seguridad
stair gate
楼梯门栏

la comida • eating • 饮食

la trona
high chair
(小孩吃饭时坐的)高脚椅

la tetina
teat
奶嘴

la taza
drinking cup
婴儿杯

el biberón
bottle
奶瓶

el paseo • going out • 外出

la silleta de paseo
pushchair
折叠式婴儿车

la capota
hood
遮阳篷

el cochecito de niños
pram
卧式婴儿车

el capazo
carrycot
手提式婴儿床

el pañal
nappy
尿布

la bolsa del bebé
changing bag
婴儿衣物袋

la mochila de bebé
baby sling
婴儿吊带

el lavadero • utility room • 洗衣间
la colada • laundry • 洗涤

la ropa sucia
dirty washing
脏衣物

el cesto de la colada
laundry basket
洗衣篮

la lavadora
washing machine
洗衣机

la lavadora secadora
washer-dryer
洗衣干衣机

la secadora
tumble dryer
滚筒式烘干机

la ropa limpia
clean clothes
干净衣物

el cesto de la
ropa de plancha
linen basket
衣物篮

la cuerda para tender la ropa
clothes line
晾衣绳

la pinza para
la ropa
clothes peg
衣服夹

secar • dry (v) • 晾干

la plancha
iron
熨斗

la tabla de la plancha
ironing board
熨衣板

cargar load (v) 装入	centrifugar spin (v) 甩干	planchar iron (v) 熨烫	¿Cómo funciona la lavadora? How do I operate the washing machine? 洗衣机怎么用?
aclarar rinse (v) 漂洗	la centrifugadora spin dryer 甩干机	el suavizante fabric conditioner 织物柔顺剂	¿Cuál es el programa para la ropa de color/blanca? What is the setting for coloureds/whites? 如何设定洗彩色/白色衣物?

el equipo de limpieza • cleaning equipment • 清洁用具

el tubo de la aspiradora
suction hose
吸管

el cepillo
brush
短柄扫帚

el recogedor
dust pan
簸箕

la lejía
bleach
漂白剂

el cubo
bucket
水桶

en polvo
powder
去污粉

líquido
liquid
洗涤液

el trapo del polvo
duster
抹布

la aspiradora
vacuum cleaner
吸尘器

la fregona
mop
拖把

el detergente
detergent
清洁剂

la cera
polish
上光剂

las acciones • activities • 扫除

limpiar
clean (v)
擦

fregar
wash (v)
洗

pasar la bayeta
wipe (v)
擦拭

restregar
scrub (v)
刷洗

raspar
scrape (v)
刮除

la escoba
broom
长柄扫帚

barrer
sweep (v)
清扫

limpiar el polvo
dust (v)
除尘

sacar brillo
polish (v)
上光

el taller • workshop • 工作间

la broca
drill bit
先端部钻头

el cabezal
chuck
钻夹头

la batería
battery pack
电池盒

la sierra de vaivén
jigsaw
镂花锯

el taladro inalámbrico
rechargeable drill
充电式电钻

el taladro eléctrico
electric drill
电钻

la pistola para encolar
glue gun
胶枪

la abrazadera
clamp
夹钳

la cuchilla
blade
刃

el torno de banco
vice
台钳

la lijadora
sander
打磨机

la sierra circular
circular saw
圆锯

el banco de trabajo
workbench
工作台

la cola de carpintero
wood glue
木材胶

la guimbarda
router
槽刨

las virutas de madera
wood shavings
刨花

el organizador de las herramientas
tool rack
工具架

el taladro manual
bit brace
手摇曲柄钻

el alargador
extension lead
电源箱延长线

las técnicas • techniques • 技艺

cortar
cut (v)
切割

serrar
saw (v)
锯

taladrar
drill (v)
钻孔

clavar con el martillo
hammer (v)
钉

el hilo de estaño
solder
焊锡

alisar
plane (v)
刨

tornear
turn (v)
车削

tallar
carve (v)
雕刻

soldar
solder (v)
焊接

los materiales • materials • 材料

el tablero de densidad media
MDF
层压板

el contrachapado
plywood
胶合板

el aglomerado
chipboard
刨花板

el cartón madera
hardboard
纤维板

la madera de pino
softwood
软木

la madera noble
hardwood
硬木

el alambre
wire
金属线

el cable • cable • 电缆

el barniz
varnish
清漆

el tinte para madera
woodstain
木材染色剂

el acero inoxidable
stainless steel
不锈钢

galvanizado
galvanised
电镀

la madera • wood • 木头

el metal • metal • 金属

la caja de las herramientas • toolbox • 工具箱

la llave de boca
spanner
扳手

la llave inglesa
adjustable spanner
可调扳手

el martillo
hammer
锤子

las tenazas de alambre
needle-nose pliers
尖嘴钳

la llave de tubo
socket wrench
套筒扳手

los cabezales de destornillador
screwdriver bits
螺丝刀头

el nivel
spirit level
水平仪

la arandela
washer
垫圈

el destornillador
screwdriver
螺丝刀

la tuerca
nut
螺母

la cinta métrica
tape measure
卷尺

el cúter
knife
工具刀

el encaje
socket
套筒

los alicates
bull-nose pliers
钢丝钳

la llave
key
扳手

las brocas • drill bits • 钻头

la broca para metal
metal bit
金属钻头

la broca para madera
flat wood bit
平木钻头

el destornillador de estrella
phillips screwdriver
螺丝刀

el escariador
reamer
钻孔器

la cabeza
head
钉子头

la broca de seguridad
security bit
安全钻头

el clavo
nail
钉子

las brocas para madera
carpentry bits
木工钻头

la broca de albañilería
masonry bit
石工钻头

el tornillo
screw
螺丝钉

el pelacables
wire strippers
剥皮钳

el cortaalambres
wire cutters
铁丝剪

el soldador
soldering iron
烙铁

la cinta aislante
insulating tape
绝缘胶带

el escalpelo
scalpel
切割刀

la sierra de calar
fretsaw
线锯

el hilo de estaño
solder
焊锡

el serrucho de costilla
tenon saw
开榫锯

las gafas de seguridad
safety goggles
护目镜

el cepillo
plane
刨子

el serrucho
handsaw
手锯

la caja para cortar
en inglete
mitre block
斜锯架

el taladro manual
hand drill
手摇钻

la lana de acero
wire wool
钢丝绒

la sierra para metales
hacksaw
钢锯

el papel de lija
sandpaper
砂纸

las tenazas
wrench
扳钳

el formón
chisel
凿子

la lima
file
锉刀

la piedra afiladora
sharpening stone
磨刀石

el cortatuberías
pipe cutter
切管机

el desatascador
plunger
搋子

la decoración • decorating • 装修

las tijeras
scissors
剪刀

el cúter
craft knife
工艺刀

la cuerda de plomada
plumb line
铅锤线

el raspador
scraper
刮刀

el pintor
decorator
裱糊匠

el papel pintado
wallpaper
壁纸

la escalera de mano
stepladder
折梯

la brocha de empapelador
wallpaper brush
裱糊刷

la mesa de encolar
pasting table
裱糊台

la brocha de encolar
pasting brush
上浆刷

la cola para empapelar
wallpaper paste
壁纸黏合剂

el cubo
bucket
桶

empapelar • wallpaper (v) • 贴壁纸

arrancar
strip (v)
铲掉

rellenar
fill (v)
抹

lijar
sand (v)
用砂纸打磨

enyesar
plaster (v)
粉刷

empapelar
hang (v)
贴(墙纸)

alicatar
tile (v)
铺砖

el rodillo
roller
油漆滚筒

la brocha
brush
刷子

la bandeja para la pintura
paint tray
油漆盘

la pintura
paint
油漆

la lata de pintura
paint tin
油漆桶

la esponja
sponge
海绵

la cinta adhesiva
protectora
masking tape
遮蔽胶带

el papel de lija
sandpaper
砂纸

el mono
overalls
工装裤

la trementina
turpentine
松节油

el protector
dustsheet
防尘布

la masilla
filler
填料

el aguarrás
white spirit
稀释剂

pintar • paint (v) • 刷漆

el yeso plaster 石膏	con brillo gloss 有光泽	el papel estampado en relieve embossed paper 压花纸	la primera mano undercoat 内涂层	el sellante sealant 密封剂
el barniz varnish 清漆	mate mat 无光泽	el papel de apresto lining paper 衬纸	la última mano top coat 外涂层	el disolvente solvent 溶剂
la pintura al agua emulsion 无光漆	la plantilla stencil 花样模板	la imprimación primer 底漆	el conservante preservative 防腐剂	el cemento blanco grout 薄胶浆

el jardín • garden • 花园
los estilos de jardín • garden styles • 花园风格

la terraza ajardinada • patio garden • 内院

el jardín clásico • formal garden • 法式花园

el jardín campestre
cottage garden
乡间花园

el jardín de plantas herbáceas
herb garden
香草花园

el jardín en la azotea
roof garden
屋顶花园

la rocalla
rock garden
岩石园

el patio • courtyard
• 庭院

el jardín acuático
water garden
水景花园

los adornos para el jardín
• garden features
• 花园装饰

la cesta colgante
hanging basket
吊篮

la espaldera
trellis
花格屏

la pérgola
pergola
藤架

el parterre
flowerbed
花坛

la terraza
paving ·
石面路

el camino
path
小径

el montón de abono
compuesto
compost heap
肥料堆

la puerta
gate
门

la tierra
• soil • 土壤

la capa superior de
la tierra
topsoil
表层土

la arena
sand
沙土

el cobertizo
shed
棚屋

el césped
lawn
草坪

el invernadero
greenhouse
温室

la creta
chalk
石灰石

el estanque
pond
池塘

el seto
hedge
树篱

la valla
fence
篱笆

el arco
arch
拱门

el huerto
vegetable garden
菜圃

el arriate de plantas
herbáceas
herbaceous border
绿草带

el cieno
silt
淤泥

la arcilla
clay
黏土

el entarimado
decking
铺面

la fuente • fountain • 喷泉

las plantas de jardín • garden plants • 花园植物
los tipos de plantas • types of plants • 植物种类

anual
annual
一年生（植物）

bienal
biennial
二年生（植物）

perenne
perennial
多年生（植物）

el bulbo
bulb
球茎植物

el helecho
fern
蕨类植物

el junco
rush
灯心草

el bambú
bamboo
竹子

las malas hierbas
weeds
杂草

la hierba
herb
药草

la planta acuática
water plant
水生植物

el árbol
tree
树

la palmera
palm
棕榈

la conífera
conifer
针叶树

de hoja perenne
evergreen
常绿（植物）

de hoja caduca
deciduous
落叶（植物）

las plantas podadas con formas
topiary
灌木修剪

la planta alpestre
alpine
高山植物

la planta suculenta
succulent
肉质植物

el cactus
cactus
仙人掌

la planta de maceta
potted plant
盆栽植物

la planta de sombra
shade plant
阴地植物

la planta trepadora
climber
攀缘植物

el arbusto de flor
flowering shrub
开花灌木

la planta para cubrir suelo
ground cover
地被植物

la planta trepadora
creeper
匍匐植物

ornamental
ornamental
观赏（植物）

el césped
grass
草

las herramientas de jardinería
• garden tools • 园艺工具

el abono compuesto
compost
堆肥

el rastrillo para
el césped
lawn rake
搂草耙

las semillas
seeds
种子

la harina de huesos
bone meal
骨粉

la pala
spade
铲

la horca
fork
叉

la podadera de
mango largo
long-handled shears
长柄修篱剪

el rastrillo
rake
耙子

la azada
hoe
锄头

la grava
gravel
碎石

la bolsa para la hierba
grass bag
草袋

el motor
motor
马达

el asa
handle
把手

la cesta de jardinero
trug
浅底篮

el protector
shield
防护盘

el soporte
stand
支架

el cortacésped
lawnmower
剪草机

la carretilla
wheelbarrow
独轮手推车

el guarnecedor • trimmer • 剪草器

la horquilla
hand fork
手叉

las tijeras de podar
secateurs
修枝剪

los guantes de jardín
gardening gloves
园艺手套

el desplantador
trowel
移植铲

el hilo de bramante
twine
合股线

las etiquetas
labels
签条

la hoja
blade
刃

el semillero
seed tray
育苗盘

el alambre
twist ties
捆绑细丝

las anillas
ring ties
固枝环

la cizalla
shears
修篱剪

las cañas
canes
支撑杆

la criba
sieve
筛子

la sierra de mano
hand saw
手锯

el pesticida
pesticide
杀虫剂

la maceta
plant pot
花盆

las botas de goma
rubber boots
橡胶靴

el riego • watering • 浇灌

el pulverizador
spray gun
喷雾器

el aspersor
sprinkler
喷灌器

la boquilla
nozzle
喷嘴

la regadera
watering can
喷壶

la manguera
hosepipe
橡胶软管

la alcachofa
rose
喷头

el enrollador de manguera • hose reel • 水管车

español • english • 汉语

la jardinería • gardening • 园艺

el césped
lawn
草地

el parterre
flowerbed
花坛

el
cortacésped
lawnmower
割草机

el seto
hedge
树篱

la estaca
stake
树木支桩

cortar el césped • mow (v) • 割草

poner césped
turf (v)
铺草皮

hacer agujeros con la
horquilla
spike (v)
钉

rastrillar
rake (v)
耙

podar
trim (v)
修枝

cavar
dig (v)
挖

sembrar
sow (v)
播种

abonar en la superficie
top dress (v)
土表施肥

regar
water (v)
浇水

la caña
cane
支撑杆

guiar
train (v)
整枝

quitar las flores muertas
deadhead (v)
摘除枯花

rociar
spray (v)
喷水

el esqueje
cutting
插条

injertar
graft (v)
嫁接

propagar
propagate (v)
插枝

podar
prune (v)
修剪

apuntalar
stake (v)
用杆支撑

transplantar
transplant (v)
移植

escardar
weed (v)
清除杂草

cubrir la tierra
mulch (v)
加护盖物

cosechar
harvest (v)
收获

cultivar cultivate (v) 栽培	diseñar landscape (v) 园艺设计	abonar fertilize (v) 施肥	cribar sieve (v) 筛	biológico organic 有机(栽培)的	el plantón seedling 秧苗	el subsuelo subsoil 底土
cuidar tend (v) 护理	plantar en tiesto pot up (v) 把…种于盆内	arrancar pick (v) 采摘	airear aerate (v) 松土	el drenaje drainage 排水	el abono fertilizer 肥料	el herbicida weedkiller 除草剂

los servicios

services

服务

los servicios de emergencia • emergency services • 急救

la ambulancia • ambulance • 救护车

la ambulancia • ambulance • 救护车

la camilla
stretcher
担架

el ambulancero • paramedic
• 急救人员

la policía • police • 警察

la placa
badge
警徽

el uniforme
uniform
制服

la sirena
siren
警笛

las luces
lights
警灯

la porra
truncheon
警棍

la pistola
gun
手枪

las esposas
handcuffs
手铐

el coche de policía • police car • 警车

la estación de policía
police station
警察局

el agente de policía • police officer • 警官

el comisario	el robo	la denuncia	el arresto
inspector	burglary	complaint	arrest
探员	入室盗窃	起诉	逮捕
el detective	la agresión	la investigación	la celda
detective	assault	investigation	police cell
侦探	攻击	调查	单人牢房
el crimen	la huella dactilar	el sospechoso	el cargo
crime	fingerprint	suspect	charge
罪行	指纹	嫌疑犯	控告

los bomberos • fire brigade • 消防队

el casco
helmet
头盔

el humo
smoke
烟

la manguera
hose
水龙

la cesta
cradle
吊篮

el chorro de
agua
water jet
水柱

los bomberos
fire fighters
消防队员

el brazo
boom
悬臂

la escalera
ladder
消防梯

la cabina
cab
驾驶室

el incendio • fire • 火灾

el parque de bomberos
fire station
消防站

la salida de incendios
fire escape
消防通道

el coche de bomberos • fire engine • 消防车

el detector de
humos
smoke alarm
烟雾报警器

la alarma contra
incendios
fire alarm
火灾警报器

el hacha
axe
消防斧

el extintor
fire extinguisher
灭火器

la boca de agua
hydrant
消防栓

Necesito la policía/los bomberos/una
ambulancia.
I need the police/fire brigade/ambulance.
我需要警察/消防队/救护车。

Hay un incendio
en…
There's a fire at…
在…有火情。

Ha habido un accidente.
There's been an accident.
发生了事故。

¡Llame a la
policía!
Call the police!
报警!

el banco • bank • 银行

el cliente
customer
客户

la ventanilla
window
窗口

el cajero
cashier
出纳员

los folletos
leaflets
宣传页

el mostrador
counter
柜台

las hojas de ingreso
paying-in slips
存款单

la tarjeta de débito
debit card
银行卡

la matriz
stub
支票存根

el número de cuenta
account number
账号

la firma
signature
签名

la cantidad
amount
金额

el director de banco
bank manager
银行经理

la tarjeta de crédito
credit card
信用卡

el talonario de cheques
chequebook
支票簿

el cheque
cheque
支票

los ahorros savings 储蓄	la hipoteca mortgage 抵押贷款	el pago payment 付款	ingresar pay in (v) 存入	la cuenta corriente current account 活期存款账户
los impuestos tax 税	el descubierto overdraft 透支	la domiciliación bancaria direct debit 直接借记	la transferencia bancaria bank transfer 银行转账	la cuenta de ahorros savings account 储蓄账户
el préstamo loan 贷款	el tipo de interés interest rate 利率	la hoja de reintegro withdrawal slip 取款单	la comisión bancaria bank charge 银行手续费	el pin pin number 密码

la moneda
coin
硬币

el billete
note
纸币

la pantalla
screen
屏幕

la ranura de la tarjeta
card slot
插卡口

el teclado
key pad
按键区

el dinero • money • 货币

el cajero automático • cash machine • 提款机

las divisas • foreign currency • 外币

el cheque de viaje
traveller's cheque
旅行支票

la oficina de cambio
bureau de change
外币兑换处

el tipo de cambio
exchange rate
汇率

las finanzas • finance • 金融

el valor de las acciones
share price
股票价格

el agente de bolsa
stockbroker
股票经纪人

la asesora financiera
financial advisor
投资顾问

la bolsa de valores
stock exchange
证券交易所

cobrar
cash (v)
兑现

las acciones
shares
股份

el valor nominal
denomination
货币面额

los dividendos
dividends
股息

la comisión
commission
佣金

el contable
accountant
会计师

la inversión
investment
投资

la cartera
portfolio
有价证券组合

las acciones
stocks
证券

el patrimonio neto
equity
股权

¿Podría cambiar esto por favor?
Can I change this please?
我能兑换吗?

¿A cuánto está el cambio hoy?
What's today's exchange rate?
今天的汇率是多少?

las comunicaciones • communications • 通讯

el empleado de correos
postal worker
邮局职员

la ventanilla
window
窗口

la báscula
scales
秤

el mostrador
counter
柜台

la oficina de correos • post office • 邮局

el matasellos
postmark
邮戳

el sello
stamp
邮票

la dirección
address
地址

el código postal
postal code
邮政编码

el sobre • envelope • 信封

el cartero
postman
邮递员

la carta	el remite	el reparto	frágil	no doblar
letter	return address	delivery	fragile	do not bend (v)
信	寄信人地址	递送	易损坏	勿折
por avión	la firma	el franqueo	la saca postal	hacia arriba
by airmail	signature	postage	mailbag	this way up
航空邮件	签名	邮资	邮袋	此面向上
el correo certificado	la recogida	el giro postal	el telegrama	el fax
registered post	collection	postal order	telegram	fax
挂号邮件	（从邮筒中）取信	汇票	电报	传真

el buzón
postbox
邮筒

el buzón
letterbox
信箱

el paquete
parcel
包裹

el mensajero
courier
速递

el teléfono • telephone • 电话

el auricular
handset
话机

la base
base station
机座

el contestador
automático
answering machine
答录机

el teléfono inalámbrico • cordless phone • 无绳电话

el videoteléfono
video phone
可视电话

la cabina telefónica
telephone box
电话亭

el teclado
keypad
按键区

las monedas
devueltas
coin return
退币口

el teléfono móvil • mobile
phone • 移动电话

el auricular
receiver
听筒

el teléfono de
monedas
coin phone
投币电话

el teléfono de
tarjeta
card phone
磁卡电话

la información telefónica directory enquiries 电话号码查询台	contestar answer (v) 接听电话	el operador operator 接线员	¿Me podría dar el número de...? Can you give me the number for...? 你能告诉我…的号码吗?
la llamada a cobro revertido reverse charge call 对方付费电话	el mensaje de texto text message 文字讯息	comunicando engaged/busy 占线	¿Cuál es el prefijo para llamar a...? What is the dialling code for...? …的拨叫号码是多少?
marcar dial (v) 拨号	el mensaje de voz voice message 语音讯息	apagado disconnected 断线	

el hotel • hotel • 旅馆

el vestíbulo • lobby • 大厅

el huésped
guest
客人

la llave de la
habitación
room key
房间钥匙

los
mensajes
messages
留言

la casilla
pigeonhole
分类架

la recepcionista
receptionist
接待员

el registro
register
登记簿

el mostrador
counter
柜台

la recepción • reception • 接待总台

el equipaje
luggage
行李

el carrito
trolley
行李车

el botones • porter • 搬运工

el ascensor • lift • 电梯

el número de la habitación
room number
房间号码

los habitaciones • rooms • 房间

la habitación individual
single room
单人间

la habitación doble
double room
双人间

la habitación con dos
camas individuales
twin room
标准间

el cuarto de baño
privado
private bathroom
专用浴室

los servicios • services • 服务

el servicio de limpieza
maid service
客房清洁服务

el servicio de lavandería
laundry service
洗衣服务

la bandeja del desayuno
breakfast tray
早餐盘

el servicio de habitaciones • room service • 房间送餐服务

el minibar
mini bar
(旅馆房间内的)小冰箱

el restaurante
restaurant
餐厅

el gimnasio
gym
健身房

la piscina
swimming pool
游泳池

la pensión completa full board 供应三餐	¿Tiene alguna habitación libre? Do you have any vacancies? 有空房间吗?	Quiero una habitación para tres días. I'd like a room for three nights. 我要一个房间，住三天。
la media pensión half board 半食宿	Tengo una reserva. I have a reservation. 我预定了房间。	¿Cuánto cuesta la habitación por día? What is the charge per night? 住一晚多少钱?
la habitación con desayuno incluido bed and breakfast 提供住宿和早餐	Quiero una habitación individual. I'd like a single room. 我想要一个单人间。	¿Cuándo tengo que dejar la habitación? When do I have to vacate the room? 我什么时候得腾房?

las compras

shopping

购物

el centro comercial • shopping centre • 购物中心

el atrio
atrium
大厅

el letrero
sign
招牌

el ascensor
lift
电梯

la segunda planta
second floor
三层

la primera planta
first floor
二层

la escalera mecánica
escalator
自动扶梯

la planta baja
ground floor
一层

el cliente
customer
顾客

---

la sección infantil
children's department
儿童用品部

la sección de equipajes
luggage department
箱包部

la sección de zapatería
shoe department
鞋靴部

el servicio al cliente
customer services
客户服务

el directorio
store directory
购物指南

el dependiente
sales assistant
售货员

los probadores
changing rooms
更衣室

el cuarto para cambiar a los bebés
baby changing facilities
婴儿间

los aseos
toilets
卫生间

¿Cuánto cuesta esto?
How much is this?
这个多少钱？

¿Puedo cambiar esto?
May I exchange this?
我可以换一件吗？

---

los grandes almacenes • department store • 百货商店

la ropa de caballero
men's wear
男装

la ropa de señora
women's wear
女装

la lencería
lingerie
女用内衣

la perfumería
perfumery
香水店

los productos de belleza
beauty
美容用品

la ropa de hogar
linen
家用纺织品

el mobiliario para el hogar
home furnishings
家具

la mercería
haberdashery
缝纫用品

el menaje de hogar
kitchenware
厨房用品

la porcellana
china
瓷器

los aparatos eléctricos
electrical goods
电子产品

la iluminación
lighting
灯具

los artículos deportivos
sports
体育用品

la juguetería
toys
玩具

la papelería
stationery
文具

el supermercado
food
食品

español • english • 汉语

el supermercado • supermarket • 超级市场

el pasillo
aisle
过道

el estante
shelf
货架

la cinta transportadora
conveyer belt
传送带

el cajero
cashier
收银员

las ofertas
offers
促销海报

la caja • checkout • 收款台

el cliente
customer
顾客

la caja
till
收款机

la bolsa de la compra
shopping bag
购物袋

la compra
groceries
食品杂货

el asa
handle
提手

el código de barras
bar code
条形码

el carro • trolley • 购物车

la cesta • lbasket • 购物篮

el escáner
scanner
条形码扫描器

la panadería
bakery
面包

los lácteos
dairy
乳制品

los cereales
breakfast cereals
早餐麦片

las conservas
tinned food
罐装食品

la confitería
confectionery
甜食

la verdura
vegetables
蔬菜

la fruta
fruit
水果

la carne y las aves
meat and poultry
肉禽

el pescado
fish
鱼

la charcutería
deli
熟食

los congelados
frozen food
冷冻食品

los platos preparados
convenience food
方便食品

las bebidas
drinks
饮料

los productos de limpieza
household products
家庭日用品

los artículos de aseo
toiletries
化妆品

los artículos para el bebé
baby products
婴儿用品

los electrodomésticos
electrical goods
家用电器

la comida para animales
pet food
宠物饲料

las revistas • magazines • 杂志

la farmacia • chemist • 药店

el cuidado
dental
dental care
牙齿护理

la higiene
femenina
feminine hygiene
妇女保健

los
desodorantes
deodorants
除臭剂

las vitaminas
vitamins
维生素

el dispensario
dispensary
药剂室

el farmacéutico
pharmacist
药剂师

el jarabe para la tos
cough medicine
止咳药

los remedios de
herbolario
herbal remedies
草药

el cuidado de la
piel
skin care
皮肤护理

la loción para
después del sol
aftersun
晒后护肤液

la crema protectora
sunscreen
防晒霜

la crema protectora total
sunblock
防晒液

el repelente de insectos
insect repellent
驱虫剂

la toallita húmeda
wet wipe
湿纸巾

el pañuelo de papel
tissue
纸巾

la compresa
sanitary towel
卫生巾

el tampón
tampon
卫生棉条

el salvaslip
panty liner
卫生护垫

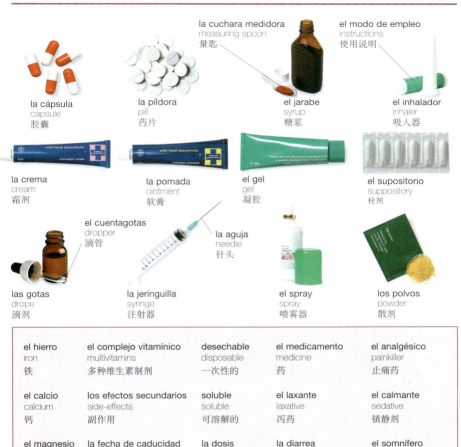

la cuchara medidora
measuring spoon
量匙

el modo de empleo
instructions
使用说明

la cápsula
capsule
胶囊

la píldora
pill
药片

el jarabe
syrup
糖浆

el inhalador
inhaler
吸入器

la crema
cream
霜剂

la pomada
ointment
软膏

el gel
gel
凝胶

el supositorio
suppository
栓剂

el cuentagotas
dropper
滴管

la aguja
needle
针头

las gotas
drops
滴剂

la jeringuilla
syringe
注射器

el spray
spray
喷雾器

los polvos
powder
散剂

el hierro iron 铁	**el complejo vitamínico** multivitamins 多种维生素制剂	**desechable** disposable 一次性的	**el medicamento** medicine 药	**el analgésico** painkiller 止痛药
el calcio calcium 钙	**los efectos secundarios** side-effects 副作用	**soluble** soluble 可溶解的	**el laxante** laxative 泻药	**el calmante** sedative 镇静剂
el magnesio magnesium 镁	**la fecha de caducidad** expiry date 有效期限	**la dosis** dosage 剂量	**la diarrea** diarrhoea 腹泻	**el somnífero** sleeping pill 安眠药
la insulina insulin 胰岛素	**las píldoras para el mareo** travel sickness pills 晕车药	**la medicación** medication 药物治疗	**la pastilla para la garganta** throat lozenge 润喉片	**el antiinflamatorio** anti-inflammatory 消炎药

la floristería • florist • 花店

las flores
flowers
花

la azucena
lily
百合

la acacia
acacia
洋槐

el clavel
carnation
康乃馨

la maceta
pot plant
盆栽植物

el gladiolo
gladiolus
剑兰

el iris
iris
鸢尾

la margarita
daisy
雏菊

el crisantemo
chrysanthemum
菊花

la gypsofila
gypsophila
满天星

el alhelí
stocks
紫罗兰

la gerbera
gerbera
非洲菊

el follaje
foliage
叶簇

la rosa
rose
玫瑰

la fresia
freesia
小苍兰

el jarrón
vase
花瓶

la orquídea
orchid
兰花

la peonía
peony
牡丹

el ramo
bunch
（花）束

el tallo
stem
茎

el narciso • daffodil • 黄水仙

el capullo
bud
花苞

el envoltorio
wrapping
包装纸

el tulipán • tulip • 郁金香

los arreglos • arrangements • 插花

la cinta
ribbon
缎带

el ramo
bouquet
花束

las flores secas
dried flowers
干花

el popurrí • pot-pourri • 盆花

la corona • wreath • 花冠

la guirnalda
garland
花环

¿Me da un ramo de… por favor?
Can I have a bunch of… please.
我想买一束…

¿Cuánto tiempo durarán éstos?
How long will these last?
这些花能开多久？

¿Me los puede envolver?
Can I have them wrapped?
能帮我包一下吗？

¿Huelen?
Are they fragrant?
这些花香吗？

¿Puedo adjuntar un mensaje?
Can I attach a message?
我能附上留言吗？

¿Los puede enviar a…?
Can you send them to….?
能不能将它们送到…？

el vendedor de periódicos • newsagent • 报刊亭

los cigarrillos
cigarettes
香烟

el paquete de tabaco
packet of cigarettes
烟盒

las cerillas
matches
火柴

los billetes de lotería
lottery tickets
彩票，奖券

los sellos
stamps
邮票

la tarjeta postal
postcard
明信片

el tebeo
comic
连环画

la revista
magazine
杂志

el periódico
newspaper
报纸

fumar • smoking • 吸烟

el tabaco • tobacco • 烟草

el mechero
lighter
打火机

el tubo
stem
烟嘴

la cazoleta
bowl
烟锅

la pipa • pipe • 烟斗

el puro • cigar • 雪茄

el vendedor de golosinas • confectioner • 糖果店

la caja de bombones
box of chocolates
巧克力盒

la barrita
snack bar
零食

las patatas fritas
crisps
薯片

el chocolate con leche milk chocolate 牛奶巧克力	el caramelo caramel 焦糖
el chocolate negro plain chocolate 黑巧克力	la trufa truffle 巧克力球
el chocolate blanco white chocolate 白巧克力	la galleta biscuit 饼干
las golosinas a granel pick and mix 杂拌糖果	los caramelos duros boiled sweets 硬糖

la tienda de golosinas • sweet shop • 甜食店

las golosinas • confectionery • 糖果

el bombón
chocolate
巧克力

el toffee
toffee
太妃糖

el chicle
chewing gum
口香糖

la tableta de chocolate
chocolate bar
块状巧克力板

el turrón
nougat
奶油杏仁糖

el caramelo blando
jellybean
软心豆粒糖

los caramelos
sweets
糖果

la nube
marshmallow
棉花软糖

la gominola
fruit gum
果味橡皮糖

la piruleta
lollipop
棒棒糖

la pastilla de menta
mint
薄荷糖

el regaliz
licquorice
甘草糖

las otras tiendas • other shops • 其他店铺

la panadería
baker's
面包店

la confitería
cake shop
糕点店

la carnicería
butcher's
肉铺

la pescadería
fishmonger's
水产店

la verdulería
greengrocer's
蔬菜水果店

el ultramarinos
grocer's
食品杂货店

la zapatería
shoe shop
鞋店

la ferretería
hardware shop
五金店

la tienda de antigüedades
antiques shop
古董店

la tienda de artículos de regalo
gift shop
礼品店

la agencia de viajes
travel agent's
旅行社

la joyería
jeweller's
首饰店

la librería
book shop
书店

la tienda de discos
record shop
音像店

la tienda de licores
off licence
酒类专卖店

la pajarería
pet shop
宠物商店

la tienda de muebles
furniture shop
家具店

la boutique
boutique
时装店

la agencia inmobiliaria
estate agent's
房地产商

el vivero
garden centre
园艺用品店

la tintorería
dry cleaner's
干洗店

la lavandería
launderette
投币式自动洗衣店

la tienda de fotografía
camera shop
照相器材店

la tienda de artículos usados
second-hand shop
旧货商店

la herboristería
health food shop
绿色食品店

la tienda de materiales de arte
art shop
艺术品店

la sastrería
tailor's
裁缝店

la peluquería
hairdresser's
美发厅

el mercado • market • 市场

los alimentos

food

食物

la carne • meat • 肉

el cordero
lamb
羔羊肉

el carnicero
butcher
肉店老板

el gancho
meat hook
吊肉钩

el peso
scales
秤

el afilador
knife sharpener
磨刀器

el bacon • bacon • 熏肉　　　　las salchichas • sausages • 香肠　　el hígado • liver • 肝脏

el cerdo pork 猪肉	el venado venison 野味肉	las asaduras offal 下水	de granja free range 放养的	la carne roja red meat 红肉（指牛肉、猪肉和羊肉）
la vaca beef 牛肉	el conejo rabbit 兔肉	curado cured 腌制的	biológico organic 有机（饲养）的	la carne magra lean meat 瘦肉
la ternera veal 小牛肉	la lengua tongue 牛舌	ahumado smoked 熏制的	la carne blanca white meat 白肉（指家禽肉、鱼肉等）	el fiambre cooked meat 熟肉

los cortes • cuts • 切块

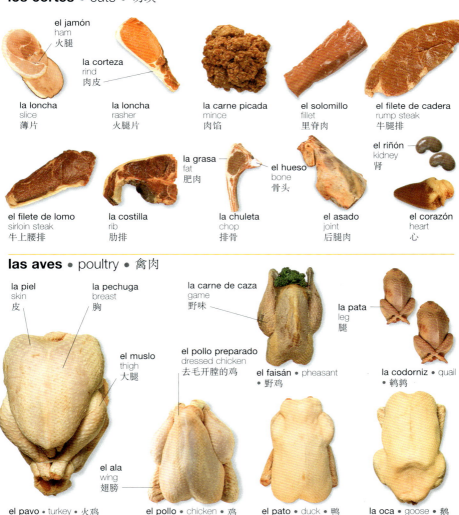

el jamón
ham
火腿

la corteza
rind
肉皮

la loncha
slice
薄片

la loncha
rasher
火腿片

la carne picada
mince
肉馅

el solomillo
fillet
里脊肉

el filete de cadera
rump steak
牛腿排

la grasa
fat
肥肉

el hueso
bone
骨头

el riñón
kidney
肾

el filete de lomo
sirloin steak
牛上腰排

la costilla
rib
肋排

la chuleta
chop
排骨

el asado
joint
后腿肉

el corazón
heart
心

las aves • poultry • 禽肉

la piel
skin
皮

la pechuga
breast
胸

el muslo
thigh
大腿

la carne de caza
game
野味

el pollo preparado
dressed chicken
去毛开膛的鸡

la pata
leg
腿

el faisán • pheasant
• 野鸡

la codorniz • quail
• 鹌鹑

el ala
wing
翅膀

el pavo • turkey • 火鸡

el pollo • chicken • 鸡

el pato • duck • 鸭

la oca • goose • 鹅

el pescado • fish • 鱼

las gambas peladas
peeled prawns
去皮虾

el hielo
ice
冰

el salmonete
red mullet
羊鱼

los filetes de mero
halibut fillets
大比目鱼片

la trucha arco iris
rainbow trout
虹鳟鱼

las aletas de raya
skate wings
鳐鱼翅

la pescadería • fishmonger's • 水产店

el rape
monkfish
鮟鱇鱼

la caballa
mackerel
鲭鱼

la trucha
trout
鳟鱼

el pez espada
swordfish
剑鱼

el lenguado
Dover sole
鳎鱼

la platija
lemon sole
黄盖鲽

el abadejo
haddock
黑线鳕

la sardina
sardine
沙丁鱼

la raya
skate
鳐鱼

la pescadilla
whiting
牙鳕

la lubina
sea bass
海鲈

el salmón
salmon
鲑鱼

el bacalao
cod
鳕鱼

el besugo
sea bream
鲷鱼

el atún
tuna
金枪鱼

el marisco • seafood • 海鲜

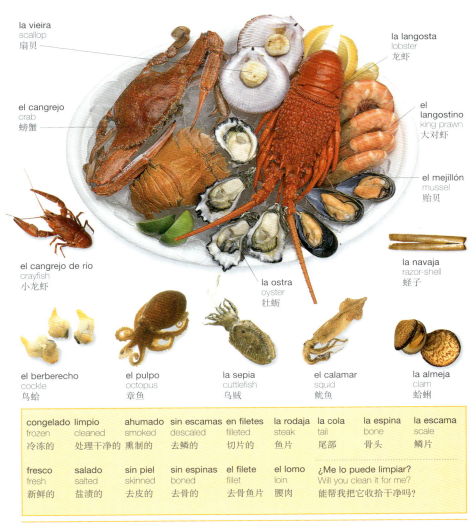

la vieira
scallop
扇贝

el cangrejo
crab
螃蟹

el cangrejo de río
crayfish
小龙虾

la langosta
lobster
龙虾

el langostino
king prawn
大对虾

el mejillón
mussel
贻贝

la navaja
razor-shell
蛏子

la ostra
oyster
牡蛎

el berberecho
cockle
乌蛤

el pulpo
octopus
章鱼

la sepia
cuttlefish
乌贼

el calamar
squid
鱿鱼

la almeja
clam
蛤蜊

| congelado frozen 冷冻的 | limpio cleaned 处理干净的 | ahumado smoked 熏制的 | sin escamas descaled 去鳞的 | en filetes filleted 切片的 | la rodaja steak 鱼片 | la cola tail 尾部 | la espina bone 骨头 | la escama scale 鳞片 |
| fresco fresh 新鲜的 | salado salted 盐渍的 | sin piel skinned 去皮的 | sin espinas boned 去骨的 | el filete fillet 去骨鱼片 | el lomo loin 腰肉 | ¿Me lo puede limpiar? Will you clean it for me? 能帮我把它收拾干净吗? | | |

las verduras 1 • vegetables 1 • 蔬菜1

la semilla
seed
种子

la haba
broad bean
蚕豆

la judía verde
runner bean
红花菜豆

la judía verde
French bean
四季豆

el guisante
garden pea
豌豆

la vaina
pod
豆荚

los brotes de soja
bean sprout
豆芽

el bambú
bamboo
竹笋

el quingombó
okra
羊角豆

el maíz dulce
sweetcorn
甜玉米

la endibia
chicory
菊苣

el hinojo
fennel
茴香

los palmitos
palm hearts
棕榈芯

el apio
celery
芹菜

la hoja	la cabezuela	la punta	biológico	¿Vende verduras biológicas?
leaf	floret	tip	organic	Do you sell organic vegetables?
叶	小花	尖	有机（栽培）的	您卖有机蔬菜吗？

el tallo	la almendra	el centro	la bolsa de plástico	¿Son productos locales?
stalk	kernel	heart	plastic bag	Are these grown locally?
菜梗	果仁	芯	塑料袋	这些是当地产的吗？

la rucola
rocket
芝麻

el berro
watercress
豆瓣菜

el radicchio
radicchio
红球菊苣

la col de bruselas
brussel sprout
抱子甘蓝

la acelga
swiss chard
甜叶菜

la col rizada
kale
羽衣甘蓝

la acedera
sorrel
酸模

la escarola
endive
苦苣

el diente de león
dandelion
蒲公英

la espinaca
spinach
菠菜

el colinabo
kohlrabi
球茎甘蓝

la acelga china
pak-choi
油菜

la lechuga
lettuce
莴苣

el brócoli
broccoli
西兰花

la col
cabbage
卷心菜

la berza
spring greens
嫩圆白菜

las verduras 2 • vegetables 2 • 蔬菜

la alcachofa
artichoke
朝鲜蓟

la coliflor
cauliflower
花椰菜，菜花

el rábano
radish
小红萝卜

la patata
potato
马铃薯

el nabo
turnip
萝卜，芜菁

la cebolla
onion
洋葱

el pimiento
pepper
甜椒

la guindilla
chilli
辣椒

el calabacín gigante
marrow
西葫芦

el tomate cherry cherry tomato 樱桃番茄	el apio-nabo celeriac 块根芹	congelado frozen 冷冻的	amargo bitter 苦	¿Me da un kilo de patatas, por favor? Can I have one kilo of potatoes please? 请给我一公斤的马铃薯，可以吗？
la zanahoria carrot 胡萝卜	la raíz del taro taro root 芋头	crudo raw 生	firme firm 硬	¿Cuánto vale el kilo? What's the price per kilo? 每公斤多少钱？
el fruto del pan breadfruit 面包果	la castaña de agua water chestnut 荸荠	picante hot (spicy) 辣	la pulpa flesh 果肉	¿Cómo se llaman ésos? What are those called? 那些叫什么？
la patata nueva new potato 嫩马铃薯	la mandioca cassava 木薯	dulce sweet 甜	la raíz root 根	

el boniato
sweet potato
红薯

el ñame
yam
山药

la remolacha
beetroot
甜菜

el nabo sueco
swede
芜菁甘蓝

el topinambur
Jerusalem
artichoke
菊芋

el rábano picante
horseradish
辣根菜

la chirivía
parsnip
欧洲防风根

el jengibre
ginger
姜

la berenjena
aubergine
茄子

el tomate
tomato
番茄

la cebolleta
spring onion
葱

el puerro
leek
韭葱

el chalote
shallot
葱头

el ajo
garlic
大蒜

el diente
clove
蒜瓣儿

la trufa
truffle
块菌

el champiñón
mushroom
蘑菇

el pepino
cucumber
黄瓜

el calabacín
courgette
密生西葫芦

la calabaza
butternut squash
冬南瓜

la calabaza bellota
acorn squash
橡果

la calabaza
pumpkin
南瓜

español • english • 汉语

la fruta 1 • fruit 1 • 水果1

los cítricos • citrus fruit • 柑橘类水果

la naranja
orange
橘子

la mandarina clementina
clementine
细皮小柑橘

la médula
pith
海绵层

el ugli
ugli fruit
牙买加丑橘

el pomelo
grapefruit
葡萄柚

el gajo
segment
橘瓣儿

la mandarina
satsuma
satsuma
无核蜜橘

la mandarina
tangerine
柑橘

la corteza
zest
外皮

la lima
lime
酸橙

el limón
lemon
柠檬

el kumquat
kumquat
金橘

la fruta con hueso • stoned fruit • 有核水果

el melocotón
peach
桃

la nectarina
nectarine
油桃

el albaricoque
apricot
杏

la ciruela
plum
李子

la cereza
cherry
樱桃

la manzana • apple • 苹果

la pera • pear • 梨

la cesta de fruta • basket of fruit • 果篮

las bayas y los melones • berries and melons • 浆果和甜瓜

la fresa
strawberry
草莓

la mora
blackberry
黑莓

el arándano rojo
cranberry
蔓越橘

el arándano
blueberry
蓝莓

la frambuesa Logan
loganberry
罗甘莓

la grosella espinosa
gooseberry
醋栗

la frambuesa
raspberry
覆盆子

la grosella
redcurrant
红醋栗

la grosella negra
blackcurrant
黑醋栗

la grosella blanca
white currant
白醋栗

el melón
melon
甜瓜

la uva
grapes
葡萄

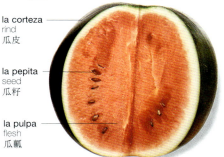

la corteza
rind
瓜皮

la pepita
seed
瓜籽

la pulpa
flesh
瓜瓤

la sandía • watermelon • 西瓜

el ruibarbo rhubarb 大黄	amargo sour 酸	fresco crisp 脆	sin pepitas seedless 无核	¿Están maduros? Are they ripe? 它们熟吗?
la fibra fibre 纤维	fresco fresh 新鲜	podrido rotten 烂	el zumo juice 汁液	¿Puedo probar uno? Can I try one? 我可以尝一个吗?
dulce sweet 甜	jugoso juicy 多汁	la pulpa pulp 果肉	el corazón core 核	¿Hasta cuándo durarán? How long will they keep? 它们能放多久?

la fruta 2 • fruit 2 • 水果2

el mango
mango
芒果

el aguacate
avocado
鳄梨

la piña
pineapple
菠萝

la papaya
papaya
番木瓜

el melocotón
peach
桃

el lichi
lychee
荔枝

la pepita
pip
籽

el kiwi
kiwifruit
猕猴桃

el phisicallis
cape gooseberry
灯笼果

la piel
skin
皮

el membrillo
quince
榅桲

el maracuyá
passion fruit
西番莲果

el plátano
banana
香蕉

la guayaba
guava
番石榴

la granada
pomegranate
石榴

el caqui
persimmon
柿子

la feijoa
feijoa
费约果

el higo chumbo
prickly pear
仙人掌果

la carambola
starfruit
杨桃

el mangostán
mangosteen
山竹果

los frutos secos • nuts and dried fruit • 坚果和干果

el piñón
pine nut
松子

el pistacho
pistachio
开心果

el anacardo
cashewnut
腰果

el cacahuete
peanut
花生

la avellana
hazelnut
榛子

la nuez de Brasil
brazilnut
巴西果

la pacana
pecan
美洲山核桃

la almendra
almond
杏仁

la nuez
walnut
核桃

la castaña
chestnut
栗子

la macadamia
macadamia
澳洲坚果

el higo
fig
无花果

el dátil
date
椰枣

la ciruela pasa
prune
梅干

la cáscara
shell
壳

la pulpa
flesh
果肉

la pasa sultana
sultana
无核葡萄干

la pasa
raisin
葡萄干

la pasa de Corinto
currant
无核小葡萄干

el coco
coconut
椰子

verde green 未熟的	**duro** hard 硬	**la almendra** kernel 果仁	**salado** salted 盐渍的	**tostado** roasted 烘烤的	**las frutas tropicales** tropical fruit 热带水果	**pelado** shelled 去壳的
maduro ripe 成熟的	**blando** soft 软	**desecado** desiccated 脱水的	**crudo** raw 生	**de temporada** seasonal 应季的	**la fruta escarchada** candied fruit 蜜饯	**entero** whole 完整

los granos y las legumbres • grains and pulses • 谷物及豆类

los granos • grains • 谷物

el trigo
wheat
小麦

la avena
oats
燕麦

la cebada
barley
大麦

el mijo
millet
小米

el maíz
corn
玉米

la quinoa
quinoa
奎奴亚藜

la semilla seed 种子	fresco fresh 新鲜	dede fácil cocción easy cook 易烹调的
la cáscara husk 外壳	perfumado fragranced 香	integral wholegrain 整粒
el grano kernel 谷粒	los cereales cereal 谷类食品	largo long-grain 长粒
seco dry 干燥	poner a remojo soak (v) 浸泡	corto short-grain 圆粒

el arroz • rice • 米

el arroz largo
white rice
白米

el arroz integral
brown rice
糙米

el arroz salvaje
wild rice
菰米

el arroz bomba
pudding rice
布丁米

los granos procesados • processed grains • 加工过的谷物

el cuscús
couscous
蒸粗麦粉

el trigo partido
cracked wheat
碎粒小麦

la sémola
semolina
粗粒小麦粉

el salvado
bran
麦麸

las alubias y los guisantes • beans and peas • 豆类

la alubia blanca
butter beans
棉豆

la alubia blanca
pequeña
haricot beans
菜豆

la alubia roja
red kidney beans
红芸豆

la alubia morada
aduki beans
赤豆

las habas
broad beans
蚕豆

la semilla de
soja
soya beans
大豆

la alubia de ojo
negro
black-eyed beans
黑眼豆

la alubia pinta
pinto beans
斑豆

la alubia mung
mung beans
绿豆

la alubia
flageolet
flageolet beans
小(粒)菜豆

la lenteja
castellana
brown lentils
褐色小扁豆

la lenteja roja
red lentils
红豆

los guisantes
tiernos
green peas
青豆

los garbanzos
chick peas
鹰嘴豆

los guisantes
secos
split peas
半粒豆

las semillas • seeds • 种子

la pipa de
calabaza
pumpkin seed
南瓜籽

la mostaza en
grano
mustard seed
芥菜籽

el carvi
caraway
葛缕子籽

la semilla de
sésamo
sesame seed
芝麻籽

la pipa de girasol • sunflower seed • 向日葵籽

las hierbas y las especias • herbs and spices
• 香草和香辛料

las especias • spices • 香辛料

la vainilla
vanilla
香子兰

la nuez moscada
nutmeg
肉豆蔻

la macis
mace
肉豆蔻衣

la cúrcuma
turmeric
姜黄根

el comino
cumin
枯茗，小茴香

el ramillete aromático
bouquet garni
香料包

la pimienta de Jamaica
allspice
多香果

la pimienta en grano
peppercorn
胡椒粒

el heno griego
fenugreek
葫芦巴

la guindilla
chilli
辣椒末

entero
whole
颗粒状

machacado
crushed
压碎的

el azafrán
saffron
藏红花

el cardamono
cardamom
小豆蔻

el curry en polvo
curry powder
咖喱粉

molido
ground
磨碎的

el pimentón
paprika
辣椒粉

laminado
flakes
片状

el ajo
garlic
大蒜

las hierbas • herbs • 香草

las ramas
sticks
桂皮

la canela
cinnamon
肉桂

la citronela
lemon grass
柠檬草

los clavos
cloves
丁香

el anís estrellado
star anise
八角，大料

el jengibre
ginger
姜

el hinojo
fennel
茴香

las semillas
de hinojo
fennel seeds
茴香籽

el laurel
bay leaf
月桂叶

el perejil
parsley
欧芹

los cebollinos
chives
细香葱

la menta
mint
薄荷

el tomillo
thyme
百里香

la salvia
sage
鼠尾草

el estragón
tarragon
龙蒿

la mejorana
marjoram
墨角兰

la albahaca
basil
罗勒

el orégano
oregano
牛至

el cilantro
coriander
香菜

el eneldo
dill
莳萝

el romero
rosemary
迷迭香

los alimentos embotellados
• bottled foods • 瓶装食品

el aceite
de nueces
walnut oil
核桃油

el aceite de semillas de uva
grapeseed oil
葡萄籽油

el corcho
cork
软木塞

el aceite de
girasol
sunflower oil
葵花籽油

el aceite de
almendras
almond oil
杏仁油

el aceite de
sésamo
sesame seed oil
芝麻油

el aceite de avellanas
hazelnut oil
榛仁油

el aceite de oliva
olive oil
橄榄油

las hierbas
herbs
香草

el aceite
aromatizado
flavoured oil
香油

los aceites • oils • 油

las confituras • sweet spreads • 甜酱

el tarro
jar
广口瓶

el panal
honeycomb
蜜脾

la miel compacta
set honey
固体蜂蜜

la crema de
limón
lemon curd
柠檬酱

la mermelada
de frambuesa
raspberry jam
覆盆子酱

la mermelada de
naranja
marmalade
橘子酱

la miel líquida
clear honey
液体蜂蜜

el jarabe de arce
maple syrup
枫糖浆

los condimentos • condiments and spreads
● 调味品

la mayonesa
mayonnaise
蛋黄酱

el vinagre de sidra
cider vinegar
苹果醋

el vinagre balsámico
balsamic vinegar
香脂醋

la botella
bottle
瓶

el ketchup
ketchup
番茄酱

la mostaza inglesa
English mustard
英式芥末酱

la mostaza francesa
French mustard
法式芥末酱

el chutney
chutney
酸辣酱

el vinaigre de malta
malt vinegar
麦芽醋

el vinagre de vino
wine vinegar
酒醋

la salsa
sauce
调味汁

la mostaza en grano
wholegrain mustard
颗粒芥末酱

el vinagre • vinegar • 醋

el tarro hermético
sealed jar
密封瓶

la mantequilla de cacahuetes
peanut butter
花生酱

el chocolate para untar
chocolate spread
巧克力酱

la fruta en conserva
preserved fruit
罐装水果

el aceite vegetal
vegetable oil
植物油

el aceite de maíz
corn oil
玉米油

el aceite de cacahuete
groundnut oil
花生油

el aceite de colza
rapeseed oil
菜籽油

el aceite de presión en frío
cold-pressed oil
冷榨油

los productos lácteos • dairy produce • 乳制品

el queso • cheese • 奶酪

la corteza
rind
奶酪皮

el queso semicurado
semi-hard cheese
半硬奶酪

el queso rallado
grated cheese
碎奶酪

el queso curado
hard cheese
硬奶酪

el queso
cremoso
cream cheese
奶油干酪

el requesón
cottage cheese
白干酪

el queso cremoso
semicurado
semi-soft cheese
半软奶酪

el queso
azul
blue cheese
蓝纹奶酪

el queso cremoso
soft cheese
软奶酪

el queso fresco • fresh cheese • 鲜奶酪

la leche • milk • 奶

la leche entera
whole milk
纯牛奶

la leche
semidesnatada
semi-skimmed milk
半脱脂牛奶

la leche
desnatada
skimmed milk
脱脂牛奶

el cartón de
leche
milk carton
奶盒

la leche de
cabra
goat's milk
山羊奶

la leche
condensada
condensed milk
炼乳

la leche de vaca • cow's milk • 牛奶

la mantequilla
butter
黄油

la margarina
margarine
人造黄油

la nata
cream
奶油

la nata líquida
single cream
脱脂奶油

la nata para montar
double cream
高脂肪奶油

la nata montada
whipped cream
掼奶油

la nata agria
sour cream
酸奶油

el yogurt
yoghurt
酸奶

el helado
ice-cream
冰激凌

los huevos • eggs • 蛋

la yema
yolk
蛋黄

la clara
egg white
蛋白

la cáscara
shell
蛋壳

la huevera
egg cup
蛋杯

el huevo de gallina
hen's egg
鸡蛋

el huevo de pato
duck egg
鸭蛋

el huevo de oca
goose egg
鹅蛋

el huevo de codorniz
quail egg
鹌鹑蛋

el huevo pasado por agua • boiled egg • 煮鸡蛋

pasteurizado pasteurized 已经过巴氏消毒	**sin grasa** fat free 不含脂肪	**salado** salted 盐渍的	**la leche de oveja** sheep's milk 绵羊奶	**la lactosa** lactose 乳糖	**el batido** milkshake 奶昔
sin pasteurizar unpasteurized 未经过巴氏消毒	**la leche en polvo** powdered milk 奶粉	**sin sal** unsalted 无盐的	**el suero de la leche** buttermilk 酪乳	**homogeneizado** homogenised 均质	**el yogurt helado** frozen yoghurt 冻酸奶

el pan y las harinas • breads and flours • 面包和面粉

el pan de molde
sliced bread
切片面包

las semillas de amapola
poppy seeds
罂粟籽

el pan de centeno
rye bread
黑面包

la baguette
baguette
棍子面包

la panadería • bakery • 面包店

haciendo pan • making bread • 制作面包

la harina blanca
white flour
精白面粉

la harina morena
brown flour
黑麦面粉

la harina integral
wholemeal flour
全麦面粉

la levadura
yeast
酵母

cribar • sift (v) • 筛撒

mezclar • mix (v) • 搅拌

la masa
dough
生面团

amasar • knead (v) • 和面

hornear • bake (v) • 烘制

la corteza
crust
面包皮

el pan blanco
white bread
白面包

la hogaza
loaf
面包块

el pan moreno
brown bread
黑面包

el pan integral
wholemeal bread
全麦面包

la rebanada
slice
切片

el pan con grano
granary bread
麸皮面包

el pan de maíz
corn bread
玉米面包

el pan al bicarbonato
sódico
soda bread
苏打面包

el pan fermentado
sourdough bread
酸面包

el pan sin levadura
flatbread
薄干脆饼

la rosquilla
bagel
硬面包圈，百吉饼

el bollo
bap
软面包片

el panecillo
roll
小面包

el plumcake
fruit bread
葡萄干面包

el pan con semillas
seeded bread
撒籽面包

el naan
naan bread
印度式面包

el pan de pita
pitta bread
皮塔饼

el biscote
crispbread
薄脆饼干

la harina con levadura self-raising flour 自发粉	la harina blanca plain flour 中筋面粉	levar prove (v) 发酵	el pan rallado breadcrumbs 面包屑	el rebanador slicer 切片机
la harina para pan strong flour 高筋面粉	subir rise (v) 发起	glasear glaze (v) 浇糖	la barra flute 细长形面包	el panadero baker 面包师

la repostería • cakes and desserts • 糕点

el profiterol
éclair
长条奶油夹
心点心

la masa de profiteroles
choux pastry
油酥点心

el hojaldre
puff pastry
奶油泡芙

la nata
cream
奶油

la masa
brisa
filo pastry
夹心酥

el relleno
filling
夹心

el plum-cake
fruit cake
水果蛋糕

cubierto de chocolate
chocolate coated
外覆巧克力

la tartaleta
de fruta
fruit tart
水果馅饼

el muffin
muffin
松饼

el merengue
meringue
蛋白甜饼

la magdalena
sponge cake
松糕

los pasteles • cakes • 蛋糕

la crema pastelera	el bollo	la masa	el arroz con leche	¿Puedo tomar un trozo?
crème patisserie	bun	pastry	rice pudding	May I have a slice please?
奶油蛋糕	小圆蛋糕	面团	米饭布丁	我可以吃一片吗?
el pastel de chocolate	las natillas	el trozo	la celebración	
chocolate cake	custard	slice	celebration	
巧克力蛋糕	乳蛋糕	切片	庆祝会	

los trocitos de chocolate
chocolate chip
巧克力脆片

las soletillas
sponge fingers
指形饼干

la florentina
florentine
果仁巧克力脆饼

el postre de soletillas, gelatina de frutas y nata
trifle
蜜饯布丁

las galletas • biscuits • 饼干

la mousse
mousse
奶油冻，慕思

el sorbete
sorbet
果汁冰糕

el pastel de nata
cream pie
奶油馅饼

el flan
crème caramel
焦糖蛋奶

las tartas para celebraciones • celebration cakes • 庆祝蛋糕

el último piso
top tier
顶层

la cinta
ribbon
缎带

el primer piso
bottom tier
底层

la alcorza
icing
糖霜

el mazapán
marzipan
杏仁糊

la tarta nupcial • wedding cake • 婚庆蛋糕

la decoración
decoration
装饰

las velas de cumpleaños
birthday candles
生日蜡烛

apagar
blow out (v)
吹熄

la tarta de cumpleaños • birthday cake • 生日蛋糕

la charcutería • delicatessen • 熟食店

el fiambre
spicy sausage
辣香肠

la quiche
flan
果酱饼

el vinagre
vinegar
醋

el aceite
oil
油

la carne fresca
uncooked meat
生肉

el mostrador
counter
柜台

el salami
salami
萨拉米香肠

el salchichón
pepperoni
意大利辣香肠

el paté
pâté
肉酱

la mozzarella
mozzarella
莫泽雷勒干酪

el brie
brie
布里干酪

el queso de cabra
goat's cheese
山羊奶酪

el cheddar
cheddar
切达干酪

el parmesano
parmesan
帕尔马干酪

el camembert
camembert
卡门贝干酪

la corteza
rind
外皮

el queso de bola
edam
伊丹奶酪

el manchego
manchego
蒙切格干酪

los pasteles de carne
pies
西式馅饼，派

la aceituna negra
black olive
黑橄榄

la guindilla
chili
辣椒

la salsa
sauce
酱

el panecillo
bread roll
小圆面包

el fiambre
cooked meat
熟肉

la aceituna verde
green olive
绿橄榄

el jamón
ham
火腿

el mostrador de bocadillos • sandwich counter • 三明治柜台

el pescado ahumado
smoked fish
熏鱼

las alcaparras
capers
马槟榔

en aceite • in oil • 油渍

en salmuera • in brine • 卤制

adobado • marinated • 醋渍的

salado • salted • 盐渍的

ahumado • smoked • 熏制的

curado • cured • 风干的

Coja un número, por favor.
Take a number please.
请记一下数目。

¿Puedo probar un poco de eso?
Can I try some of that please?
我能尝尝吗？

la corteza
chorizo
蒜味腊肠

¿Me pone seis lonchas de aquél?
May I have six slices of that please?
请来六片。

el jamón serrano
prosciutto
意大利熏火腿

la aceituna rellena
stuffed olive
填馅橄榄

las bebidas • drinks • 饮料

el agua • water • 水

el agua embotellada
bottled water
瓶装水

con gas
sparkling
碳酸(饮料)

el agua de grifo
tap water
自来水

sin gas
still
非碳酸(饮料)

la tónica
tonic water
奎宁水

la soda
soda water
苏打水

el agua mineral • mineral water • 矿泉水

las bebidas calientes • hot drinks • 热饮

la bolsita de té
teabag
茶包

el té en hoja
loose leaf tea
茶叶

el té • tea • 茶

los granos
beans
咖啡豆

el café molido
ground coffee
咖啡末

el café • coffee • 咖啡

el chocolate caliente
hot chocolate
热巧克力

la bebida malteada
malted drink
麦芽饮料

los refrescos • soft drinks • 软饮料(不含酒精的饮料)

la pajita
straw
吸管

el zumo de tomate
tomato juice
番茄汁

el zumo de uva
grape juice
葡萄汁

la limonada
lemonade
柠檬水

la naranjada
orangeade
橘子水

la cola
cola
可乐

las bebidas alcohólicas • alcoholic drinks • 含酒精饮料

la ginebra
gin
杜松子酒

la lata
can
罐

la cerveza
beer
啤酒

la sidra
cider
苹果酒

la cerveza amarga
bitter
苦啤酒

la cerveza negra
stout
浓烈黑啤酒

el vodka
vodka
伏特加酒

el whisky
whisky
威士忌

el ron
rum
朗姆酒

el coñac
brandy
白兰地

el oporto
port
波尔图葡萄酒

seco
dry
无糖分的

el vino de jerez
sherry
雪利酒

el campari
campari
堪培利酒

el licor
liqueur
利口酒

el tequila
tequila
龙舌兰酒

el champán
champagne
香槟酒

rosado
rosé
玫瑰红(葡萄酒)

blanco
white
白(葡萄酒)

tinto
red
红(葡萄酒)

el vino • wine • 葡萄酒

comer fuera

eating out

外出就餐

la cafetería • café • 咖啡馆

la carta
menu
菜单

el toldo
awning
遮阳篷

la sombrilla
umbrella
遮阳伞

la terraza • terrace café • 露天咖啡座

el camarero
waiter
侍者

la máquina del café
coffee machine
咖啡机

la mesa
table
桌子

la cafetería con mesas fuera • pavement café
• 路边咖啡座

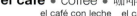

el bar • snack bar • 快餐店

---

el café • coffee • 咖啡

el café con leche
white coffee
牛奶咖啡

el café solo
black coffee
黑咖啡

el cacao en polvo
cocoa powder
可可粉

la espuma
froth
泡沫

el café de cafetera eléctrica
filter coffee
过滤式咖啡

el café expresso
espresso
意式浓缩咖啡

el cappuccino
cappuccino
卡布奇诺咖啡

el café con hielo
iced coffee
冰咖啡

el té • tea • 茶

la infusión
herbal tea
花草茶

la manzanilla • camomile tea
• 菊花茶

el té verde
green tea
绿茶

el té con leche
tea with milk
奶茶

el té negro
black tea
红茶

el té con limón
tea with lemon
柠檬茶

la menta poleo
mint tea
薄荷茶

el té con hielo
iced tea
冰茶

los zumos y los batidos • juices and milkshakes • 果汁和奶昔

el batido de chocolate
chocolate milkshake
巧克力奶昔

el batido de fresa
strawberry milkshake
草莓奶昔

el batido de café
coffee milkshake
咖啡奶昔

el zumo de naranja
orange juice
橘子汁

el zumo de manzana
apple juice
苹果汁

el zumo de piña
pineapple juice
菠萝汁

el zumo de tomate
tomato juice
番茄汁

la comida • food • 食物

el pan integral
brown bread
黑面包

la bola
scoop
一勺量

el sandwich tostado
toasted sandwich
烤三明治

la ensalada
salad
沙拉

el helado
ice cream
冰激凌

el pastel
pastry
油酥点心

el bar • bar • 酒吧

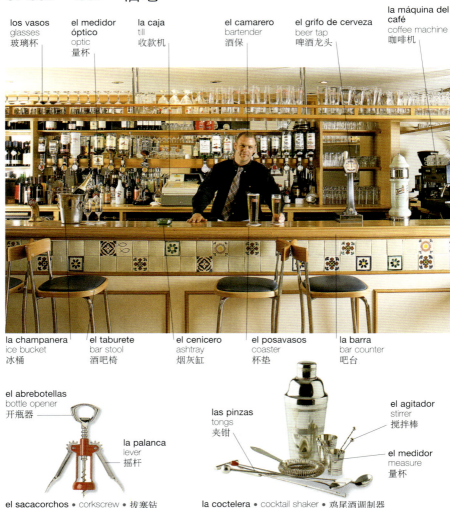

los vasos
glasses
玻璃杯

el medidor
óptico
optic
量杯

la caja
till
收款机

el camarero
bartender
酒保

el grifo de cerveza
beer tap
啤酒龙头

la máquina del
café
coffee machine
咖啡机

la champanera
ice bucket
冰桶

el taburete
bar stool
酒吧椅

el cenicero
ashtray
烟灰缸

el posavasos
coaster
杯垫

la barra
bar counter
吧台

el abrebotellas
bottle opener
开瓶器

la palanca
lever
摇杆

las pinzas
tongs
夹钳

el agitador
stirrer
搅拌棒

el medidor
measure
量杯

el sacacorchos • corkscrew • 拔塞钻

la coctelera • cocktail shaker • 鸡尾酒调制器

el gin tonic
gin and tonic
奎宁杜松子酒

la jarra
pitcher
水罐

el whiskey escocés
con agua
scotch and water
加水威士忌

el cubito de
hielo
ice cube
冰块

el ron con cola
rum and coke
加可乐朗姆酒

el vodka con naranja
vodka and orange
加橙汁伏特加酒

el martini
martini
马提尼酒

el cóctel
cocktail
鸡尾酒

el vino
wine
葡萄酒

la cerveza
beer
啤酒

sencillo
single
单份

doble
double
双份

con hielo y limón
ice and lemon
冰和柠檬

un trago
a shot
一小杯

la medida
measure
量杯

sin hielo
without ice
不加冰

con hielo
with ice
加冰

los aperitivos • bar snacks • 酒吧小吃

las almendras
almonds
杏仁

los anacardos
cashewnuts
腰果

los cacahuetes
peanuts
花生

las patatas fritas • crisps • 炸薯片

los frutos secos • nuts • 坚果

las aceitunas • olives • 橄榄

el restaurante • restaurant • 餐馆

la zona de no fumadores
non-smoking section
禁烟区

la servilleta
napkin
餐巾

el ayudante del chef
commis chef
助厨

el cubierto
table setting
餐具摆放

el chef
chef
主厨

la cocina • kitchen • 厨房

la copa
glass
玻璃杯

la bandeja
tray
托盘

el camarero • waiter • 侍者

el menú de la comida lunch menu 午餐菜单	los platos del día specials 特色菜	el precio price 价格	la propina tip 小费	el buffet buffet 自助餐	el cliente customer 客人
el menú de la cena evening menu 晚餐菜单	a la carta à la carte 按菜单点菜	la cuenta bill 账单	servicio incluido service included 含服务费	la zona de fumadores smoking section 吸烟区	la sal salt 盐
la lista de vinos wine list 酒单	el carrito de los postres sweet trolley 甜食小车	el recibo receipt 收据	servicio no incluido service not included 不含服务费	el bar bar 酒吧	la pimienta pepper 胡椒粉

español • english • 汉语

la carta • menu • 菜单

el menú para niños
child's meal
儿童套餐

pedir • order (v) • 点菜

pagar • pay (v) • 付账

los platos • courses • 菜肴

el aperitivo
apéritif
开胃酒

el entrante
starter
开胃菜

la sopa
soup
汤

el plato principal
main course
主菜

el acompañamiento
side order
配菜

el tenedor
fork
餐叉

la cucharilla de café
coffee spoon
咖啡匙

el postre • dessert • 餐后甜点

el café • coffee • 咖啡

Una mesa para dos, por favor.
A table for two please.
要一张两人桌。

¿Podría ver la carta/lista de vinos, por favor?
Can I see the menu/wine list please?
能让我看看菜单/酒单吗?

¿Hay menú del día?
Is there a fixed price menu?
有固定价格菜单吗?

¿Tiene platos vegetarianos?
Do you have any vegetarian dishes?
有素菜吗?

¿Me podría traer la cuenta/un recibo?
Could I have the bill/a receipt, please?
请给我账单/收据。

¿Podemos pagar por separado?
Can we pay separately?
我们能分开结账吗?

¿Dónde están los servicios, por favor?
Where are the toilets, please?
请问卫生间在哪儿?

la comida rápida • fast food • 快餐

la hamburguesa
burger
汉堡包

la pajita
straw
吸管

el refresco
soft drink
软饮料

las patatas fritas
french fries
薯条

la servilleta de papel
paper napkin
餐巾纸

la bandeja
tray
托盘

la hamburguesa con patatas fritas • burger meal • 汉堡套餐

la pizza
pizza
比萨饼

la lista de precios
price list
价目表

la lata de bebida
canned drink
罐装饮料

la entrega a domicilio
home delivery
送餐

el puesto callejero
street stall
食品摊

la pizzería
pizza parlour
比萨饼店

la hamburguesería
burger bar
快餐店

el menú
menu
菜单

para comer en el local
eat-in
店内用餐

para llevar
take-away
外带

recalentar
re-heat (v)
重新加热

el ketchup
tomato sauce
番茄酱

¿Me lo pone para llevar?
Can I have that to go please?
我带走吃。

¿Entregan a domicilio?
Do you deliver?
你们提供送餐服务吗?

español • english • 汉语

la hamburguesa
hamburger
汉堡包

el bollo
bun
小圆面包

la hamburguesa de pollo
chicken burger
鸡肉汉堡包

la hamburguesa vegetariana
veggie burger
蔬菜汉堡

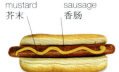

la mostaza
mustard
芥末

la salchicha
sausage
香肠

el perrito caliente
hot dog
热狗

el bocadillo
sandwich
三明治

el club sandwich
club sandwich
总汇三明治

el relleno
filling
馅

el sandwich abierto
open sandwich
单片三明治

el taco
wrap
菜卷

la salsa
sauce
酱

salado
savoury
咸味的

el pincho moruno
kebab
烤肉串

las porciones de pollo
chicken nuggets
鸡块

la crêpe
crêpes
薄饼卷

dulce
sweet
甜味的

los ingredientes
topping
装饰配料

el pescado y las patatas fritas
fish and chips
鱼和薯条

las costillas
ribs
肋排

el pollo frito
fried chicken
炸鸡

la pizza
pizza
比萨饼

el desayuno • breakfast • 早餐

la leche
milk
牛奶

los cereales
cereal
谷类食品

la mermelada
jam
果酱

la fruta
desecada
dried fruit
干果

el jamón
ham
火腿

el queso
cheese
奶酪

la galleta de centeno
crispbread
薄脆饼干

el buffet de desayuno • breakfast buffet
• 自助早餐

la mermelada de
naranja
marmalade
橘子酱

el paté
pâté
肉酱

la mantequilla
butter
黄油

el zumo de frutas
fruit juice
果汁

el café
coffee
咖啡

el croissant
croissant
羊角面包

el cacao
hot chocolate
热巧克力

el té
tea
茶

la mesa del desayuno • breakfast table • 早餐桌

las bebidas • drinks • 饮料

el pan dulce francés
brioche
奶油糕点

el pan
bread
面包

el tomate
tomato
番茄

la morcilla
black pudding
猪血香肠

la tostada
toast
烤面包

la salchicha
sausage
香肠

el huevo frito
fried egg
煎蛋

el bacon
bacon
熏肉

el desayuno inglés • English breakfast • 英式早餐

los arenques ahumados
kippers
熏鲱鱼

la torrija
french toast
法式吐司

la yema
yolk
蛋黄

el huevo pasado por agua
boiled egg
煮鸡蛋

los huevos revueltos
scrambled eggs
炒鸡蛋

los crepes
pancakes
薄煎饼

la nata
cream
奶油

los gofres
waffles
华夫饼

las gachas de avena
porridge
麦片粥

el yogurt de frutas
fruit yoghurt
果味酸奶

la fruta fresca
fresh fruit
鲜果

la comida principal • dinner • 正餐

la sopa
soup
汤

el caldo
broth
肉汤

el guiso
stew
炖菜

el curry
curry
咖喱

el asado
roast
烤肉

el pastel
pie
馅饼

el soufflé
soufflé
蛋奶酥

el pincho
kebab
烤肉串

los fideos
noodles
面条

las albóndigas
meatballs
肉丸

la tortilla
omelette
煎蛋饼

el revuelto
stir fry
炒菜

la pasta
pasta
意大利面食

el arroz
rice
米饭

la ensalada mixta
mixed salad
什锦沙拉

la ensalada verde
green salad
蔬菜沙拉

el aliño
dressing
酸醋调味汁

las técnicas • techniques • 烹调手法

relleno
stuffed
装馅

en salsa
in sauce
浇汁

a la plancha
grilled
烤制

adobado
marinated
醋渍

escalfado
poached
水煮

hecho puré
mashed
捣成糊状

cocido en el horno
baked
烘制

frito con poco aceite
pan fried
煎制

frito
fried
炒制

en vinagre
pickled
腌渍

ahumado
smoked
熏制

frito con mucho aceite
deep fried
油炸

en almíbar
in syrup
枫糖浸泡

aliñado
dressed
调味

al vapor
steamed
清蒸

curado
cured
风干

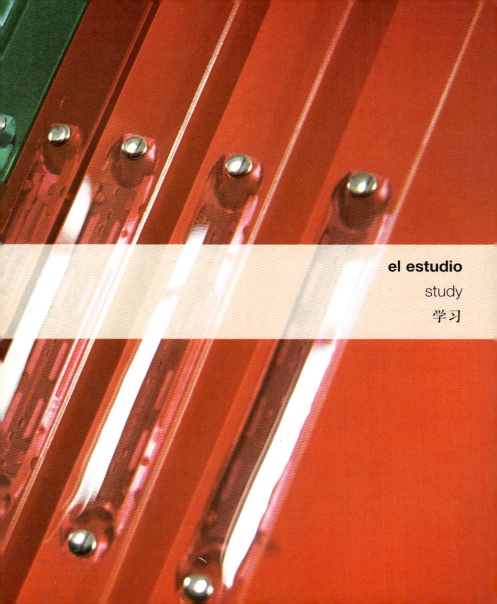

el estudio

study

学习

el colegio • school • 学校

la profesora
teacher
老师

la pizarra
blackboard
黑板

el aula • classroom • 教室

el colegial • schoolboy • 男生

el alumno
pupil
学生

el uniforme
school uniform
校服

el pupitre
desk
课桌

la cartera
school bag
书包

la tiza
chalk
粉笔

la colegiala
schoolgirl
女生

la historia
history
历史

el arte
art
艺术

la física
physics
物理

la geografía
geography
地理

la música
music
音乐

la química
chemistry
化学

la literatura
literature
文学

las matemáticas
maths
数学

la biología
biology
生物学

los idiomas
languages
语言

la ciencia
science
自然科学

la educación física
physical education
体育

las actividades • activities • 学习活动

leer
read (v)
读

escribir
write (v)
写

deletrear
spell (v)
拼写

dibujar
draw (v)
画

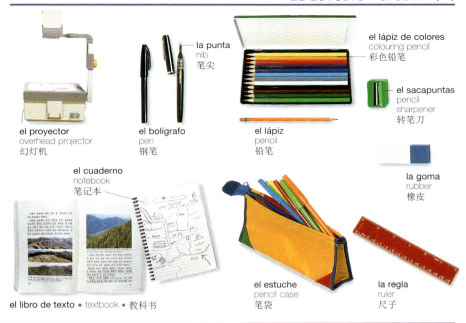

la punta
nib
笔尖

el lápiz de colores
colouring pencil
彩色铅笔

el sacapuntas
pencil
sharpener
转笔刀

el proyector
overhead projector
幻灯机

el bolígrafo
pen
钢笔

el lápiz
pencil
铅笔

la goma
rubber
橡皮

el cuaderno
notebook
笔记本

el estuche
pencil case
笔袋

la regla
ruler
尺子

el libro de texto • textbook • 教科书

preguntar • question (v)
• 提问

contestar • answer (v)
• 回答

discutir • discuss (v)
• 讨论

aprender • learn (v)
• 学习

el director head teacher 校长	**la respuesta** answer 答案	**la nota** grade 评分
la lección lesson 课	**los deberes** homework 作业	**el curso** year 年级
tomar apuntes take notes (v) 记笔记	**la redacción** essay 作文	**el diccionario** dictionary 字典
la pregunta question 问题	**el examen** examination 考试	**la enciclopedia** encyclopedia 百科全书

las matemáticas • maths • 数学

las formas • shapes • 平面图形

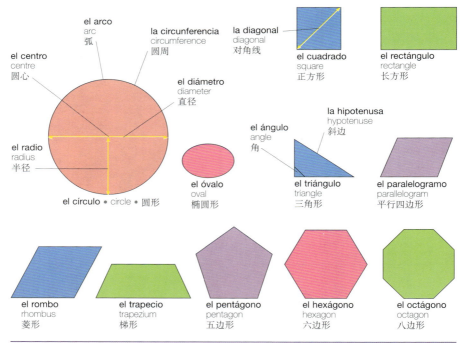

el arco
arc
弧

la circunferencia
circumference
圆周

la diagonal
diagonal
对角线

el centro
centre
圆心

el diámetro
diameter
直径

el cuadrado
square
正方形

el rectángulo
rectangle
长方形

la hipotenusa
hypotenuse
斜边

el ángulo
angle
角

el radio
radius
半径

el círculo • circle • 圆形

el óvalo
oval
椭圆形

el triángulo
triangle
三角形

el paralelogramo
parallelogram
平行四边形

el rombo
rhombus
菱形

el trapecio
trapezium
梯形

el pentágono
pentagon
五边形

el hexágono
hexagon
六边形

el octágono
octagon
八边形

los cuerpos geométricos • solids • 立体

la base
base
底

el lado
side
面

el ápice
apex
顶点

el cono
cone
圆锥体

el cilindro
cylinder
圆柱体

el cubo
cube
立方体

la pirámide
pyramid
棱锥体

la esfera
sphere
球体

las líneas • lines • 线

recto	paralelo	perpendicular	curvo
straight	parallel	perpendicular	curved
平直	平行	垂直	弯曲

las medidas • measurements • 度量

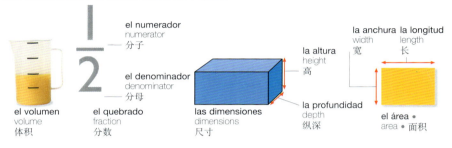

el numerador
numerator
分子

el denominador
denominator
分母

la altura
height
高

la profundidad
depth
纵深

la anchura la longitud
width length
宽 长

el volumen
volume
体积

el quebrado
fraction
分数

las dimensiones
dimensions
尺寸

el área •
area • 面积

los materiales • equipment • 学习用具

la escuadra	el transportador	la regla	el compás	la calculadora
set square	protractor	ruler	compass	calculator
三角板	量角器	直尺	圆规	计算器

la geometría	más	multiplicado por	igual a	sumar	multiplicar	la ecuación
geometry	plus	times	equals	add (v)	multiply (v)	equation
几何	正	倍	等于	加	乘	等式
la aritmética	menos	dividido por	contar	restar	dividir	el porcentaje
arithmetic	minus	divided by	count (v)	subtract (v)	divide (v)	percentage
算术	负	除以	计数	减	除	百分比

las ciencias • science • 科学

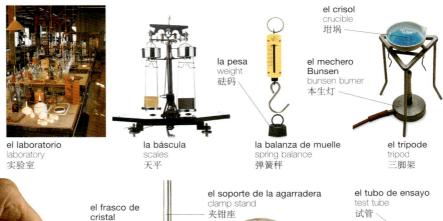

el laboratorio
laboratory
实验室

la báscula
scales
天平

la pesa
weight
砝码

la balanza de muelle
spring balance
弹簧秤

el crisol
crucible
坩埚

el mechero
Bunsen
bunsen burner
本生灯

el trípode
tripod
三脚架

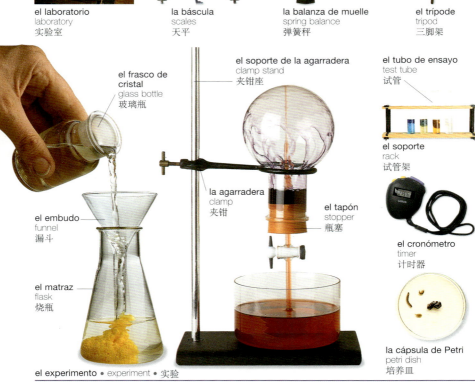

el frasco de
cristal
glass bottle
玻璃瓶

el soporte de la agarradera
clamp stand
夹钳座

el tubo de ensayo
test tube
试管

el soporte
rack
试管架

el embudo
funnel
漏斗

la agarradera
clamp
夹钳

el tapón
stopper
瓶塞

el cronómetro
timer
计时器

el matraz
flask
烧瓶

la cápsula de Petri
petri dish
培养皿

el experimento • experiment • 实验

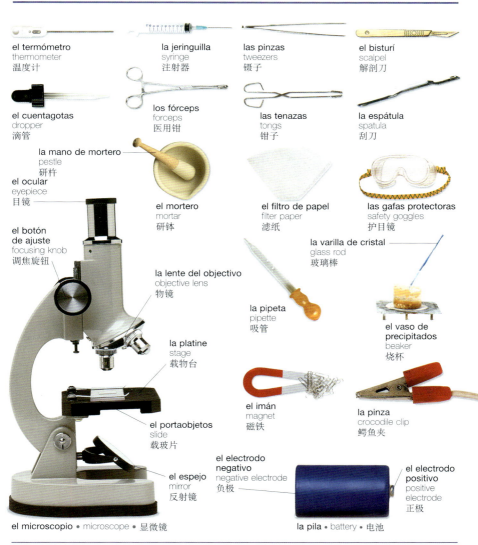

el termómetro
thermometer
温度计

la jeringuilla
syringe
注射器

las pinzas
tweezers
镊子

el bisturí
scalpel
解剖刀

el cuentagotas
dropper
滴管

los fórceps
forceps
医用钳

las tenazas
tongs
钳子

la espátula
spatula
刮刀

la mano de mortero
pestle
研杵

el ocular
eyepiece
目镜

el botón
de ajuste
focusing knob
调焦旋钮

el mortero
mortar
研钵

el filtro de papel
filter paper
滤纸

las gafas protectoras
safety goggles
护目镜

la varilla de cristal
glass rod
玻璃棒

la lente del objectivo
objective lens
物镜

la pipeta
pipette
吸管

el vaso de
precipitados
beaker
烧杯

la platine
stage
载物台

el portaobjetos
slide
载玻片

el imán
magnet
磁铁

la pinza
crocodile clip
鳄鱼夹

el espejo
mirror
反射镜

el electrodo
negativo
negative electrode
负极

el electrodo
positivo
positive
electrode
正极

el microscopio • microscope • 显微镜

la pila • battery • 电池

la enseñanza superior • college • 高等院校

la secretaría
admissions
招生办

el refectorio
refectory
学生食堂

el centro de salud
health centre
健康中心

el campo de deportes
sports field
运动场

el colegio mayor
hall of residence
学生宿舍

el campus • campus • 校园

el catálogo
catalogue
书目

la tarjeta de la biblioteca library card 借书证	**la información** enquiries 问询处	**renovar** renew (v) 续借
la sala de lecturas reading room 阅览室	**coger prestado** borrow (v) 借入	**el libro** book 书
la lista de lecturas reading list 推荐书目	**reservar** reserve (v) 预订	**el título** title 书名
la fecha de devolución return date 还书日期	**el préstamo** loan 借出	**el pasillo** aisle 走廊

el mostrador de préstamos
loans desk
借书处

la estantería
bookshelf
书架

el periódico
periodical
期刊

la revista
journal
杂志

la bibliotecaria
librarian
图书管理员

la biblioteca • library • 图书馆

el estudiante
undergraduate
大学生

el profesor
lecturer
讲师

la licenciada
graduate
毕业生

la toga
robe
学位袍

el anfiteatro
lecture theatre
阶梯教室

la ceremonia de graduación
graduation ceremony
毕业典礼

las escuelas • schools • 高等专科学校

la modelo
model
模特

la escuela de Bellas Artes
art college
美术学院

el conservatorio
music school
音乐学院

la academia de danza
dance academy
舞蹈学院

la beca scholarship 奖学金	la investigación research 研究	la tesina dissertation (学位) 论文	la medicina medicine 医学	las ciencias económicas economics 经济学
el diploma diploma 文凭	el máster masters 硕士学位	el departamento department 系	la zoología zoology 动物学	la política politics 政治学
la carrera degree 学位	el doctorado doctorate 博士学位	el derecho law 法律	la física physics 物理学	la literatura literature 文学
posgrado postgraduate 研究生阶段的	la tesis thesis 论文	la ingeniería engineering 工程学	la filosofía philosophy 哲学	la historia del arte history of art 艺术史

el trabajo

work

工作

la oficina 1 • office 1 • 办公室 1

la oficina • office • 办公室

el ordenador
computer
计算机

la pantalla
monitor
显示器

el portabolígrafos
desktop organizer
笔筒

la carpeta
file
文件夹

la bandeja de
entrada
in-tray
收件篮

la bandeja de
salida
out-tray
发件篮

el teclado
keyboard
键盘

el cuaderno
notebook
笔记本

el teléfono
telephone
电话

la etiqueta
label
标签

el escritorio
desk
办公桌

la papelera
wastebasket
废纸篓

la silla giratoria
swivel chair
转椅

la cajonera
drawer unit
组合抽屉

el cajón
drawer
抽屉

el archivador
filing cabinet
文件柜

el equipo de oficina
• office equipment • 办公设备

la bandeja para el papel
paper tray
纸盒

la guía
paper guide
送纸器

el fax
fax
传真

la impresora • printer • 打印机

la máquina del fax • fax machine
• 传真机

imprimir
print (v)
打印

ampliar
enlarge (v)
放大

fotocopiar
copy (v)
复印

reducir
reduce (v)
缩小

Necesito hacer unas fotocopias.
I need to make some copies.
我要复印。

los materiales de oficina • office supplies • 办公用品

el membrete
letterhead
印有笺头的信纸

la nota con saludos
compliments slip
礼帖

el sobre
envelope
信封

la caja archivador
box file
文件盒

el rótulo
tab
标签

el divisor
divider
分隔页

la tablilla con sujetapapeles
clipboard
带纸夹的笔记板

el bloc de apuntes
note pad
便笺

el archivador suspendido
hanging file
悬挂式文件夹

la carpeta de acordeón
concertina file
格式文件夹

la carpeta de anillas
lever arch file
盒式文件夹

el papel celo
sticky tape
透明胶带

las grapas
staples
订书钉

la almohadilla de la tinta
ink pad
印台

la agenda
personal organizer
备忘录

la grapadora
stapler
订书机

el soporte del papel celo
tape dispenser
胶带架

la perforadora
hole punch
打孔器

el sello
rubber stamp
橡皮图章

la goma elástica
rubber band
皮筋

el clip
bulldog clip
强力纸夹

el sujetapapeles
paper clip
曲别针

la chincheta
drawing pin
图钉

el tablón de anuncios • notice board
• 公告栏

la oficina 2 • office 2 • 办公室 2

la pizarra
flipchart
活动挂图

el acta
minutes
会议记录

el caballete
easel
挂图架

el director
manager
经理

la propuesta
proposal
提案

el informe
report
报告

el ejecutivo
executive
主管

la reunión • meeting • 会议

la sala de reuniones	asistir
meeting room	attend (v)
会议室	参加
el orden del día	presidir
agenda	chair (v)
议程	主持

¿A qué hora es la reunión?
What time is the meeting?
什么时候开会?

¿Cuál es su horario de oficina?
What are your office hours?
您几点上下班?

el proyector
projector
幻灯机

el orador
speaker
讲解人

la presentación • presentation • 介绍

los negocios • business • 商务

el ordenador portátil
laptop
笔记本电脑

los apuntes
notes
笔记

el hombre de negocios
businessman
商人

la mujer de negocios
businesswoman
女商人

la comida de negocios • business lunch • 工作午餐

el viaje de negocios • business trip • 商务旅行

la cita
appointment
约会

el PDA
palmtop
掌上电脑

la agenda • diary • 日志

el cliente
client
客户

el director general
managing director
总经理

el trato • business deal • 商业交易

la empresa company 公司	**el personal** staff 员工	**el departamento de contabilidad** accounts department 会计部	**el departamento legal** legal department 法律事务部
la oficina central head office 总部，总公司	**la nómina** payroll 工资单	**el departamento de márketing** marketing department 市场部	**el departamento de atención al cliente** customer service department 客户服务部
la sucursal branch 分部，分公司	**el sueldo** salary 薪水	**el departamento de ventas** sales department 销售部	**el departamento de recursos humanos** personnel department 人力资源部

el ordenador • computer • 计算机

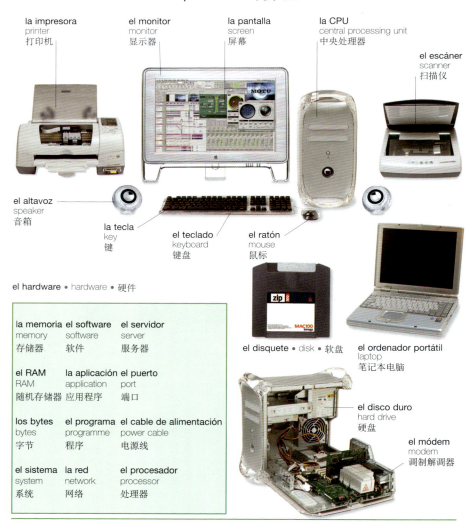

la impresora
printer
打印机

el monitor
monitor
显示器

la pantalla
screen
屏幕

la CPU
central processing unit
中央处理器

el escáner
scanner
扫描仪

el altavoz
speaker
音箱

la tecla
key
键

el teclado
keyboard
键盘

el ratón
mouse
鼠标

el hardware • hardware • 硬件

la memoria	el software	el servidor
memory	software	server
存储器	软件	服务器
el RAM	la aplicación	el puerto
RAM	application	port
随机存储器	应用程序	端口
los bytes	el programa	el cable de alimentación
bytes	programme	power cable
字节	程序	电源线
el sistema	la red	el procesador
system	network	processor
系统	网络	处理器

el disquete • disk • 软盘

el ordenador portátil
laptop
笔记本电脑

el disco duro
hard drive
硬盘

el módem
modem
调制解调器

el escritorio • desktop • 桌面

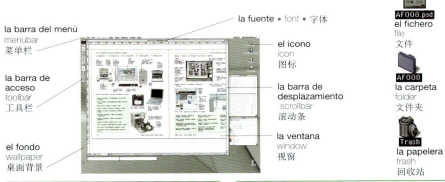

la fuente • font • 字体

la barra del menú
menubar
菜单栏

la barra de
acceso
toolbar
工具栏

el fondo
wallpaper
桌面背景

el icono
icon
图标

la barra de
desplazamiento
scrollbar
滚动条

la ventana
window
视窗

el fichero
file
文件

la carpeta
folder
文件夹

la papelera
trash
回收站

el internet• internet • 互联网

navegar • browse (v) • 浏览

el correo electrónico • email
• 电子邮件

el navegador
browser
浏览器

la bandeja de
entrada
inbox
收件箱

el sitio web
website
网站

la dirección de correo electrónico
• email address • 电子邮件地址

conectar connect (v) 连接	el proveedor de servicios service provider 服务商	entrar en el sistema log on (v) 登录	bajar download (v) 下载	enviar send (v) 发送	guardar save (v) 保存
instalar instal (v) 安装	la cuenta de correo email account 电子邮件账户	en línea on-line 在线	el documento adjunto attachment 附件	recibir receive (v) 接收	buscar search (v) 搜索

los medios de comunicación • media • 媒体
el estudio de televisión • television studio • 电视演播室

el presentador
presenter
节目主持人

el foco
light
照明

el plató
set
布景

la cámara
camera
摄像机

la grúa de la cámara
camera crane
摄像机升降器

el cámara
cameraman
摄像师

el canal channel 频道	el documental documentary 纪录片	la prensa press 新闻媒体	la telenovela soap 肥皂剧	los dibujos animados cartoon 动画片	en directo live 直播
la programación programming 节目编排	las noticias news 新闻	la serie televisiva television series 电视连续剧	el concurso game show 游戏节目	en diferido prerecorded 录播	emitir broadcast (v) 播放

el entrevistador
interviewer
采访记者

la reportera
reporter
记者

el autocue
autocue
自动提示机

la presentadora de las noticias
newsreader
新闻播音员

los actores
actors
演员

la jirafa
sound boom
录音吊杆

la claqueta
clapper board
场记板

el plató de rodaje
film set
电影布景

la radio • radio • 无线电广播

la mesa de mezclas
mixing desk
混音台

el micrófono
microphone
话筒

el técnico de sonido
sound technician
录音师

el estudio de grabación • recording studio • 录音室

la estación de radio radio station 广播电台	**la onda corta** short wave 短波
el pinchadiscos DJ 流行音乐节目主持人	**la onda media** medium wave 中波
la emisión broadcast 广播	**la frecuencia** frequency 频率
la longitud de onda wavelength 波长	**el volumen** volume 音量
la onda larga long wave 长波	**sintonizar** tune (v) 调音

el derecho • law • 法律

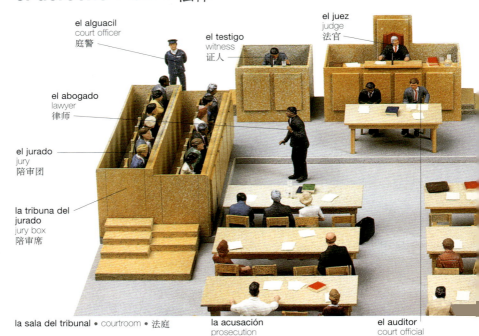

el alguacil
court officer
庭警

el testigo
witness
证人

el juez
judge
法官

el abogado
lawyer
律师

el jurado
jury
陪审团

la tribuna del
jurado
jury box
陪审席

la sala del tribunal • courtroom • 法庭

la acusación
prosecution
公诉

el auditor
court official
书记官

el bufete lawyer's office 律师事务所	la citación summons 传讯	la orden judicial writ 传票	el juicio court case 诉讼案件
la asesoría jurídica legal advice 法律咨询	la declaración statement 陈辞	la fecha del juicio court date 开庭日	el cargo charge 控告
el cliente client 诉讼委托人	la orden judicial warrant 逮捕令	cómo se declara el acusado plea 抗辩	el acusado accused 被告

la taquígrafa
stenographer
速记员

el sospechoso
suspect
嫌疑犯

el criminal
criminal
罪犯

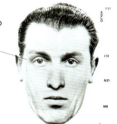

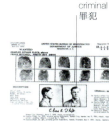

el acusado
defendant
被告人

la defensa
defence
应诉方

el retrato robot
photofit
拼凑人像

los antecedentes
criminal record
犯罪记录

el funcionario de prisiones
prison guard
狱警

la celda
cell
单人牢房

la cárcel
prison
监狱

la prueba	culpable	la fianza	Quiero ver a un abogado.
evidence	guilty	bail	I want to see a lawyer.
证据	有罪	保释金	我要见律师。
el veredicto	absuelto	la apelación	¿Dónde está el juzgado?
verdict	acquitted	appeal	Where is the courthouse?
判决	无罪释放	上诉	法院在哪儿?
inocente	la sentencia	la libertad condicional	¿Puedo pagar la fianza?
innocent	sentence	parole	Can I post bail?
无罪	判刑	假释	我可以保释吗?

la granja 1 • farm 1 • 农场 1

el granjero
farmer
农民

las tierras de
labranza
farmland
农田

el corral
farmyard
农家场院

el cobertizo
outbuilding
附属建筑物

la casa de
labranza
farmhouse
农舍

el campo
field
田地

el granero
barn
谷仓

el huerto
vegetable plot
菜地

el seto
hedge
树篱

la puerta
gate
大门

la cerca
fence
围栏

el pasto
pasture
牧场

el ganado
livestock
家畜

el cultivador
cultivator
中耕机

el tractor • tractor • 拖拉机

la cosechadora • combine harvester • 联合收割机

español • english • 汉语

los tipos de granja • types of farm • 农场类型

la cosecha
crop
庄稼

la granja de tierras
cultivables
arable farm
种植园

la vaquería
dairy farm
乳牛场

el rebaño
flock
羊群

la granja de ganado ovino
sheep farm
牧羊场

la granja avícola
poultry farm
养鸡场

la vigne
vine
葡萄树

la granja de ganado
porcino
pig farm
养猪场

la piscifactoría
fish farm
养鱼场

la granja de frutales
fruit farm
果园

el viñedo
vineyard
葡萄园

las actividades • actions • 农活

el surco
furrow
犁

arar
plough (v)
犁地

sembrar
sow (v)
播种

ordeñar
milk (v)
挤奶

dar de comer
feed (v)
饲养

regar • water (v) • 灌溉

recolectar • harvest (v)
• 收获

el herbicida	la manada	el comedero
herbicide	herd	trough
除草剂	牧群	饲料槽
el pesticida	el silo	plantar
pesticide	silo	plant (v)
杀虫剂	地窖	种植

la granja 2 • farm 2 • 农场 2
las cosechas • crops • 农作物

el trigo
wheat
小麦

el maíz
corn
玉米

la bala
bale
捆包

la cebada
barley
大麦

la colza
rapeseed
油菜籽

el girasol
sunflower
向日葵

el heno
hay
干草

la alfalfa
alfalfa
紫花苜蓿

el tabaco
tobacco
烟草

el arroz
rice
水稻

el té
tea
茶

el café
coffee
咖啡

el lino
flax
亚麻

la caña de azúcar
sugarcane
甘蔗

el algodón
cotton
棉花

el espantapájaros
scarecrow
稻草人

el ganado • livestock • 家畜

el cerdito
piglet
小猪

el cerdo
pig
猪

el ternero
calf
牛犊

la vaca
cow
母牛

el toro
bull
公牛

la oveja
sheep
绵羊

el cabrito
kid
小山羊

el cordero
lamb
羊羔

la cabra
goat
山羊

el potro
foal
马驹

el caballo
horse
马

el burro
donkey
驴

el polluelo
chick
小鸡

la gallina
chicken
鸡

el gallo
cockerel
公鸡

el pavo
turkey
火鸡

el patito
duckling
小鸭

el pato
duck
鸭

el establo
stable
马厩

el redil
pen
家畜圈

el gallinero
chicken coop
鸡舍

la pocilga
pigsty
猪圈

la construcción • construction • 建筑

el andamio
scaffolding
脚手架

la paleta
pallet
承砖坯板

la escalera
ladder
梯子

la ventana
window
窗户

la viga del tejado
rafter
椽子

la obra • building site • 建筑工地

la carretilla elevadora
fork-lift truck
叉车

el cinturón de las herramientas
toolbelt
工具腰带

la viga de madera
beam
梁

el dintel
lintel
过梁

la pared
wall
墙

la viga de acero
girder
大梁

el casco
hard hat
安全帽

el cemento
cement
水泥

construir
build (v)
建造

el albañil
builder
建筑工人

la hormigonera
cement mixer
水泥搅拌器

los materiales • materials • 建筑材料

el ladrillo
brick
砖

la madera
timber
木材

la teja
roof tile
瓦片

el bloque de hormigón
concrete block
混凝土块

las herramientas • tools • 工具

la argamasa
mortar
灰浆

la paleta
trowel
抹刀

el nivel
spirit level
水准仪

el mango
handle
柄

el mazo
sledgehammer
大锤

el pico
pickaxe
丁字镐

la pala
shovel
铁锹

la maquinaria • machinery • (工程)机械

la apisonadora
roller
压路机

el camión volquete
dumper truck
翻斗卡车

el soporte
support
支座

el
gancho
hook
吊钩

la grúa • crane • 起重机

las obras • roadworks • 道路施工

el asfalto
tarmac
柏油路面

el cono
cone
锥形隔离墩

el martillo neumático
pneumatic drill
风钻

el
revestimiento
resurfacing
重铺路面

la
excavadora mecánica
mechanical digger
挖掘机

las profesiones 1 • occupations 1 • 职业1

el carpintero
carpenter
木匠

el electricista
electrician
电工

el fontanero
plumber
水暖工

el albañil
builder
建筑工人

el jardinero
gardener
园丁

la aspiradora
vacuum cleaner
吸尘器

el empleado de la limpieza
cleaner
清洁工

el mecánico
mechanic
机械师

el carnicero
butcher
屠户

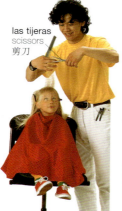
las tijeras
scissors
剪刀

el peluquero
hairdresser
美发师

la pescadera
fishmonger
鱼贩

el frutero
greengrocer
蔬菜水果商

la florista
florist
花商

el barbero
barber
理发师

el joyero
jeweller
珠宝匠

la dependienta
shop assistant
售货员

la agente inmobiliario
estate agent
房地产商

el óptico
optician
配镜师

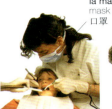

la mascarilla
mask
口罩

la dentista
dentist
牙医

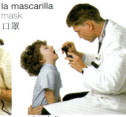

el médico
doctor
医生

la farmacéutica
pharmacist
药剂师

la enfermera
nurse
护士

la veterinaria
vet
兽医

el agricultor
farmer
农民

el pescador
fisherman
渔民

la placa de
identificación
identity badge
徽章

el guardia de segu-
ridad
security guard
保安

la metralleta
machine-gun
机枪

el uniforme
uniform
制服

el marino
sailor
水手

el soldado • soldier
• 士兵

el policía • policeman
• 警察

el bombero
fireman
消防队员

las profesiones 2 • occupations 2 • 职业2

la maqueta
model
模型

el abogado
lawyer
律师

el contable
accountant
会计师

el arquitecto
architect
建筑师

el científico
scientist
科学家

el profesor
teacher
老师

el bibliotecario
librarian
图书管理员

la recepcionista
receptionist
接待员

la cartera
mailbag
邮袋

el cartero
postman
邮递员

el conductor de autobús
bus driver
公共汽车司机

el camionero
lorry driver
卡车司机

el taxista
taxi driver
出租车司机

el piloto
pilot
飞行员

la azafata
air stewardess
空中小姐

la agente de viajes
travel agent
旅行代理

el gorro
de cocinero
chef's hat
厨师帽

el chef
chef
厨师

el tutú
tutu
芭蕾舞裙

el músico
musician
音乐家

la bailarina
dancer
舞蹈演员

el actor
actor
演员

la cantante
singer
歌手

la camarera
waitress
女待者

el camarero
barman
酒保

el deportista
sportsman
运动员

el escultor
sculptor
雕塑家

las notas
notes
笔记

la pintora
painter
画家

el fotógrafo
photographer
摄影师

el presentador
newsreader
新闻播音员

el periodista
journalist
新闻记者

la redactora
editor
编辑

la diseñadora
designer
制图员

la modista
seamstress
女缝纫师

el sastre
tailor
裁缝

el transporte

transport

交通运输

las carreteras • roads • 道路

la autopista
motorway
高速公路

la caseta de peaje
toll booth
收费站

las señales
horizontales
road markings
路面标志

la vía de acceso
slip road
主路入口

de sentido único
one-way
单行

la línea divisoria
divider
隔离带

el cruce
junction
交汇处

el semáforo
traffic light
交通信号灯

el camión
lorry
载重汽车

la mediana
central reservation
中央分车带

el carril para el
tráfico lento
inside lane
内车道

el carril central
middle lane
中央车道

el carril de
adelantamiento
outside lane
外车道

la vía de salida
exit ramp
出口

el tráfico
traffic
交通

el paso elevado
flyover
立交桥

el arcén
hard shoulder
硬质路肩

el paso subterráneo
underpass
高架桥下通道

el paso de peatones
pedestrian crossing
人行横道

el teléfono de
emergencia
emergency phone
求救电话

el aparcamiento
para minusválidos
disabled parking
残疾人停车处

el atasco de tráfico • traffic jam
• 交通堵塞

el mapa
map
地图

el parquímetro
parking meter
停车计时收费器

el policía de
tráfico
traffic policeman
交通警察

la glorieta
roundabout
道路交叉处
的环路

el desvío
diversion
绕行道路

aparcar
park (v)
停车

adelantar
overtake (v)
超车

dar marcha atrás
reverse (v)
倒车

conducir
drive (v)
驾驶

las obras
roadworks
道路施工

la barrera de
seguridad
crash barrier
防撞护栏

remolcar
tow away (v)
拖走

la autovía
dual carriageway
(有中央分隔带的)复式车道

¿Es ésta la carretera
hacia...?
Is this the road to...?
这是去…的路吗?

¿Dónde se puede aparcar?
Where can I park?
哪里可以停车?

las señales de tráfico • road signs • 交通标志

prohibido el paso
no entry
禁行

el límite de velocidad
speed limit
限速

peligro
hazard
危险

prohibido parar
no stopping
禁止停车

no torcer a la
derecha
no right turn
禁止右转

el autobús • bus • 公共汽车

el asiento del conductor
driver's seat
驾驶席

la barandilla
handrail
扶手

la puerta automática
automatic door
自动门

la rueda delantera
front wheel
前轮

el portaequipaje
luggage hold
行李舱

la puerta • door • 车门

el autocar • coach • 长途汽车

los tipos de autobuses • types of buses • 公共汽车种类

el número de ruta
route number
公交线路号

el conductor
driver
司机

el autobús de dos pisos
double-decker bus
双层公共汽车

el tranvía
tram
有轨电车

el trolebús • trolley bus • 无轨电车

el autobús escolar • school bus • 校车

el botón de parada
stop button
停车按钮

la rueda trasera
rear wheel
后轮

la ventana
window
窗户

el billete de autobús
bus ticket
公共汽车票

el timbre
bell
铃

la estación de autobuses
bus station
公共汽车总站

la parada de autobús
bus stop
公共汽车站

la tarifa fare 车费	la rampa para sillas de ruedas wheelchair access 轮椅通道
el horario timetable 时刻表	la marquesina bus shelter 公共汽车候车亭
¿Para usted en…? Do you stop at…? 您在···停吗?	¿Qué autobús va a…? Which bus goes to…? 哪路车去···?

el microbús • minibus • 小型公
共汽车

el autobús turístico • tourist bus • 游览车

el autobús de enlace • shuttle bus • 班车

el coche 1 • car 1 • 汽车 1

el exterior • exterior • 外部

el retrovisor exterior
wing mirror
外后视镜

el parabrisas
windscreen
风挡

el espejo retrovisor
rearview mirror
内后视镜

el limpiaparabrisas
windscreen wiper
雨刷

la puerta
door
车门

el capó
bonnet
引擎盖

el maletero
boot
行李箱

el intermitente
indicator
转向灯

la matrícula
licence plate
车牌

el parachoques
bumper
保险杠

el faro
headlight
前灯

la rueda
wheel
车轮

el neumático
tyre
轮胎

el equipaje
luggage
行李

la baca
roofrack
车顶行李架

la puerta del maletero
tailgate
尾部车门

el cinturón de seguridad
seat belt
安全带

la silla para niños
child seat
儿童座椅

los modelos • types • 种类

el compacto
small car
微型车

el coche de cinco puertas
hatchback
揭背式轿车

el turismo
saloon
家庭轿车，三厢车

el coche ranchera
estate
客货两用车

el coche descapotable
convertible
敞篷车

el coche deportivo
sports car
跑车

el monovolumen
people carrier
六座厢式车

el todoterreno
four-wheel drive
四轮驱动(车)

el coche de época • vintage • 老式汽车

la limousine • limousine • 大型高级轿车

la gasolinera • petrol station • 加油站

el surtidor
petrol pump
汽油泵

el precio
price
价格

la zona de abastecimiento
forecourt
加油处

la bomba del aire
air supply
轮胎充气机

el aceite oil 油	**con plomo** leaded 含铅	**el lavadero de coches** car wash 自动洗车站
la gasolina petrol 汽油	**el diesel** diesel 柴油	**el anticongelante** antifreeze 防冻液
sin plomo unleaded 无铅	**el taller** garage 汽车修理站	**el líquido limpiaparabrisas** screenwash (清洗挡风玻璃用的)喷水器

Lleno por favor.
Fill the tank, please.
请加满油。

el coche 2 • car 2 • 汽车 2
el interior • interior • 内部

el asiento trasero
back seat
后座

el reposabrazos
armrest
扶手

el reposacabezas
headrest
座椅头枕

el pestillo
door lock
门锁

el tirador
handle
车门把手

deportivo	de cuatro puertas	automático	el freno	el acelerador
two-door	four-door	automatic	brake	accelerator
双门	四门	自动	刹车	加速器，油门

de tres puertas	manual	el encendido	el embrague	el aire acondicionado
three-door	manual	ignition	clutch	air conditioning
三门	手动	点火	离合器	空调

¿Me puede decir cómo se va a…?	¿Dónde hay un parking?	¿Se puede aparcar aquí?
Can you tell me the way to…?	Where is the car park?	Can I park here?
您能告诉我去···的路吗？	停车场在哪里？	这儿可以停车吗？

los controles • controls • 操作装置

el volante
steering wheel
方向盘

la bocina
horn
喇叭

el salpicadero
dashboard
仪表盘

las luces de emergencia
hazard lights
警示灯

la navegación por satélite
satellite navigation
卫星导航仪

el volante a la izquierda • left-hand drive • 左侧驾驶

el indicador de temperatura
temperature gauge
温度计

el cuentarrevoluciones
rev counter
转速表

el indicador de velocidad
speedometer
车速表

el indicador de la gasolina
fuel gauge
油量表

la radio del coche
car stereo
汽车音响

los mandos de la
calefacción
heater controls
暖风开关

la palanca de cambio
gearstick
变速杆

el conmutador de
luces
lights switch
车灯开关

el cuentakilómetros
odometer
里程表

el airbag
air bag
安全气囊

el volante a la derecha • right-hand drive • 右侧驾驶

el coche 3 • car 3 • 汽车 3
la mecánica • mechanics • 机械构造

el depósito del limpiaparabrisas
screen wash reservoir
挡风玻璃清洗剂容器

la varilla del nivel del aceite
dipstick
量油计

el filtro del aire
air filter
空气过滤器

el depósito del líquido de frenos
brake fluid reservoir
制动液容器

la batería
battery
电池

la chapa
bodywork
车身

el depósito del líquido refrigerante
coolant reservoir
冷却剂容器

la culata
cylinder head
汽缸盖

el tubo
pipe
水管

el techo solar
sunroof
天窗

el radiador
radiator
散热器

el ventilador
fan
风扇

el motor
engine
发动机，引擎

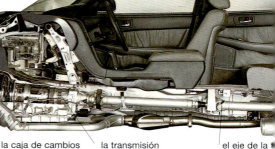

el tapacubo
hubcap
轮毂盖

la caja de cambios
gearbox
变速箱

la transmisión
transmission
传动装置

el eje de la
driveshaft
驱动轴

el pinchazo · puncture · 爆胎

la rueda de repuesto
spare tyre
备用轮胎

la llave
wrench
曲柄

los tornillos de la rueda
wheel nuts
固定螺母

el gato
jack
千斤顶

cambiar una rueda · change a wheel (v) · 更换轮胎

el techo
roof
车顶

la suspensión
suspension
汽车悬架

el silenciador
silencer
排气消音器

el tubo de escape
exhaust pipe
排气管

el accidente de coche car accident 车祸	**la correa del disco** cam belt 轮轴皮带
la avería breakdown 故障	**el turbo** turbocharger 涡轮增压器
el seguro insurance 保险	**el distribuidor** distributor 配电器
la grúa tow truck 拖车	**el ralentí** timing 点火定时
el mecánico mechanic 机械师	**el chasis** chassis 底盘
la presión del neumático tyre pressure 胎压	**el freno de mano** handbrake 手刹车
la caja de fusibles fuse box 保险盒	**el alternador** alternator 交流发电机
la bujía spark plug 火花塞	**Mi coche se ha averiado.** I've broken down. 我的车坏了。
la correa del ventilador fan belt 风扇皮带	**Mi coche no arranca.** My car won't start. 我的车发动不起来。
el tanque de la gasolina petrol tank 油箱	

la motocicleta • motorbike • 摩托车

el casco
helmet
头盔

el cuentakilómetros
speedometer
车速表

el freno
brake
刹车

el intermitente
indicator
转向灯

el claxon
horn
喇叭

el embrague
clutch
离合器

el acelerador
throttle
油门

el portaequipaje
carrier
行李架

los controles • controls • 操作装置

el captafaros
reflector
反光板

el asiento trasero
pillion
后座

el asiento
seat
驾驶座

el motor
engine
引擎

el tanque de la gasolina
fuel tank
燃油箱

la luz trasera
tail light
尾灯

el tubo de escape
exhaust pipe
排气管

el silenciador
silencer
排气消音器

el depósito del aceite
oil tank
机油箱

la caja de cambios
gearbox
变速箱

el filtro del aire
air filter
空气过滤器

la visera
visor
头盔面罩

el traje de cuero
leathers
皮衣

la cinta reflectante
reflector strap
反光肩带

la rodillera
knee pad
护膝

el equipo • clothing • 服装

el faro
headlight
前灯

la suspensión
suspension
减震器

el guardabarros
mudguard
挡泥板

el pedal de los frenos
brake pedal
刹车踏板

el eje
axle
轮轴

el neumático
tyre
轮胎

los tipos • types • 种类

la moto de carreras • racing bike • 赛车

el parabrisas
windshield
风挡

la moto de carretera • tourer • 旅行摩托

la moto de cross • dirt bike • 越野摩托

el soporte
stand
支架

la vespa • scooter • 小轮摩托

español • english • 汉语

la bicicleta • bicycle • 自行车

el sillín
saddle
车座

el soporte del sillín
seat post
座杆

la botella del agua
water bottle
水瓶

el cuadro
frame
车架

el freno
brake
刹车

el eje
hub
轮毂

las marchas
gears
齿轮

la llanta
rim
轮圈

la cubierta
tyre
轮胎

la cadena
chain
车链

el pedal
pedal
脚蹬

el diente de la rueda
cog
链盘

el tándem • tandem • 双座自行车

la bicicleta de carreras
• racing bike • 赛车

la bicicleta de montaña
• mountain bike • 山地车

la bicicleta de paseo
• touring bike • 旅行车

el casco
helmet
头盔

la bicicleta de carretera
• road bike • 公路车

el carril de bicicletas • cycle lane
• 自行车道

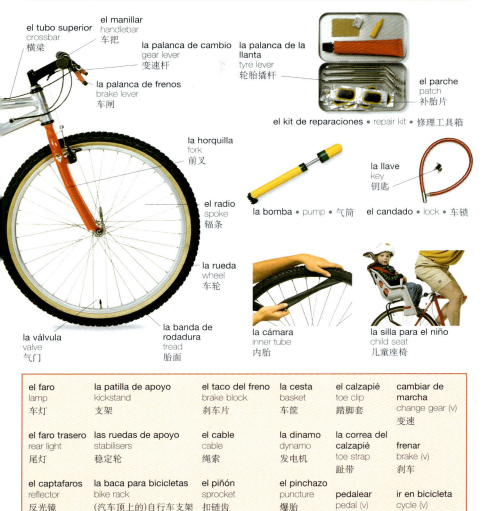

el tubo superior
crossbar
横梁

el manillar
handlebar
车把

la palanca de cambio
gear lever
变速杆

la palanca de la llanta
tyre lever
轮胎撬杆

la palanca de frenos
brake lever
车闸

el parche
patch
补胎片

el kit de reparaciones · repair kit · 修理工具箱

la horquilla
fork
前叉

la llave
key
钥匙

el radio
spoke
辐条

la bomba · pump · 气筒

el candado · lock · 车锁

la rueda
wheel
车轮

la cámara
inner tube
内胎

la silla para el niño
child seat
儿童座椅

la válvula
valve
气门

la banda de rodadura
tread
胎面

el faro lamp 车灯	la patilla de apoyo kickstand 支架	el taco del freno brake block 刹车片	la cesta basket 车筐	el calzapié toe clip 踏脚套	cambiar de marcha change gear (v) 变速
el faro trasero rear light 尾灯	las ruedas de apoyo stabilisers 稳定轮	el cable cable 绳索	la dinamo dynamo 发电机	la correa del calzapié toe strap 趾带	frenar brake (v) 刹车
el captafaros reflector 反光镜	la baca para bicicletas bike rack (汽车顶上的)自行车支架	el piñón sprocket 扣链齿	el pinchazo puncture 爆胎	pedalear pedal (v) 蹬踏	ir en bicicleta cycle (v) 骑车

el tren • train • 列车

el vagón
carriage
客车厢

el andén
platform
站台

el carrito
trolley
手推车

el número de andén
platform number
站台号

el viajero de cercanías
commuter
旅客

la estación de tren • train station • 火车站

los tipos de tren • types of train • 列车种类

el tren de vapor • steam train • 蒸汽机车

la cabina del conductor
driver's cab
驾驶室

la locomotora
engine
火车头

el raíl
rail
铁轨

el tren diesel • diesel train • 柴油机车

el tren eléctrico • electric train • 电力机车

el tren de alta velocidad • high-speed train • 高速列车

el monorraíl • monorail • 单轨列车

el metro • underground train • 地铁

el tranvía • tram • 有轨电车

el tren de mercancías • freight train • 货车

el portaequipajes
luggage rack
行李架

la ventanilla
window
车窗

la vía
track
轨道

la puerta
door
门

el asiento
seat
座位

el vagón • compartment
• 车厢隔间

la barrera • ticket barrier • 检票口

el sistema de megafonía
public address system
扩音器

el horario
timetable
列车时刻表

el billete • ticket
• 车票

el vagón restaurante • dining car • 餐车

el vestíbulo • concourse • 车站大厅

el cochecama • sleeping compartment
• 卧铺车厢

la red ferroviaria rail network 铁路网	el plano del metro underground map 地铁线路图	la taquilla ticket office 售票处	el raíl electrificado live rail 接触轨
el tren intercity inter-city train 城际列车	el retraso delay 晚点	el revisor ticket inspector 检票员	la señal signal 信号
la hora punta rush hour 上下班高峰期	el precio fare 车费	cambiar change (v) 换乘	la palanca de emergencia emergency lever 紧急刹车闸

el avión • aircraft • 飞机

el avión de pasajeros • airliner • 班机

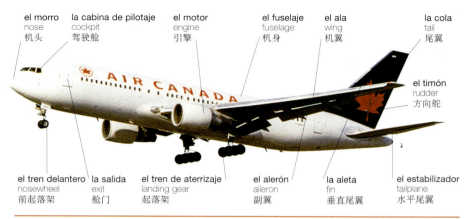

el morro
nose
机头

la cabina de pilotaje
cockpit
驾驶舱

el motor
engine
引擎

el fuselaje
fuselage
机身

el ala
wing
机翼

la cola
tail
尾翼

el timón
rudder
方向舵

el tren delantero
nosewheel
前起落架

la salida
exit
舱门

el tren de aterrizaje
landing gear
起落架

el alerón
aileron
副翼

la aleta
fin
垂直尾翼

el estabilizador
tailplane
水平尾翼

la cabina • cabin • 机舱

la salida de emergencia
emergency exit
紧急出口

la azafata de vuelo
flight attendant
空乘人员

el compartimento portaequipajes
overhead locker
头顶锁柜

el ventilador
air vent
通风口

la ventanilla
window
窗户

la luz de lectura
reading light
阅读灯

el asiento
seat
座位

la fila
row
排

el apoyabrazos
armrest
扶手

el pasillo
aisle
走廊

la bandeja
tray-table
搁板

el respaldo
seat back
椅背

el ultraligero
microlight
动力滑翔机

el planeador
glider
滑翔机

el biplano
biplane
双翼飞机

la hélice
propeller
螺旋桨

la avioneta • light aircraft • 轻型飞机

el hidroavión
sea plane
水上飞机

el globo aerostático
hot-air balloon
热气球

el jet privado
private jet
私人喷气式飞机

el avión supersónico • supersonic jet • 超音速飞机

el aspa
rotor blade
旋翼

el misil
missile
导弹

el helicóptero
helicopter
直升飞机

el avión de bombardeo
bomber
轰炸机

el caza
fighter plane
战斗机

el piloto pilot 飞行员	**despegar** take off (v) 起飞	**aterrizar** land (v) 着陆	**la clase turista** economy class 经济舱	**el equipaje de mano** hand luggage 手提行李
el copiloto co-pilot 副驾驶员	**volar** fly (v) 飞行	**la altitud** altitude 高度	**la clase preferente** business class 商务舱	**el cinturón de seguridad** seat belt 安全带

el aeropuerto • airport • 机场

la pista de estacionamiento
apron
停机坪

el remolque del equipaje
baggage trailer
行李拖车

la terminal
terminal
候机楼

el vehículo de servicio
service vehicle
服务车

la pasarela
walkway
登机通道

el avión de línea • airliner • 班机

la pista runway 跑道	el número de vuelo flight number 航班号	la cinta transportadora carousel 行李传送带	las vacaciones holiday 假日
el vuelo internacional international flight 国际航线	inmigración immigration 入境检查	la seguridad security 安全措施	reservar un vuelo book a flight (v) 订机票
el vuelo nacional domestic flight 国内航线	la aduana customs 海关	la máquina de rayos x x-ray machine X光行李检查机	facturar check in (v) 办理登机手续
la conexión connection 联运	el exceso de equipaje excess baggage 超重行李	el folleto de viajes holiday brochure 假日指南	la torre de control control tower 控制塔

el equipaje de mano
hand luggage
手提行李

el equipaje
luggage
(大件)行李

el carro
trolley
行李推车

el mostrador de facturación
• check-in desk • 办理登机手续处

el visado
visa
签证

el pasaporte • passport • 护照

el control de pasaportes
• passport control • 护照检查处

la tarjeta de embarque
boarding pass
登机牌

el billete • ticket • 机票

el número de puerta de embarque
gate number
登机门号

las salidas
departures
出发

la sala de embarque
departure lounge
候机大厅

el destino
destination
目的地

las llegadas
arrivals
抵达

la pantalla informativa
information screen
信息屏

la tienda libre de impuestos
duty-free shop
免税商店

la recogida de equipajes
baggage reclaim
领取行李处

la parada de taxis
taxi rank
出租车站

el alquiler de coches
car hire
租车处

el barco • ship • 船

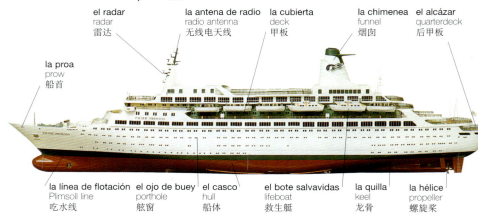

el radar
radar
雷达

la antena de radio
radio antenna
无线电天线

la cubierta
deck
甲板

la chimenea
funnel
烟囱

el alcázar
quarterdeck
后甲板

la proa
prow
船首

la línea de flotación
Plimsoll line
吃水线

el ojo de buey
porthole
舷窗

el casco
hull
船体

el bote salvavidas
lifeboat
救生艇

la quilla
keel
龙骨

la hélice
propeller
螺旋桨

el transatlántico • ocean liner • 远洋客轮

el puente
bridge
驾驶台

la sala de máquinas
engine room
轮机舱

el camarote
cabin
客舱

la cocina
galley
船上厨房

el muelle
dock
船坞

el cabrestante
windlass
卷扬机

el puerto
port
港口

el capitán
captain
船长

la pasarela
gangway
舷梯

la lancha motora
speedboat
快艇

el ancla
anchor
锚

la barca de remos
rowing boat
划桨船

el noray
bollard
岸边缆桩

la piragua
canoe
独木舟

otras embarcaciones • other ships • 其他船型

el ferry • ferry • 渡轮

el yate
yacht
游艇

el catamarán
catamaran
双体船

el buque portacontenedores • container ship
• 集装箱船

el petrolero
oil tanker
油轮

el portaviones
aircraft carrier
航空母舰

el motor fueraborda
outboard motor
舷外马达

la zodiac
inflatable dinghy
充气式橡皮艇

el remolcador
tug boat
拖船

las jarcias
rigging
帆缆

el barco de vela
sailboat
帆船

el barco de guerra
battleship
战舰

el hidrodeslizador
hydrofoil
水翼艇

el aerodeslizador
hovercraft
气垫船

la bodega
hold
货舱

el buque de carga
freighter
货船

la falsa torre
conning tower
指挥艇

el submarino
submarine
潜水艇

el puerto • port • 港口

el almacén
warehouse
仓库

la grúa
crane
起重机

la carretilla elevadora
fork-lift truck
叉车

la carretera de acceso
access road
出入港通道

las aduanas del puerto
customs house
海关

el contenedor
container
集装箱

la dársena
dock
船坞

el muelle
quay
码头

la carga
cargo
货物

la terminal del ferry
ferry terminal
渡船码头

el ferry
ferry
渡船

la ventanilla de pasajes
ticket office
售票处

el pasajero
passenger
乘客

el muelle comercial • container port • 集装箱港口

el muelle de pasajeros • passenger port • 客运码头

la red
net
渔网

el barco de pesca
fishing boat
渔船

el punto de amarre
mooring
缆绳

el puerto deportivo • marina
• 小船停靠区

el puerto de pesca • fishing port • 渔港

el puerto • harbour • 港口

el embarcadero • pier • 栈桥

el espigón • jetty • 防波堤

el astillero • shipyard • 船厂

la lámpara
lamp
塔灯

el faro
lighthouse
灯塔

la boya
buoy
浮标

el guardacostas	el dique seco	embarcar
coastguard	dry dock	board (v)
海岸警卫队	干船坞	上船
el capitán del puerto	amarrar	desembarcar
harbour master	moor (v)	disembark (v)
港务局长	停泊	离船登岸
fondear	atracar	zarpar
drop anchor (v)	dock (v)	set sail (v)
抛锚	进入船坞	起航

español • english • 汉语

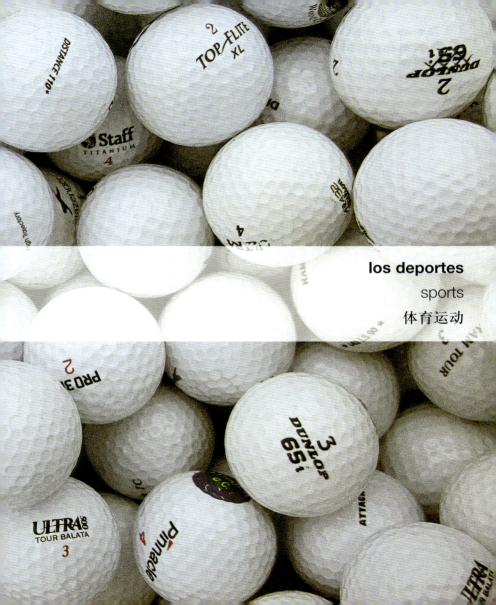

los deportes

sports

体育运动

el fútbol americano • American football • 美式橄榄球

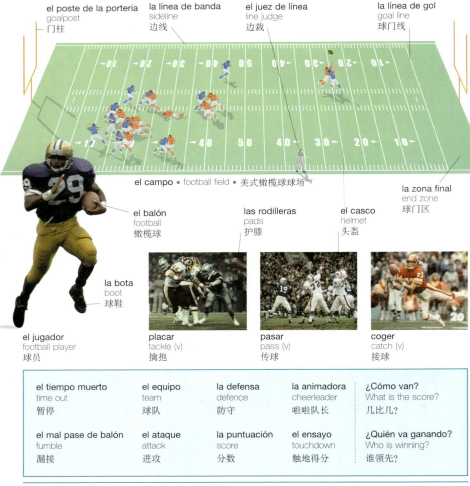

el poste de la portería
goalpost
门柱

la línea de banda
sideline
边线

el juez de línea
line judge
边裁

la línea de gol
goal line
球门线

el campo • football field • 美式橄榄球球场

la zona final
end zone
球门区

el balón
football
橄榄球

las rodilleras
pads
护膝

el casco
helmet
头盔

la bota
boot
球鞋

el jugador
football player
球员

placar
tackle (v)
擒抱

pasar
pass (v)
传球

coger
catch (v)
接球

el tiempo muerto time out 暂停	el equipo team 球队	la defensa defence 防守	la animadora cheerleader 啦啦队长	¿Cómo van? What is the score? 几比几?
el mal pase de balón fumble 漏接	el ataque attack 进攻	la puntuación score 分数	el ensayo touchdown 触地得分	¿Quién va ganando? Who is winning? 谁领先?

el rugby • rugby • 英式橄榄球

la **portería**
goal
球门

la zona de marca
in-goal area
得分区

la línea de banda
touch line
边线

la bandera
flag
旗

la línea de fondo
dead ball line
死球线

el campo de rugby • rugby pitch • 英式橄榄球球场

el balón
ball
球

lanzar • throw (v) • 抛球

el uniforme de rugby
rugby strip
(英式)橄榄球球衣

chutar
kick (v)
踢球

pasar
pass (v)
传球

placar
tackle (v)
擒抱

el ensayo
try
持球触地得分

el jugador
player
球员

la abierta • ruck • 密集争球

la melée • scrum • 并列争球

el fútbol • soccer • 足球

el balón
football
足球

el delantero
forward
前锋

el árbitro
referee
主裁判

el círculo central
centre circle
中圈

el portero
goalkeeper
守门员

el uniforme
football strip
足球球衣

el futbolista
footballer
足球球员

el campo de fútbol • football pitch • 足球场

el poste
goalpost
门柱

la red
net
球网

el larguero
crossbar
球门横梁

el gol • goal • 球门

regatear
dribble (v)
带球

tirar de cabeza
head (v)
头球

la barrera
wall
人墙

el tiro libre • free kick • 任意球

el área de penalty
penalty area
罚球区

la línea de meta
goal line
球门线

el área de meta
goal area
球门区

la portería
goal
球门

el defensa
defender
防守队员

el árbitro asistente
assistant referee
助理裁判

la bandera de esquina
corner flag
角棋

el saque de banda
throw-in
掷界外球

chutar
kick (v)
踢球

la bota
boot
球鞋

hacer un pase
pass (v)
传球

tirar
shoot (v)
射门

hacer una parada
save (v)
救球

hacer una entrada
tackle (v)
铲球

el estadio	la falta	la tarjeta amarilla	la liga	la prórroga
stadium	foul	yellow card	league	extra time
体育场	犯规	黄牌	联赛	加时
marcar un gol	el córner	el fuera de juego	el empate	el reserva
score a goal (v)	corner	off-side	draw	substitute
进球得分	角球	越位	平局	替补队员
el penalty	la tarjeta roja	la expulsión	el descanso	la sustitución
penalty	red card	send off	half time	substitution
罚点球	红牌	罚出场外	半场	换人

el hockey • hockey • 曲棍类运动
el hockey sobre hielo • ice hockey • 冰球

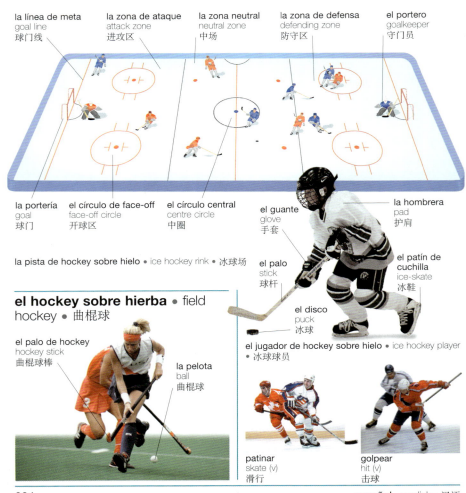

la línea de meta
goal line
球门线

la zona de ataque
attack zone
进攻区

la zona neutral
neutral zone
中场

la zona de defensa
defending zone
防守区

el portero
goalkeeper
守门员

la portería
goal
球门

el círculo de face-off
face-off circle
开球区

el círculo central
centre circle
中圈

la hombrera
pad
护肩

el guante
glove
手套

el patín de
cuchilla
ice-skate
冰鞋

el palo
stick
球杆

el disco
puck
冰球

la pista de hockey sobre hielo • ice hockey rink • 冰球场

el jugador de hockey sobre hielo • ice hockey player
• 冰球球员

el hockey sobre hierba • field hockey • 曲棍球

el palo de hockey
hockey stick
曲棍球棒

la pelota
ball
曲棍球

patinar
skate (v)
滑行

golpear
hit (v)
击球

el críquet • cricket • 板球

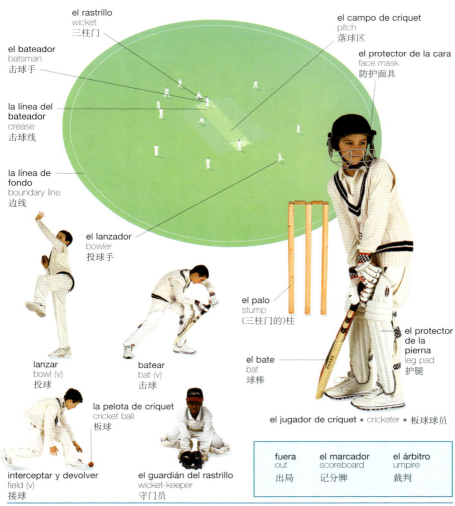

el rastrillo
wicket
三柱门

el campo de críquet
pitch
落球区

el bateador
batsman
击球手

el protector de la cara
face mask
防护面具

la línea del bateador
crease
击球线

la línea de fondo
boundary line
边线

el lanzador
bowler
投球手

el palo
stump
(三柱门的)柱

el protector de la pierna
leg pad
护腿

el bate
bat
球棒

lanzar
bowl (v)
投球

batear
bat (v)
击球

la pelota de críquet
cricket ball
板球

el jugador de críquet • cricketer • 板球球员

interceptar y devolver
field (v)
接球

el guardián del rastrillo
wicket-keeper
守门员

fuera	el marcador	el árbitro
out	scoreboard	umpire
出局	记分牌	裁判

el baloncesto • basketball • 篮球

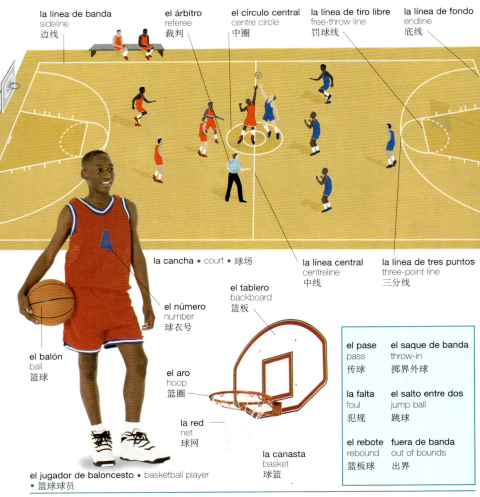

la línea de banda
sideline
边线

el árbitro
referee
裁判

el círculo central
centre circle
中圈

la línea de tiro libre
free-throw line
罚球线

la línea de fondo
endline
底线

la cancha • court • 球场

la línea central
centreline
中线

la línea de tres puntos
three-point line
三分线

el número
number
球衣号

el tablero
backboard
篮板

el balón
ball
篮球

el aro
hoop
篮圈

la red
net
球网

la canasta
basket
球篮

el jugador de baloncesto • basketball player
• 篮球球员

el pase pass 传球	el saque de banda throw-in 掷界外球
la falta foul 犯规	el salto entre dos jump ball 跳球
el rebote rebound 篮板球	fuera de banda out of bounds 出界

las acciones • actions • 动作

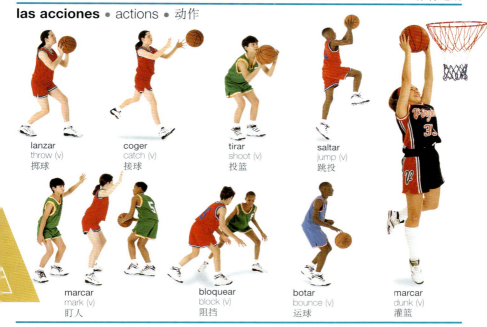

lanzar
throw (v)
掷球

coger
catch (v)
接球

tirar
shoot (v)
投篮

saltar
jump (v)
跳投

marcar
mark (v)
盯人

bloquear
block (v)
阻挡

botar
bounce (v)
运球

marcar
dunk (v)
灌篮

el balonvolea • volleyball • 排球

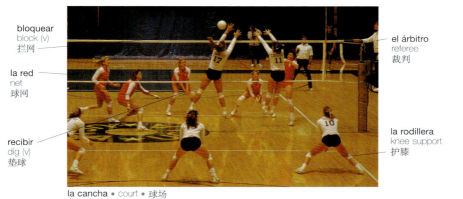

bloquear
block (v)
拦网

la red
net
球网

recibir
dig (v)
垫球

el árbitro
referee
裁判

la rodillera
knee support
护膝

la cancha • court • 球场

español • english • 汉语

el béisbol • baseball • 棒球
el campo • field • 球场

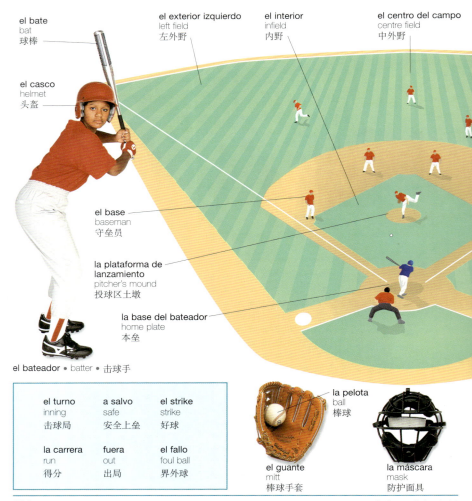

el bate
bat
球棒

el casco
helmet
头盔

el exterior izquierdo
left field
左外野

el interior
infield
内野

el centro del campo
centre field
中外野

el base
baseman
守垒员

la plataforma de
lanzamiento
pitcher's mound
投球区土墩

la base del bateador
home plate
本垒

el bateador • batter • 击球手

el turno	a salvo	el strike
inning	safe	strike
击球局	安全上垒	好球
la carrera	fuera	el fallo
run	out	foul ball
得分	出局	界外球

la pelota
ball
棒球

el guante
mitt
棒球手套

la máscara
mask
防护面具

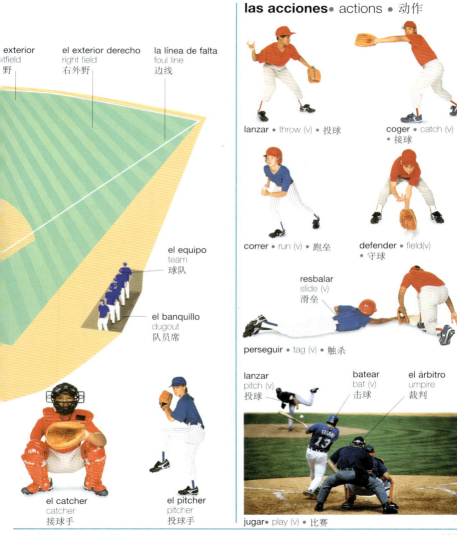

exterior
tfield
野

el exterior derecho
right field
右外野

la línea de falta
foul line
边线

el equipo
team
球队

el banquillo
dugout
队员席

el catcher
catcher
接球手

el pitcher
pitcher
投球手

las acciones • actions • 动作

lanzar • throw (v) • 投球

coger • catch (v)
• 接球

correr • run (v) • 跑垒

defender • field(v)
• 守球

resbalar
slide (v)
滑垒

perseguir • tag (v) • 触杀

lanzar
pitch (v)
投球

batear
bat (v)
击球

el árbitro
umpire
裁判

jugar • play (v) • 比赛

el tenis • tennis • 网球

el mango
handle
球拍柄

la cabeza
head
球拍面

la cuerda
string
球拍网线

el juez de silla
umpire
裁判

la línea de fondo
baseline
底线

la raqueta
racquet
球拍

la línea de servicio
service line
发球线

la línea de banda
sideline
边线

la pelota
ball
网球

la muñequera
wristband
护腕

la pista de tenis• tennis court • 网球场

el individual	el set	cuarenta iguales	la falta	el tiro con efecto	el efecto
singles	set	deuce	fault	slice	spin
单打	盘，局	平分	发球失误	削球	（球在空中）旋转
los dobles	el partido	la ventaja	el ace	el peloteo	el juez de línea
doubles	match	advantage	ace	rally	linesman
双打	比赛	发球方占先	发球得分	回合	边裁
el juego	el tiebreak	nada	la dejada	¡red!	el campeonato
game	tiebreak	love	dropshot	let!	championship
比赛	抢七局	零分	近网短球	触网	锦标赛

los golpes • strokes • 击球动作

la red
net
球网

el mate
smash
扣球

el recogepelotas
ballboy
球童

sacar
serve (v)
发球

los tenis
tennis shoes
网球鞋

el jugador • player • 网球手

el servicio
serve
发球

la volea
volley
拦击球

el resto
return
回球

el globo
lob
吊高球

el derecho
forehand
正手

el revés
backhand
反手

los juegos de raqueta • racquet games • 拍类运动

el volante
shuttlecock
羽毛球

la pala
bat
乒乓球拍

el bádminton • badminton
• 羽毛球(运动)

el ping-pong
• table tennis • 乒乓球

el squash • squash
• 壁球

el racketball
• racquetball • 短拍壁球

el golf • golf • 高尔夫球

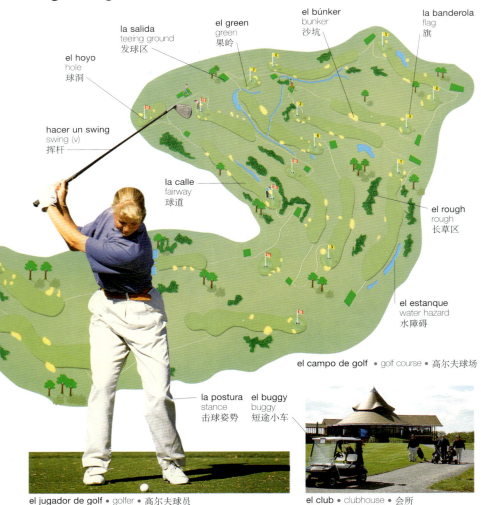

el hoyo
hole
球洞

la salida
teeing ground
发球区

el green
green
果岭

el búnker
bunker
沙坑

la banderola
flag
旗

hacer un swing
swing (v)
挥杆

la calle
fairway
球道

el rough
rough
长草区

el estanque
water hazard
水障碍

el campo de golf • golf course • 高尔夫球场

la postura
stance
击球姿势

el buggy
buggy
短途小车

el jugador de golf • golfer • 高尔夫球员

el club • clubhouse • 会所

el equipo • equipment • 球具

la pelota de golf
golf ball
高尔夫球

el tee
tee
球座

el guante
glove
手套

el paraguas
umbrella
伞

la bolsa de golf
golf bag
高尔夫球袋

los clavos
spikes
鞋钉

el carrito de golf
golf trolley
高尔夫球车

el zapato de golf
golf shoe
高尔夫球鞋

los palos de golf • golf clubs • 高尔夫球杆

el palo de madera
wood
木杆

el putter
putter
推杆

el palo de hierro
iron
铁杆

el wedge
wedge
挖起杆

las acciones • actions • 动作

salir
tee-off (v)
开球

hacer un drive
drive (v)
远打

tirar al hoyo con
un putter
putt (v)
轻击

hacer un chip
chip (v)
切击

el par	el sobre par	el handicap	el caddy	el golpe	el backswing
par	over par	handicap	caddy	stroke	backswing
标准杆数	高于标准杆数	差点	球童	击球	向后挥杆
el bajo par	el hoyo en uno	el torneo	los espectadores	el swing de práctica	la línea de juego
under par	hole in one	tournament	spectators	practice swing	line of play
低于标准杆数	一杆入洞	巡回赛	观众	练习挥杆	打球线

el atletismo • athletics • 田径运动

la calle
lane
分道

la pista
track
跑道

la línea de meta
finishing line
终点线

la línea de salida
starting line
起跑线

el campo • field • 运动场

la atleta
athlete
田径选手

el cajón de salida
starting blocks
起跑器

el esprinter
sprinter
短跑选手

el lanzamiento de disco
discus
铁饼

el lanzamiento de peso
shotput
铅球

el lanzamiento de jabalina
javelin
标枪

la carrera race 赛跑	el récord record 纪录	la fotofinish photo finish 终点摄影记录	el salto con pértiga pole vault 撑杆跳
el tiempo time 时间	batir un récord break a record (v) 打破纪录	la maratón marathon 马拉松	la marca personal personal best 个人最好成绩

el cronómetro
stopwatch
秒表

el testigo
baton
接力棒

la carrera de relevos
relay race
接力

el listón
crossbar
横杆

el salto de altura
high jump
跳高

el salto de longitud
long jump
跳远

la carrera de vallas
hurdles
跨栏

la gimnasia • gymnastics • 体操

el trampolín
springboard
跳板

la gimnasta
gymnast
体操选手

el caballo
horse
跳马

el salto mortal
somersault
空翻

la barra de equilibrio • beam
• 平衡木

la cinta
ribbon
丝带

la colchoneta
mat
垫子

el salto
vault
跳马(项目)

los ejercicios de suelo
floor exercises
自由体操

la voltereta
tumble
翻筋斗

la gimnasia rítmica
rhythmic gymnastics
艺术体操

la barra fija horizontal bar 单杠	las paralelas asimétricas asymmetric bars 高低杠	las anillas rings 吊环	las medallas medals 奖牌	la plata silver 银牌
las paralelas parallel bars 双杠	el caballo con arcos pommel horse 鞍马	el podio podium 领奖台	el oro gold 金牌	el bronce bronze 铜牌

los deportes de combate • combat sports • 格斗运动

el adversario
opponent
对手

el protector
guard
护盔

el guante
glove
手套

el cinturón
belt
腰带

el karate
karate
空手道

el taekwondo • tae-kwon-do • 跆拳道

la careta
mask
防护面具

el judo
judo
柔道

la espada
sword
竹剑

el aikido • aikido • 合气道

el kendo • kendo • 剑道

el kung fu • kung fu • 中国武术

el full contact
• kickboxing • 泰拳

la lucha libre • wrestling • 摔跤

el boxeo • boxing • 拳击

los movimientos • actions • 动作

la caída
fall
摔倒

el agarre
hold
抓握

el derribo
throw
摔

la inmovilización
pin
压倒

la patada
kick
侧踢

el puñetazo
punch
出拳

el golpe
strike
击打

el salto
jump
跳踢

la parada
block
挡

el golpe
chop
劈

el ring
boxing ring
拳击台

el asalto
round
回合

el puño
fist
拳头

el cinturón negro
black belt
黑带

la capoeira
capoeira
卡波卫勒舞

el protegedientes
boxing gloves
拳击手套

el combate
bout
拳击比赛

el K.O.
knock out
击倒（对手）

las artes marciales
self defence
自卫

el sumo
sumo wrestling
相扑

los guantes de boxeo
mouth guard
护齿

el entrenamiento
sparring
拳击练习

el saco de arena
punch bag
沙袋

la defensa personal
martial arts
武术

el tai-chi
tai-chi
太极拳

la natación • swimming • 游泳
el equipo • equipment • 泳具

la pinza para la nariz
nose clip
鼻夹

el manguito
armband
臂漂

las gafas de natación
goggles
游泳镜

el flotador
float
浮板

el traje de baño
swimsuit
游泳衣

el gorro de baño
cap
泳帽

la calle
lane
泳道

el agua
water
池水

el cajón de salida
starting block
出发台

el bañador
trunks
泳裤

la piscina • swimming pool • 游泳池

el nadador • swimmer • 游泳选手

el trampolín
springboard
跳板

el saltador
diver
跳水选手

tirarse de cabeza • dive (v) • 跳水

nadar • swim (v) • 游泳

el giro • turn • 转身

los estilos • styles • 泳姿

el crol
front crawl
自由泳

la braza
breaststroke
蛙泳

la brazada
stroke
划水

la patada
kick
打水

la espalda • backstroke • 仰泳

la mariposa • butterfly • 蝶泳

el buceo • scuba diving • 水肺潜水

la botella de aire
air cylinder
氧气瓶

el traje de buzo
wetsuit
潜水服

el tubo
snorkel
水下呼吸管

la aleta
flipper
脚蹼

las gafas
mask
潜水面罩

el regulador
regulator
呼吸调节器

el cinturón de pesas
weight belt
负重腰带

el salto dive 跳水	hacer agua racing dive 出发跳水	las taquillas lockers 锁柜	el waterpolo water polo 水球	la zona poco profunda shallow end 浅水区	el tirón cramp 抽筋
el salto alto high dive 高台跳水	el salto de salida tread water (v) 踩水	el socorrista lifeguard 救生员	la zona profunda deep end 深水区	la natación sincronizada synchronized swimming 花样游泳	ahogarse drown (v) 溺水

la vela • sailing • 帆船运动

la brújula
compass
指南针

el ancla
anchor
锚

la escotera
cleat
系索耳

la cubierta
sidedeck
侧舷

el foque
headsail
艏三角帆

el mástil
mast
桅杆

las jarcias
rigging
帆缆

la vela mayor
mainsail
主帆

la botavara
boom
帆桁

la proa
bow
船头

la popa
stern
船尾

la caña del timón
tiller
舵柄

el casco
hull
船体

navegar • navigate (v) • 航行

el yate • yacht • 帆船

la seguridad • safety • 救生器具

la bengala
flare
照明弹

el salvavidas
lifebuoy
救生圈

el chaleco salvavidas
life jacket
救生衣

la balsa salvavidas
life raft
救生筏

los deportes acuáticos • watersports • 水上运动

el remero
rower
桨手

el remo
oar
桨

el kayak
kayak
皮筏

el remo
paddle
双叶桨

remar • row (v) • 划船

el piragüismo • canoeing • 独木舟

la tabla de surf
surfboard
冲浪板

el esquí
ski
滑水撬

la vela
sail
帆

el windsurfista
windsurfer
帆板运动员

el surfing
surfing
冲浪

el esquí acuático
waterskiing
滑水

la carrera de motoras
speed boating
快艇

la tabla
board
帆板

la cinta para el pie
footstrap
套脚带

el rafting
rafting
皮划艇

la moto acuática
jet skiing
水上摩托

el windsurf • windsurfing • 帆板运动

el surfista	la tripulación	el viento	la rompiente	la escota	la orza
waterskier	crew	wind	surf	sheet	centreboard
滑水者	艇员	风	浪花	帆脚索	稳向板
el esquiador acuático	virar	la ola	los rápidos	el timón	volcar
surfer	tack (v)	wave	rapids	rudder	capsize (v)
冲浪运动员	抢风航行	波浪	激流	舵	(船)倾覆

la equitación • horse riding • 马上运动

la gorra de montar
riding hat
骑手帽

la crin
mane
鬃毛

el jinete
rider
骑手

la silla de montar
saddle
马鞍

las riendas
reins
缰绳

el caballo
horse
马

el pantalón de montar
jodhpurs
马裤

la cola
tail
尾巴

la cincha
girth
肚带

la bota de montar
riding boot
马靴

el estribo
stirrup
马镫

el casco
hoof
马蹄

el borrén
pommel
前鞍桥

la frontalera
browband
前额带

la muserola
noseband
鼻羁

el bocado
bit
马嚼子

el sillín
seat
鞍座

la brida • bridle • 马勒

la herradura
horseshoe
马蹄铁

la silla de montar de señora
side-saddle
横座鞍

la fusta • riding crop • 马鞭

las modalidades • events • 赛事

el caballo de carreras
racehorse
赛马

la valla
fence
障碍

la carrera de caballos
horse race
赛马（比赛）

la carrera de obstáculos
steeplechase
障碍赛

la carrera al trote
harness race
轻驾车赛

el rodeo
rodeo
牛仔竞技表演

el concurso de saltos
showjumping
越障碍赛

la carrera de carrozas
carriage race
双套马车赛

el paseo
trekking
长途旅行

la doma y monta
dressage
花式骑术

el polo
polo
马球

el paso	el medio galope	el galope	el cabestro	el cercado	el hipódromo
walk	canter	jump	halter	paddock	flat race
慢步	慢跑	跳跃	笼头	围场	无障碍赛马
el trote	el mozo de cuadra	el salto	la cuadra	el ruedo	la carrera sin obstáculos
trot	gallop	groom	stable	arena	racecourse
小跑	疾驰	马夫	马厩	竞技场	赛马场

la pesca • fishing • 钓鱼

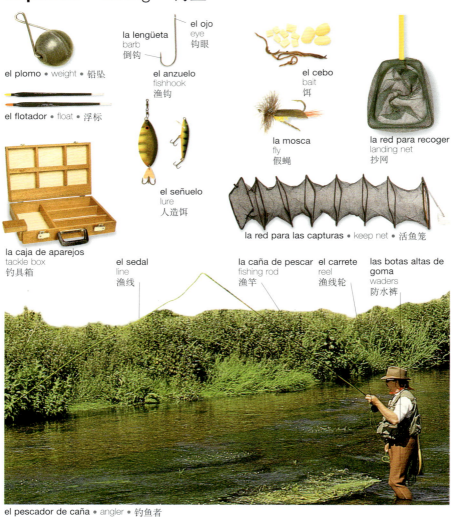

el plomo • weight • 铅坠

el flotador • float • 浮标

la caja de aparejos
tackle box
钓具箱

la lengüeta
barb
倒钩

el ojo
eye
钩眼

el anzuelo
fishhook
渔钩

el señuelo
lure
人造饵

el cebo
bait
饵

la mosca
fly
假蝇

la red para recoger
landing net
抄网

la red para las capturas • keep net • 活鱼笼

el sedal
line
渔线

la caña de pescar
fishing rod
渔竿

el carrete
reel
渔线轮

las botas altas de
goma
waders
防水裤

el pescador de caña • angler • 钓鱼者

los tipos de pesca • types of fishing • 垂钓种类

la pesca en agua dulce
freshwater fishing
淡水垂钓

la pesca con mosca
fly fishing
假蝇垂钓

la pesca deportiva
sport fishing
休闲垂钓

la pesca de altura
deep sea fishing
深海垂钓

la pesca en la orilla
surfcasting
激浪投钓

las acciones • activities • 活动

lanzar
cast (v)
撒网

coger
catch (v)
捕捉

recoger
reel in (v)
收线

coger con la red
net (v)
网捕

soltar
release (v)
放生

cebar	los aparejos	la ropa impermeable	la licencia de pesca	la nasa
bait (v)	tackle	waterproofs	fishing permit	creel
装饵	钓具	雨衣	钓鱼许可证	渔篓
picar	el carrete	la pértiga	la pesca en alta mar	la pesca con arpón
bite (v)	spool	pole	marine fishing	spearfishing
咬钩	线轴	杆	海洋捕捞	渔叉捕鱼

el esquí • skiing • 滑雪

la pista
ski slope
滑雪坡道

la telesilla
chairlift
缆车吊椅

el teleférico
cable car
缆车

el traje de esquí
ski suit
滑雪服

el guante
glove
手套

la pista de esquí
ski run
雪道

el bastón
ski pole
滑雪杖

la barrera de seguridad
safety barrier
安全护栏

la bota de esquí
ski boot
滑雪靴

el esquí
ski
滑雪板

el canto
edge
板边

la esquiadora • skier • 滑雪者

la punta • tip • 板尖

las modalidades • events • 项目

el descenso
downhill skiing
高山速降

el poste
gate
旗门杆

el slálom
slalom
小回转

el salto
ski jump
跳台滑雪

el esquí de fondo
cross-country skiing
越野滑雪

los deportes de invierno • winter sports • 冬季运动

la escalada en hielo
ice climbing
攀冰

el patinaje sobre hielo
ice-skating
溜冰

el patín
skate
冰鞋

el patinaje artístico
figure skating
花样滑冰

las gafas
goggles
滑雪镜

el snowboarding
snowboarding
单板滑雪

el bobsleigh
bobsleigh
长橇滑雪

el luge
luge
小型橇

la moto de nieve
snowmobile
机动雪橇

tirarse en trineo
sledding
乘橇滑行

el esquí alpino alpine skiing 高山滑雪	el trineo con perros dog sledding 狗拉雪橇
el slálom gigante giant slalom 大回转	el patinaje de velocidad speed skating 速滑
fuera de pista off-piste 雪道外	el biatlón biathlon 冬季两项（滑雪和射击）
el curling curling 冰上溜石	la avalancha avalanche 雪崩

los otros deportes • other sports • 其他运动

el planeador
glider
滑翔机

el ala delta
hang-glider
悬挂式滑翔机

el paracaídas
parachute
降落伞

el vuelo sin motor • gliding • 滑翔

el vuelo con ala delta
hang-gliding
悬挂滑翔

la cuerda
rope
绳索

la escalada
rock climbing
攀岩

el paracaidismo
parachuting
跳伞

el parapente
paragliding
滑翔伞

el paracaidismo en caída libre
skydiving
特技跳伞

el rappel
abseiling
悬绳下降

el puenting
bungee jumping
蹦极

el rally
rally driving
汽车拉力赛

el piloto de carreras
racing driver
赛车手

el automovilismo
motor racing
赛车

el motocross
motorcross
摩托车越野赛

el motociclismo
motorbike racing
摩托车赛

el monopatín
skateboard
滑板

el patín de ruedas
rollerskate
旱冰鞋

montar en monopatín
skateboarding
滑板（运动）

el patinaje
roller skating
滑旱冰

el palo
stick
球棒

el lacrosse
lacrosse
长曲棍球

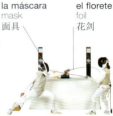

la máscara
mask
面具

el florete
foil
花剑

el esgrima
fencing
击剑

el bolo • pin • 保龄球瓶

los bolos
bowling
保龄球运动

la bola de bowling
bowling ball
保龄球

la flecha
arrow
箭

el carcaj
quiver
箭袋

el arco
bow
弓

el tiro con arco
archery
射箭

la diana
target
靶

el tiro
target shooting
射击

el billar americano
pool
美式台球

el billar
snooker
台球

la forma física • fitness • 健身

la bicicleta fija
exercise bike
健身车

la máquina de ejercicios • gym machine • 健身器械

el banco • bench • 长椅

las pesas
free weights
力量训练器

la barra
bar
横杠

el gimasio • gym • 健身房

la máquina de remos
rowing machine
划船机

la banda de paseo
treadmill
跑步机

la máquina de cross
cross trainer
椭圆机

la entrenadora personal
personal trainer
私人教练

la máquina de step
step machine
踏步机

la piscina
swimming pool
游泳池

la sauna
sauna
桑拿浴

los ejercicios • exercises • 锻炼

el estiramiento
stretch
伸展腿

la flexión con estiramiento
lunge
弓箭步压腿

los leotardos
tights
紧身衣

la flexión
press-up
俯卧撑

ponerse en cuclillas
squat
蹲起

el abdominal
sit-up
仰卧起坐

la pesa
dumb bell
哑铃

el ejercicio de bíceps
bicep curl
二头肌训练

los ejercicios de piernas
leg press
蹬腿

los ejercicios pectorales
chest press
扩胸

la barra de pesas
weight bar
杠铃横杆

las zapatillas
trainers
运动鞋

el levantamiento de pesas
weight training
重量训练

la camiseta
vest
背心

el footing
jogging
慢跑

el aerobic
aerobics
有氧运动

entrenar train (v) 训练	correr en parada jog on the spot (v) 原地跑	estirar extend (v) 伸展	el pilates Pilates 普拉提	la tabla de gimnasia circuit training 循环训练法
calentar warm up (v) 热身	flexionar flex (v) 弯曲（四肢）	levantar pull up (v) 引体向上	la gimnasia prepugilística boxercise 搏击操	saltar a la comba skipping 跳绳

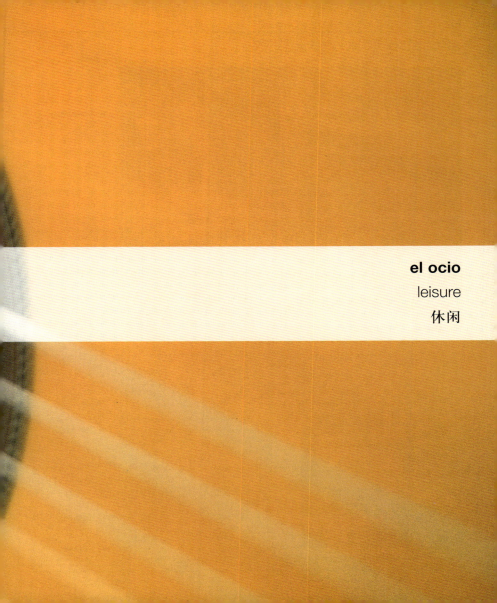

el ocio

leisure

休闲

el teatro • theatre • 剧院

el telón
curtain
幕

los bastidores
wings
舞台侧翼

el decorado
set
布景

el público
audience
观众

la orquesta
orchestra
乐队

el escenario • stage • 舞台

la butaca
seat
座位

la platea alta
upper circle
三楼厅座

la fila
row
排

el palco
box
包厢

la platea
circle
二楼厅座

la galería
balcony
楼座

el pasillo
aisle
过道

el patio de butacas
stalls
正厅前排座位

las butacas • seating • 座位安排

la obra	el director	el estreno
play	director	first night
戏剧	导演	首演
el reparto	el productor	el descanso
cast	producer	interval
角色分配	制片人	幕间休息
el actor	el guión	el programa
actor	script	programme
男演员	剧本	节目
la actriz	el telón de fondo	el foso de la orquesta
actress	backdrop	orchestra pit
女演员	背景幕布	乐池

el concierto
concert
音乐会

el musical
musical
音乐剧

el traje
costume
戏装

el ballet
ballet
芭蕾舞

el acomodador usher 引座员	la banda sonora soundtrack 声带	Quisiera dos entradas para la sesión de esta noche. I'd like two tickets for tonight's performance. 我想要两张今晚演出的票。
la música clásica classical music 古典音乐	aplaudir applaud (v) 鼓掌喝彩	¿A qué hora empieza? What time does it start? 演出什么时候开始?
la partitura musical score 乐谱	el bis encore （要求演出者）再来一次	

la ópera
opera
歌剧

el cine • cinema • 电影院

las palomitas
popcorn
爆米花

la taquilla
box office
售票处

el vestíbulo
lobby
大厅

el póster
poster
海报

el cine
cinema hall
电影放映厅

la pantalla
screen
银幕

la comedia comedy 喜剧片	la película romántica romance 爱情片
la película de suspense thriller 惊险片	la película de ciencia ficción science fiction film 科幻片
la película de terror horror film 恐怖片	la película de aventuras adventure 冒险片
la película del oeste western 西部片	la película de dibujos animados animated film 动画片

la orquesta • orchestra • 乐队
la cuerda • strings • 弦乐器

el arpa
harp
竖琴

el director de orquesta
conductor
指挥

el contrabajo
double bass
低音提琴

el violín
violin
小提琴

el podio
podium
指挥台

la viola
viola
中提琴

el violoncelo
cello
大提琴

la partitura
score
乐谱

la clave de sol
treble clef
高音谱号

la nota
note
音符

el pentagrama
staff
五线谱

la clave de fa
bass clef
低音谱号

el piano • piano • 钢琴

la notación • notation • 记谱法

la obertura overture 序曲	la sonata sonata 奏鸣曲	la pausa rest 休止符	sostenido sharp 升号	natural natural 本位号	la escala scale 音阶
la sinfonía symphony 交响乐	los instrumentos instruments 乐器	el tono pitch 音高	bemol flat 降号	la barra bar 小节线	la batura baton 指挥棒

el viento-madera • woodwind • 木管乐器

el flautín
piccolo
短笛

la flauta
flute
长笛

el oboe
oboe
双簧管

el corno inglés
cor anglais
英国管

el saxofón
saxophone
萨克斯管

el clarinete
clarinet
单簧管

el clarinete bajo
bass clarinet
低音单簧管

el fagote
bassoon
巴松管

el contrafagote
double bassoon
倍低音管

la percusión • percussion • 打击乐器

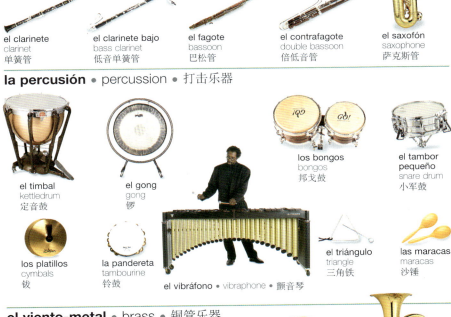

el timbal
kettledrum
定音鼓

el gong
gong
锣

los bongos
bongos
邦戈鼓

**el tambor
pequeño**
snare drum
小军鼓

los platillos
cymbals
钹

la pandereta
tambourine
铃鼓

el vibráfono • vibraphone • 颤音琴

el triángulo
triangle
三角铁

las maracas
maracas
沙锤

el viento-metal • brass • 铜管乐器

la trompeta
trumpet
小号

el trombón de varas
trombone
长号

el corno de caza
French horn
圆号

la tuba
tuba
大号

el concierto • concert • 音乐会

el cantante
lead singer
主唱

el micrófono
microphone
麦克风

el batería
drummer
鼓手

el guitarrista
guitarist
吉他手

los fans
fans
歌迷

el altavoz
speaker
扩音器

el bajo
bass guitarist
低音吉他手

el concierto de rock • rock concert • 摇滚音乐会

los instrumentos • instruments • 乐器

la pastilla
pickup
拾音器

el mástil
neck
琴颈

el traste
fret
弦枕

la clavija
tuning peg
弦轴

el puente
bridge
琴马

la cuerda
string
弦

el tambor
drum
鼓

el contrabajo • bass guitar • 低音吉他

el teclado • keyboard • 电子琴

la guitarra eléctrica • electric guitar • 电吉他

la batería • drum kit • 架子鼓

los estilos musicales • musical styles • 音乐风格

el jazz • jazz • 爵士乐

el blues • blues • 蓝调音乐

el punk • punk
• 朋克音乐

la música folk • folk music
• 民间音乐

el pop • pop • 流行音乐

la música de baile • dance
• 舞曲

el rap • rap • 说唱音乐

el heavy metal • heavy metal
• 重金属摇滚

la música clásica
• classical music • 古典音乐

la canción	la letra	la melodía	el ritmo	el reggae	la música country	el foco
song	lyrics	melody	beat	reggae	country	spotlight
歌曲	歌词	旋律	节拍	雷盖音乐	乡村音乐	聚光灯

el turismo • sightseeing • 观光

el turista
tourist
游客

la atracción turística • tourist attraction • 游览胜地

el itinerario
itinerary
旅行路线

descubierto
open-top
敞篷

el autobús turístico • tour bus • 观光巴士

la guía turística
tour guide
导游

la estatuilla • statuette • 小雕像

la visita con guía
guided tour
团体旅游

los recuerdos
souvenirs
纪念品

abierto open 开门	la guía del viajero guide book 旅行指南	la cámara de vídeo camcorder 便携式摄像机	la izquierda left 左	¿Dónde está…? Where is…? …在哪里?	Me he perdido. I'm lost. 我迷路了。
cerrado closed 关门	la película film 胶片	la máquina fotográfica camera 照相机	la derecha right 右	¿Podría decirme cómo se va a…? Can you tell me the way to….? 你能告诉我到…的路吗?	
el precio de entrada entrance fee 入场费	las pilas batteries 电池	las indicaciones directions （行路的）指引	recto straight on 直行		

los lugares de interés • attractions • 名胜

el cuadro
painting
绘画

la muestra
exhibit
展品

la exposición
exhibition
展览

la ruina famosa
famous ruin
古迹

el museo
art gallery
艺术馆

el monumento
monument
纪念碑

el museo
museum
博物馆

el edificio histórico
historic building
历史建筑

el casino
casino
赌场

los jardines
gardens
庭园

el parque nacional
national park
国家公园

la información • information • 游览信息

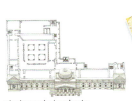

las horas
times
日程

el plano de la planta
floor plan
平面图

el plano
map
地图

el horario
timetable
时刻表

la oficina de información
tourist information
旅游问询处

las actividades al aire libre • outdoor activities
• 户外活动

el sendero
footpath
小道

el reloj de sol
sundial
日晷

la cafetería
café
咖啡馆

el parque • park • 公园

la hierba
grass
草坪

el banco
bench
长椅

los jardines clásicos
formal gardens
法式花园

la montaña rusa
roller coaster
过山车

la feria
fairground
游乐园

el parque de atracciones
theme park
主题公园

el safari park
safari park
野生动物园

el zoo
zoo
动物园

las actividades • activites • 活动

el ciclismo
cycling
骑自行车

el footing
jogging
慢跑

montar en patinete
skateboarding
滑板

el patinaje
rollerblading
滚轴溜冰

la ornitología
bird watching
观鸟

el sendero para caballos
bridle path
骑马专用道

la equitación
horse riding
骑马

el senderismo
hiking
远足

la cesta
hamper
食物篮

el picnic
picnic
野餐

el área de juegos • playground • 游乐场

el cajón de arena
sandpit
沙箱

la piscina de plástico
paddling pool
儿童戏水池

los columpios
swings
秋千

el subibaja • seesaw • 跷跷板

el tobogán • slide • 滑梯

la estructura para escalar
• climbing frame • 攀登架

la playa • beach • 海滩

el hotel
hotel
旅馆

la sombrilla
beach umbrella
遮阳伞

la caseta
beach hut
海滩小屋

la arena
sand
沙

la ola
wave
海浪

el mar
sea
海

la bolsa de playa
beach bag
海滨游泳袋

el bikini
bikini
比基尼泳装

tomar el sol • sunbathe (v) • 晒日光浴

el socorrista
lifeguard
救生员

la torre de vigilancia
lifeguard tower
救生瞭望塔

la barrera contra el viento
windbreak
防风屏

el paseo marítimo
promenade
海滨步道

la hamaca
deck chair
轻便折叠躺椅

las gafas de sol
sunglasses
太阳镜

el sombrero para el sol
sunhat
遮阳帽

la crema bronceadora
suntan lotion
防晒油

la crema protectora
sunblock
防晒液

la pelota de playa
beach ball
浮水气球

el flotador
rubber ring
游泳圈

el bañador
swimsuit
游泳衣

la pala
spade
铲子

el cubo
bucket
桶

el castillo de arena
sandcastle
沙堡

la toalla de playa
beach towel
海滩浴巾

la concha
shell
贝壳

el camping • camping • 露营

los aseos
toilets
卫生间

el contenedor
de la basura
waste disposal
垃圾箱

las duchas
shower block
浴室

el punto eléctrico
electric hook-up
接电装置

el doble techo
flysheet
防雨罩

la clavija
tent peg
地钉

la cuerda
guy rope
防风绳

la roulotte
caravan
旅行拖车

el camping • campsite • 露营地

acampar
camp (v)
露营

la oficina del director
site manager's office
营地管理处

hay plazas libres
pitches available
可用宿营地

completo
full
满

la plaza
pitch
宿营地

montar una tienda
pitch a tent (v)
支帐篷

el palo de la tienda
tent pole
帐篷杆

el catre de
campaña
camp bed
行军床

la mesa de picnic
picnic bench
野餐长椅

la hamaca
hammock
吊床

la cámper
camper van
野营车

el remolque
trailer
拖车

el carbón vegetal
charcoal
木炭

la pastilla para
hogueras
firelighter
引火物

encender una hoguera
light a fire (v)
点火

la hoguera
campfire
营火

la estructura
frame
支架

el suelo aislante
ground sheet
铺地防潮布

la mochila
backpack
背包

el termo
vacuum flask
保温瓶

la cantimplora
water bottle
水瓶

la tienda de campaña • tent • 帐篷

la mosquitera
mosquito net
蚊帐

la loción contra los insectos
insect repellent
驱虫剂

la linterna
torch
营地灯

la ropa termoaislante
thermals
保暖内衣

las botas de trekking
walking boots
徒步靴

la ropa
impermeable
waterproofs
雨衣

el saco de dormir
sleeping bag
睡袋

la esterilla
sleeping mat
睡垫

el hornillo
camping stove
野营炉

la barbacoa
barbecue
烧烤架

la colchoneta • air mattress • 充气床垫

el ocio en el hogar • home entertainment
• 家庭娱乐

el discman
personal CD player
便携式CD播放机

la grabadora de minidisks
mini disk recorder
MD录放机

el lector de MP3
MP3 player
MP3播放机

el disco de DVD
DVD disk
DVD光盘

el reproductor de DVD
DVD player
DVD播放机

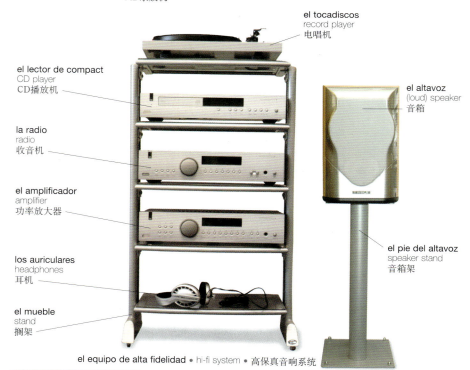

el tocadiscos
record player
电唱机

el lector de compact
CD player
CD播放机

la radio
radio
收音机

el amplificador
amplifier
功率放大器

los auriculares
headphones
耳机

el mueble
stand
搁架

el altavoz
(loud) speaker
音箱

el pie del altavoz
speaker stand
音箱架

el equipo de alta fidelidad • hi-fi system • 高保真音响系统

la cinta de vídeo
video tape
录像带

la pantalla
screen
显示屏

el borde del ocular
eyecup
接目杯

el aparato de vídeo
video recorder
录像机

la cámara de vídeo
camcorder
便携式摄像机

la antena parabólica
satellite dish
卫星电视天线

la televisión de pantalla panorámica
widescreen television
宽屏电视

la consola
console
控制台

los controles
controller
操纵手柄

el videojuego • video game • 视频游戏

el avance rápido
fast forward
快进

la pausa
pause
暂停

el botó para grabar
record
录制

el volumen
volume
音量

el botón para rebobinar
rewind
倒带

el play
play
播放

el stop
stop
停止

el mando a distancia • remote control • 遥控器

el compact disc compact disc 激光唱盘	el largometraje feature film 故事片	la televisión por cable cable television 有线电视	el canal de pay per view pay per view channel 收费频道	apagar la televisión turn the television off (v) 关电视
la casete cassette tape 盒式录音带	el anuncio advertisement 广告	el programa programme 节目	encender la televisión turn the television on (v) 开电视	sintonizar la radio tune the radio (v) 调收音机
el magnetofón cassette player 盒式磁带录音机	digital digital 数字式	cambiar de canal change channel (v) 换频道	ver la televisión watch television (v) 看电视	estéreo stereo 立体声

la fotografía • photography • 摄影

el indicador de fotos
frame counter
曝光记数器

el flash
flash
闪光灯

la rueda del diafragma
aperture dial
光圈调节环

el filtro
filter
滤镜

el disparador
shutter release
快门键

la tapa del objetivo
lens cap
镜头盖

la rueda de la velocidad
shutter-speed dial
快门速度调节钮

el objetivo
lens
镜头

la cámara réflex • SLR camera • 单镜头反光照相机

el flash electrónico
flash gun
闪光灯

el fotómetro
lightmeter
曝光表

el teleobjetivo
zoom lens
变焦镜头

el trípode
tripod
三脚架

los tipos de cámara • types of camera • 相机种类

la cámara digital
digital camera
数码相机

la cámara APS
APS camera
一次成像全自动相机

la cámara Polaroid
instant camera
立拍立现相机

la cámara desechable
disposa ble camera
一次性相机

fotografiar • photograph (v) • 照相

el carrete
film spool
胶卷

la película
film
胶片

enfocar
focus (v)
调焦

revelar
develop (v)
冲洗

el negativo
negative
底片

apaisado
landscape
全景照

en formato vertical
portrait
人像照

la fotografía • photograph • 相片

el álbum de fotos
photo album
相册

el portarretratos
photo frame
相框

los problemas • problems • 问题

subexpuesto
underexposed
曝光不足

sobreexpuesto
overexposed
曝光过度

desenfocado
out of focus
失焦

los ojos rojos
red eye
红眼

el visor
viewfinder
取景器

la funda de la cámara
camera case
相机盒

la exposición
exposure
曝光

el cuarto oscuro
darkroom
暗室

la foto (revelada)
print
样片

mate
mat
无光泽

con brillo
gloss
有光泽

la ampliación
enlargement
放大

Me gustaría revelar este carrete.
I'd like this film processed.
请冲洗这个胶卷

los juegos • games • 游戏

el tablero de ajedrez
chessboard
棋盘

negro
black
黑格

blanco
white
白格

la reina
queen
后

el rey
king
王

el alfil
bishop
象

el peón
pawn
兵

el caballo
knight
马

la torre
rook
车

el ajedrez • chess • 国际象棋

la casilla
square
方格

la ficha
piece
棋子

la ficha
tile
字牌

las damas • draughts • 国际跳棋

el scrabble • scrabble • 拼字游戏

el dado
dice
骰子

la ficha
counter
筹码

el monopoly
monopoly
强手棋

el backgammon • backgammon • 西洋双陆棋

los juegos de mesa • board games • 棋盘游戏

la diana
dartboard
靶盘

el centro
bullseye
靶心

la filatelia
stamp collecting
集邮

el puzzle
jigsaw puzzle
拼图

el dominó
dominoes
多米诺骨牌

los dardos
darts
飞镖

el comodín
joker
王牌

el rombo
diamond
方块

la jota
jack
J

la pica
spade
黑桃

la reina
queen
Q

barajar • shuffle (v) • 洗牌

el rey
king
K

el corazón
heart
红桃

el as • ace • A

el trébol
club
梅花

las cartas • cards • 纸牌

dar • deal (v) • 发牌

el turno move 走棋	ganar win (v) 赢	el perdedor loser 输家	el punto point 点	el bridge bridge 桥牌	¿A quién le toca? Whose turn is it? 该谁了?
jugar play (v) 玩	el ganador winner 赢家	la partida game 游戏	la puntuación score 得分	la baraja pack of cards 一副牌	Te toca a ti. It's your move. 该你了。
el jugador player 玩家	perder lose (v) 输	la apuesta bet 赌注	el póquer poker 扑克牌	el palo suit 同花	Tira los dados. Roll the dice. 掷骰子。

las manualidades 1 • arts and crafts 1 • 工艺美术 1

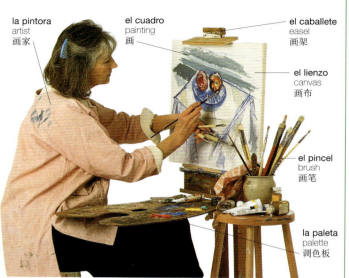

la pintora
artist
画家

el cuadro
painting
画

el caballete
easel
画架

el lienzo
canvas
画布

el pincel
brush
画笔

la paleta
palette
调色板

la pintura • painting • (用颜料等)绘画

las pinturas • paints • 颜料

las pinturas al óleo
oil paints
油画颜料

las acuarelas
watercolour paint
水彩画颜料

los pasteles
pastels
彩色蜡笔

la pintura acrílica
acrylic paint
丙烯颜料

la témpera
poster paint
广告颜料

los colores • colours • 颜色

rojo • red
• 红色

azul • blue
• 蓝色

amarillo • yellow
• 黄色

verde • green
• 绿色

naranja • orange
• 橘色

morado • purple
• 紫色

blanco • white
• 白色

negro • black
• 黑色

gris • grey • 灰色

rosa • pink
• 粉红色

marrón • brown
• 褐色

azul añil • indigo
• 靛青色

las otras manualidades • other crafts • 其他工艺

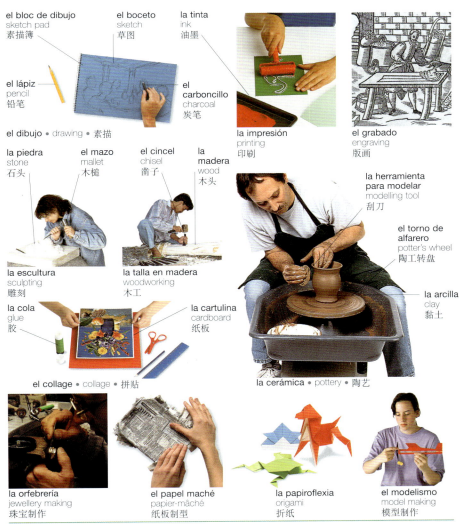

el bloc de dibujo
sketch pad
素描簿

el boceto
sketch
草图

la tinta
ink
油墨

el lápiz
pencil
铅笔

el carboncillo
charcoal
炭笔

el dibujo • drawing • 素描

la impresión
printing
印刷

el grabado
engraving
版画

la piedra
stone
石头

el mazo
mallet
木槌

el cincel
chisel
凿子

la madera
wood
木头

la herramienta para modelar
modelling tool
刮刀

el torno de alfarero
potter's wheel
陶工转盘

la escultura
sculpting
雕刻

la talla en madera
woodworking
木工

la arcilla
clay
黏土

la cola
glue
胶

la cartulina
cardboard
纸板

el collage • collage • 拼贴

la cerámica • pottery • 陶艺

la orfebrería
jewellery making
珠宝制作

el papel maché
papier-mâché
纸板制型

la papiroflexia
origami
折纸

el modelismo
model making
模型制作

las manualidades 2 • arts and crafts 2 • 工艺美术 2

la guía del hilo
thread guide
导线器

el carrete de hilo
thread reel
绕线轴

la aguja
needle
针

el pie de la aguja
presser foot
压脚

la rueda de ajuste
balance wheel
手轮

el selector de puntada
stitch selector
针脚选择器

la placa de la aguja
needle plate
针板

la máquina de coser • sewing machine • 缝纫机

las tijeras
scissors
剪刀

el patrón
pattern
纸样

el alfiletero
pincushion
针垫

la cinta métrica
tape measure
卷尺

la tela
material
布料

el alfiler
pin
大头针

el costurero • sewing basket • 针线筐

el hilo
thread
线

el ojo
eye
领钩环

la bobina
bobbin
线轴

el corchete
hook
领钩

el dedal
thimble
顶针

el jaboncillo
tailor's chalk
划粉

el maniquí
tailor's dummy
人体模型

la puntada
stitch
针脚

enhebrar
thread (v)
穿针

coser
sew (v)
缝

zurcir
darn (v)
织补

hilvanar
tack (v)
粗缝

cortar
cut (v)
剪裁

el bordado en
cañamazo
needlepoint
绒绣

el bordado
embroidery
刺绣

la aguja de ganchillo
crochet hook
钩针

el ganchillo
crochet
钩织

el macramé
macramé
流苏花边

la labor de retales
patchwork
拼缝

el bolillo
lace bobbin
线轴

el telar
loom
织布机

el acolchado
quilting
绗缝

la labor de encaje
lace-making
织边

tejer
weaving
纺织

descoser	el nailon
unpick (v)	nylon
拆开	尼龙
la tela	la seda
fabric	silk
布匹	丝绸
el algodón	el diseñador
cotton	designer
棉布	设计师
el lino	la moda
linen	fashion
亚麻布	时尚
el poliéster	la cremallera
polyester	zip
聚酯	拉链

la aguja de tejer
knitting needle
编织针

la lana
wool
毛线

la labor de punto • knitting • 编织   la madeja • skein • 线束

el medio ambiente

environment

环境

el espacio • space • 宇宙空间

Mercurio
Mercury
水星

Tierra
Earth
地球

Marte
Mars
火星

Júpiter
Jupiter
木星

Urano
Uranus
天王星

Neptuno
Neptune
海王星

Venus
Venus
金星

la luna
Moon
月球

Saturno
Saturn
土星

el sol
Sun
太阳

el sistema solar • solar system • 太阳系

la cola
tail
彗尾

la estrella
star
星

la galaxia
galaxy
星系

la nebulosa
nebula
星云

el asteroide
asteroid
小行星

el cometa
comet
彗星

el universo	el agujero negro	la luna llena
universe	black hole	full moon
宇宙	黑洞	满月
la órbita	el planeta	la luna nueva
orbit	planet	new moon
轨道	行星	新月
la gravedad	el meteorito	la media luna
gravity	meteor	crescent moon
重力	流星	弦月

el eclipse • eclipse • (日、月)食

la exploración espacial • space exploration • 太空探索

el radar
radar
雷达

el trasbordador espacial
space shuttle
航天飞机

el traje espacial
space suit
太空服

el propulsor
thruster
助推器

la escotilla
crew hatch
舱门

el lanzacohetes
booster
推进器

el astronauta
astronaut
宇航员

el módulo lunar • lunar module • 登月舱

la rampa de lanzamiento
launch pad
发射架

el lanzamiento •
launch • 发射

el satélite • satellite
• 人造卫星

la estación espacial • space station • 空间

la astronomía • astronomy • 天文学

la constelación
constellation
星座

los prismáticos
binoculars
双筒望远镜

el telescopio
telescope
天文望远镜

el trípode
tripod
三脚架

la Tierra • Earth • 地球

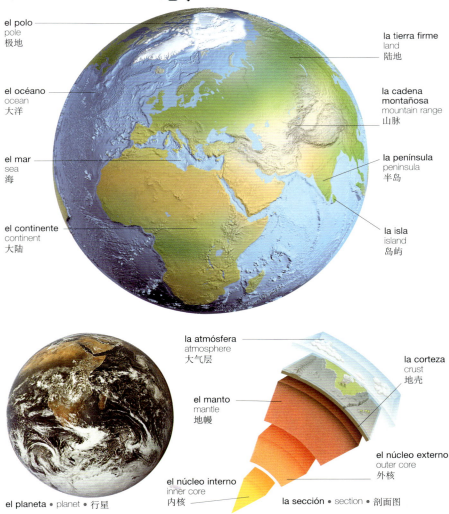

el polo
pole
极地

la tierra firme
land
陆地

el océano
ocean
大洋

la cadena
montañosa
mountain range
山脉

el mar
sea
海

la península
peninsula
半岛

el continente
continent
大陆

la isla
island
岛屿

la atmósfera
atmosphere
大气层

la corteza
crust
地壳

el manto
mantle
地幔

el núcleo externo
outer core
外核

el núcleo interno
inner core
内核

el planeta • planet • 行星

la sección • section • 剖面图

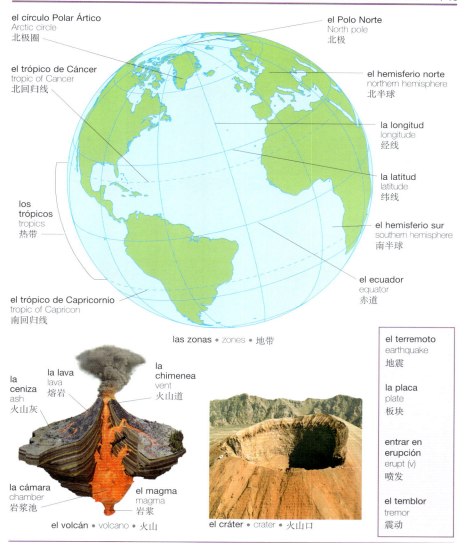

el círculo Polar Ártico
Arctic circle
北极圈

el Polo Norte
North pole
北极

el trópico de Cáncer
tropic of Cancer
北回归线

el hemisferio norte
northern hemisphere
北半球

la longitud
longitude
经线

la latitud
latitude
纬线

los trópicos
tropics
热带

el hemisferio sur
southern hemisphere
南半球

el ecuador
equator
赤道

el trópico de Capricornio
tropic of Capricon
南回归线

las zonas • zones • 地带

la ceniza
ash
火山灰

la lava
lava
熔岩

la chimenea
vent
火山道

la cámara
chamber
岩浆池

el magma
magma
岩浆

el volcán • volcano • 火山

el cráter • crater • 火山口

el terremoto
earthquake
地震

la placa
plate
板块

entrar en erupción
erupt (v)
喷发

el temblor
tremor
震动

el paisaje • landscape • 地貌

la montaña
mountain
山

la ladera
slope
山坡

la orilla
bank
河岸

el río
river
河流

los rápidos
rapids
急流

las rocas
rocks
岩石

el glaciar • glacier • 冰河

el valle • valley • 山谷

la colina
hill
丘陵

la meseta
plateau
高原

el desfiladero
gorge
峡谷

la cueva
cave
岩洞

la llanura • plain • 平原

el desierto • desert • 沙漠

el bosque • forest • 森林

el bosque • wood • 树林

la selva tropical • rainforest • 雨林

el pantano • swamp • 沼泽

el prado • meadow • 草场

la pradera • grassland • 草原

la cascada • waterfall • 瀑布

el arroyo • stream • 溪流

el lago • lake • 湖

el géiser • geyser • 间歇喷泉

la costa • coast • 海岸

el acantilado • cliff • 悬崖

el arrecife de coral • coral reef • 珊瑚礁

el estuario • estuary • 河口

español • english • 汉语

el tiempo • weather • 天气

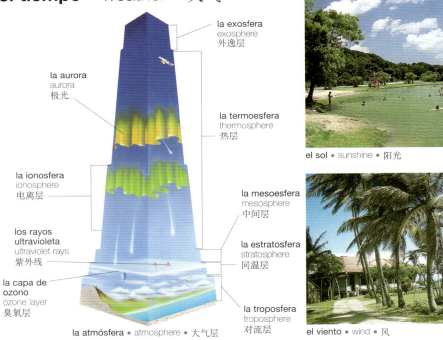

la exosfera
exosphere
外逸层

la aurora
aurora
极光

la termoesfera
thermosphere
热层

la ionosfera
ionosphere
电离层

la mesoesfera
mesosphere
中间层

los rayos ultravioleta
ultraviolet rays
紫外线

la estratosfera
stratosphere
同温层

la capa de ozono
ozone layer
臭氧层

la troposfera
troposphere
对流层

la atmósfera • atmosphere • 大气层

el sol • sunshine • 阳光

el viento • wind • 风

el aguanieve sleet 雨夹雪	el chubasco shower 阵雨	caluroso hot 热	seco dry 干燥	ventoso windy 多风	Tengo calor/frío. I'm hot/cold. 我热/冷。
el granizo hail 冰雹	soleado sunny 阳光明媚	frío cold 冷	lluvioso wet 潮湿	el temporal gale 狂风	Está lloviendo. It's raining. 正在下雨。
el trueno thunder 雷	nublado cloudy 多云	cálido warm 温暖	húmedo humid 湿润	la temperatura temperature 温度	Estamos a … grados. It's … degrees. …度。

la nube • cloud • 云

la lluvia • rain • 雨

el relámpago • lightning • 闪电

la tormenta • storm • 暴风雨

la neblina • mist • 霭

la niebla • fog • 雾

el arcoiris • rainbow • 彩虹

la nieve • snow • 雪

la escarcha • frost • 霜

el carámbano
icicle
冰柱

el hielo • ice • 冰

la helada • freeze • 结冰

el huracán • hurricane • 飓风

el tornado • tornado • 龙卷风

el monzón • monsoon • 季风

la inundación • flood • 洪水

las rocas • rocks • 岩石

ígneo • igneous • 火成岩

el granito
granite
花岗岩

la obsidiana
obsidian
黑曜岩

el basalto
basalt
玄武岩

la piedra pómez
pumice
浮石

sedimentario • sedimentary • 沉积岩

la piedra arenisca
sandstone
砂岩

la piedra caliza
limestone
石灰岩

la tiza
chalk
白垩

el pedernal
flint
燧石

el conglomerado
conglomerate
砾岩

el carbón
coal
煤

metamórfico
• metamorphic • 变质岩

la pizarra
slate
板岩

el esquisto
schist
页岩

el gneis
gneiss
片麻岩

el mármol
marble
大理石

las gemas • gems • 宝石

el rubí
ruby
红宝石

la aguamarina
aquamarine
海蓝宝石

la amatista
amethyst
紫水晶

el diamante
diamond
钻石

el jade
jade
玉石

el azabache
jet
黑玉

la esmeralda
emerald
绿宝石

el ópalo
opal
蛋白石

el zafiro
sapphire
蓝宝石

la piedra lunar
moonstone
月长石

el granate
garnet
石榴石

el topacio
topaz
黄玉

la turmalina
tourmaline
电气石

los minerales • minerals • 矿物

el cuarzo
quartz
石英

la mica
mica
云母

el azufre
sulphur
硫磺

el hematites
hematite
赤铁矿

la calcita
calcite
方解石

la malaquita
malachite
孔雀石

la turquesa
turquoise
绿松石

el ónice
onyx
缟玛瑙

el ágata
agate
玛瑙

el grafito
graphite
石墨

los metales • metals • 金属

el oro
gold
金

la plata
silver
银

el platino
platinum
铂

el níquel
nickel
镍

el hierro
iron
铁

el cobre
copper
铜

el estaño
tin
锡

el aluminio
aluminium
铝

el mercurio
mercury
汞

el zinc
zinc
锌

los animales • animals 1 • 动物1
los mamíferos • mammals • 哺乳动物

los bigotes
whiskers
腮须

la cola
tail
尾

el conejo
rabbit
兔子

el hámster
hamster
仓鼠

el ratón
mouse
小家鼠

la rata
rat
老鼠

el erizo
hedgehog
刺猬

la ardilla
squirrel
松鼠

el murciélago
bat
蝙蝠

el mapache
raccoon
浣熊

el zorro
fox
狐狸

el lobo
wolf
狼

el cachorro
puppy
小狗

el gatito
kitten
小猫

la cría
pup
小海豹

el perro
dog
狗

el gato
cat
猫

la nutria
otter
水獭

la foca
seal
海豹

la aleta
flipper
鳍状肢

el orificio nasal
blowhole
喷水孔

el león marino
sea lion
海狮

la morsa
walrus
海象

la ballena
whale
鲸

el delfín
dolphin
海豚

el asta
antler
鹿角

la crin
mane
鬃毛

la pezuña
hoof
蹄

la giba
hump
驼峰

el ciervo
deer
鹿

la cebra
zebra
斑马

la jirafa
giraffe
长颈鹿

el camello
camel
骆驼

la trompa
trunk
象鼻

el colmillo
tusk
长牙

el cuerno
horn
角

el hipopótamo
hippopotamus
河马

el elefante
elephant
象

el rinoceronte
rhinoceros
犀牛

el tigre
tiger
虎

la melena
mane
鬃毛

el león
lion
狮子

el mono
monkey
猴子

el gorila
gorilla
大猩猩

el koala
koala
树袋熊

la bolsa
pouch
育儿袋

la zarpa
claw
爪

el oso panda
panda
熊猫

el canguro
kangaroo
袋鼠

el oso
bear
熊

el oso polar
polar bear
北极熊

español • english • 汉语

los animales 2 • animals 2 • 动物2

las aves • birds • 鸟

la cola
tail
尾

el canario
canary
金丝雀

el gorrión
sparrow
麻雀

el colibrí
hummingbird
蜂鸟

la golondrina
swallow
燕子

el cuervo
crow
乌鸦

la paloma
pigeon
鸽子

el pájaro carpintero
woodpecker
啄木鸟

el halcón
falcon
隼

el búho
owl
猫头鹰

la gaviota
gull
海鸥

el águila
eagle
鹰

el pelícano
pelican
鹈鹕

el flamenco
flamingo
火烈鸟

la cigüeña
stork
鹳

la grulla
crane
鹤

el pingüino
penguin
企鹅

el avestruz
ostrich
鸵鸟

los reptiles • reptiles • 爬行动物

la oca
goose
鹅

el cisne
swan
天鹅

el pavo real
peacock
孔雀

el faisán
pheasant
雉

el pico
bill
喙

el pavo
turkey
火鸡

la pluma
feather
羽毛

el ala
wing
翅膀

la garra
claw
爪

la cacatúa
cockatoo
美冠鹦鹉

el loro
parrot
鹦鹉

las escamas
scales
鳞

el caimán
alligator
短吻鳄

el lagarto
lizard
蜥蜴

la iguana
iguana
鬣蜥

el caparazón
shell
龟壳

el galápago
turtle
海龟

la tortuga
tortoise
龟

la serpiente
snake
蛇

el hocico
snout
吻

el cocodrilo
crocodile
鳄鱼

los animales 3 • animals 3 • 动物3

los anfibios • amphibians • 两栖动物

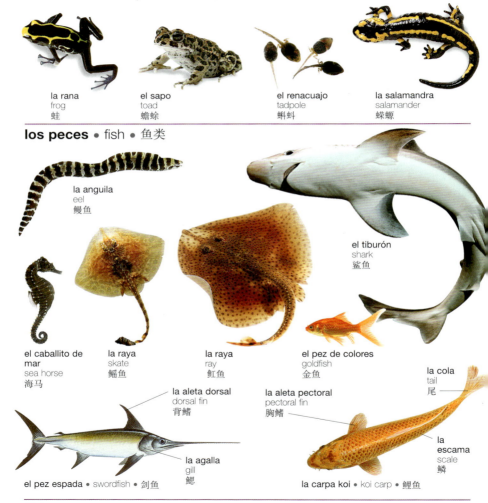

la rana
frog
蛙

el sapo
toad
蟾蜍

el renacuajo
tadpole
蝌蚪

la salamandra
salamander
蝾螈

los peces • fish • 鱼类

la anguila
eel
鳗鱼

el tiburón
shark
鲨鱼

el caballito de
mar
sea horse
海马

la raya
skate
鳐鱼

la raya
ray
魟鱼

el pez de colores
goldfish
金鱼

la cola
tail
尾

la aleta dorsal
dorsal fin
背鳍

la aleta pectoral
pectoral fin
胸鳍

la escama
scale
鳞

la agalla
gill
鳃

el pez espada • swordfish • 剑鱼

la carpa koi • koi carp • 鲤鱼

los invertebrados • invertebrates • 无脊椎动物

la hormiga
ant
蚂蚁

la termita
termite
白蚁

la abeja
bee
蜜蜂

la avispa
wasp
黄蜂

el escarabajo
beetle
甲壳虫

la cucaracha
cockroach
蟑螂

la polilla
moth
蛾

la antena
antenna
触角

la mariposa
butterfly
蝴蝶

el capullo
cocoon
茧

la oruga
caterpillar
毛虫

el grillo
cricket
蟋蟀

el saltamontes
grasshopper
蚱蜢

la mantis
religiosa
praying mantis
螳螂

el aquijón
sting
蜇针

el escorpión
scorpion
蝎子

el ciempiés
centipede
蜈蚣

la libélula
dragonfly
蜻蜓

la mosca
fly
苍蝇

el mosquito
mosquito
蚊子

la mariquita
ladybird
瓢虫

la araña
spider
蜘蛛

la babosa
slug
蛞蝓

el caracol
snail
蜗牛

el gusano
worm
蚯蚓

la estrella de mar
starfish
海星

el mejillón
mussel
贻贝

el cangrejo
crab
螃蟹

la langosta
lobster
龙虾

el pulpo
octopus
章鱼

el calamar
squid
鱿鱼

la medusa
jellyfish
水母

las plantas • plants • 植物

el árbol • tree • 树

la rama
branch
树枝

la corteza
bark
树皮

la hoja
leaf
叶

la ramita
twig
细枝

la raíz
root
根

el tronco
trunk
树干

el roble • oak • 橡树

el sauce
willow
柳树

el álamo
poplar
白杨

el eucalipto
eucalyptus
桉树

el alerce
larch
落叶松

la haya
beech
山毛榉

el abedul
birch
桦树

el pino
pine
松树

el cedro
cedar
雪松

el arce
maple
枫树

el olmo
elm
榆树

el tilo
lime
椴树

el acebo
holly
冬青树

la baya
berry
浆果

la palmera
palm
棕榈树

la planta de flor • flowering plant • 显花植物

la flor
flower
花

el estambre
stamen
雄蕊

el pétalo
petal
花瓣

el cáliz
calyx
花萼

el tallo
stalk
叶梗

el capullo
bud
花蕾

el tallo
stem
主茎

el ranúnculo
buttercup
毛茛

la margarita
daisy
雏菊

el cardo
thistle
蓟

el diente de león
dandelion
蒲公英

el brezo
heather
石南花

la amapola
poppy
罂粟

la dedalera
foxglove
毛地黄

la madreselva
honeysuckle
忍冬

el girasol
sunflower
向日葵

el trébol
clover
苜蓿

los narcisos silvestres
bluebells
野风信子

la prímula
primrose
樱草

el lupino
lupins
羽扇豆

la ortiga
nettle
荨麻

la ciudad • town • 城镇

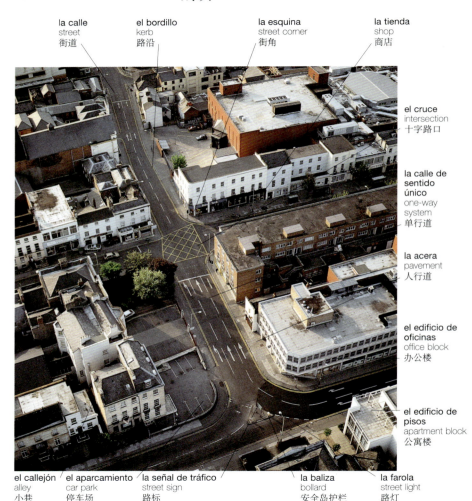

la calle
street
街道

el bordillo
kerb
路沿

la esquina
street corner
街角

la tienda
shop
商店

el cruce
intersection
十字路口

la calle de
sentido
único
one-way
system
单行道

la acera
pavement
人行道

el edificio de
oficinas
office block
办公楼

el edificio de
pisos
apartment block
公寓楼

el callejón
alley
小巷

el aparcamiento
car park
停车场

la señal de tráfico
street sign
路标

la baliza
bollard
安全岛护栏

la farola
street light
路灯

298

los edificios • buildings • 建筑物

el ayuntamiento
town hall
市政厅

la biblioteca
library
图书馆

el cine
cinema
电影院

el teatro
theatre
剧院

la universidad
university
大学

las zonas • areas • 区域

la zona industrial
industrial estate
工业区

la ciudad
city
市区

el rascacielos
skyscraper
摩天大楼

la periferia
suburb
郊区

el pueblo
village
村庄

el colegio
school
学校

la zona peatonal	la calle lateral	la boca de alcantarilla	la alcantarilla	la iglesia
pedestrian zone	side street	manhole	gutter	church
步行区	小街	检修井	排水沟	教堂
la avenida	**la plaza**	**la parada de autobús**	**la fábrica**	**el sumidero**
avenue	square	bus stop	factory	drain
林阴道	广场	公共汽车站	工厂	下水道

la arquitectura • architecture • 建筑

los edificios y las estructuras • buildings and structures • 建筑与结构

el florón
finial
尖顶饰

el torreón
turret
角楼

la aguja
spire
尖顶

el rascacielos
skyscraper
摩天大楼

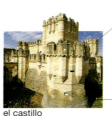

el castillo
castle
城堡

el foso
moat
壕沟

el frontón
gable
三角墙

la iglesia
church
教堂

la mezquita
mosque
清真寺

la cúpula
dome
圆顶

la torre
tower
塔

la bóveda
vault
拱型圆顶

el templo
temple
寺庙

la sinagoga
synagogue
犹太教会堂

la cornisa
cornice
檐口

el embalse
dam
水坝

el puente
bridge
桥梁

la columna
pillar
柱

la catedral • cathedral • 大教堂

los estilos • styles • 建筑风格

el arquitrabe
architrave
柱顶楣梁

gótico
gothic
哥特式

Renacimiento
Renaissance
文艺复兴时期风格

barroco
baroque
巴洛克式

el arco
arch
拱

el friso
frieze
檐壁

el coro
choir
圣坛

rococó
rococo
洛可可式

el frontón
pediment
三角楣

el contrafuerte
buttress
扶墙

neoclásico
neoclassical
新古典主义风格

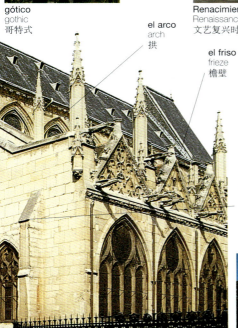

el estilo modernista
art nouveau
新艺术风格

art decó
art deco
装饰艺术风格

los datos

reference

日常便览

el tiempo • time • 时间

el minutero
minute hand
分针

la aguja de la hora
hour hand
时针

el reloj • clock • 钟表

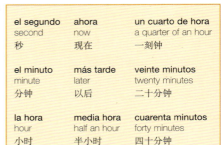

el segundo second 秒	ahora now 现在	un cuarto de hora a quarter of an hour 一刻钟
el minuto minute 分钟	más tarde later 以后	veinte minutos twenty minutes 二十分钟
la hora hour 小时	media hora half an hour 半小时	cuarenta minutos forty minutes 四十分钟
¿Qué hora es? What time is it? 几点了?	Son las tres en punto. It's three o'clock. 三点了。	

la una y cinco
five past one
一点五分

la una y diez
ten past one
一点十分

la una y cuarto
quarter past one
一点十五分

la una y veinte
twenty past one
一点二十

el segundero
second hand
秒针

la una y veinticinco
twenty five past one
一点二十五分

la una y media
one thirty
一点半

las dos menos veinticinco
twenty five to two
一点三十五分

las dos menos veinte
twenty to two
一点四十分

las dos menos cuarto
quarter to two
一点四十五分

las dos menos diez
ten to two
一点五十分

las dos menos cinco
five to two
一点五十五分

las dos en punto
two o'clock
两点钟

la noche y el día • night and day • 昼夜

la medianoche
midnight
午夜

el amanecer
sunrise
日出

el alba
dawn
拂晓

la mañana
morning
早晨

la puesta de sol
sunset
日落

el mediodía
midday
正午

el anochecer
dusk
黄昏

la noche
evening
傍晚

la tarde
afternoon
下午

temprano early 早	**Llegas temprano.** You're early. 你来早了。	**Por favor, sé puntual.** Please be on time. 请准时些。	**¿A qué hora termina?** What time does it finish? 几点结束？
puntual on time 准时	**Llegas tarde.** You're late. 你迟到了。	**Hasta luego.** I'll see you later. 待会儿见。	**¿Cuánto dura?** How long will it last? 会持续多久？
tarde late 迟	**Llegaré dentro de poco.** I'll be there soon. 我马上就到。	**¿A qué hora comienza?** What time does it start? 几点开始？	**Se está haciendo tarde.** It's getting late. 天晚了。

el almanaque • calendar • 日历

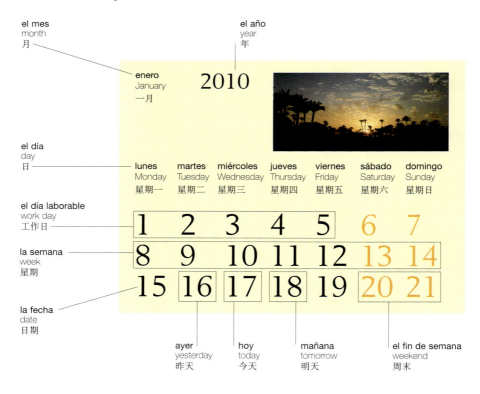

el mes
month
月

el año
year
年

enero
January
一月

2010

el día
day
日

el día laborable
work day
工作日

la semana
week
星期

la fecha
date
日期

lunes	martes	miércoles	jueves	viernes	sábado	domingo
Monday	Tuesday	Wednesday	Thursday	Friday	Saturday	Sunday
星期一	星期二	星期三	星期四	星期五	星期六	星期日
1	2	3	4	5	6	7
8	9	10	11	12	13	14
15	16	17	18	19	20	21

ayer
yesterday
昨天

hoy
today
今天

mañana
tomorrow
明天

el fin de semana
weekend
周末

enero	marzo	mayo	julio	septiembre	noviembre
January	March	May	July	September	November
一月	三月	五月	七月	九月	十一月
febrero	abril	junio	agosto	octubre	diciembre
February	April	June	August	October	December
二月	四月	六月	八月	十月	十二月

los años • years • 年

1900   mil novecientos • nineteen hundred • 一九〇〇年

1901   mil novecientos uno • nineteen hundred and one • 一九〇一年

1910   mil novecientos diez • nineteen ten • 一九一〇年

2000   dos mil • two thousand • 二〇〇〇年

2001   dos mil uno • two thousand and one • 二〇〇一年

las estaciones • seasons • 季节

la primavera
spring
春天

el verano
summer
夏天

el otoño
autumn
秋天

el invierno
winter
冬天

---

el siglo • century
• 世纪

la década • decade
• 十年

el milenio • millennium
• 千年

quince días • fortnight
• 两周

esta semana • this week
• 本周

la semana pasada • last week
• 上周

la semana que viene • next week
• 下周

antes de ayer • the day before
yesterday • 前天

pasado mañana • the day after
tomorrow • 后天

semanalmente • weekly • 每周

mensual • monthly • 每月

anual • annual • 每年

¿Qué día es hoy?
What's the date today?
今天几号？

Es el siete de febrero del dos mil dos.
It's February seventh, two thousand and two.
今天是二〇〇二年二月七日。

---

los números • numbers • 数字

0 cero • zero • 零	20 veinte • twenty • 二十
1 uno • one • 一	21 veintiuno • twenty-one • 二十一
2 dos • two • 二	22 veintidós • twenty-two • 二十二
3 tres • three • 三	30 treinta • thirty • 三十
4 cuatro • four • 四	40 cuarenta • forty • 四十
5 cinco • five • 五	50 cincuenta • fifty • 五十
6 seis • six • 六	60 sesenta • sixty • 六十
7 siete • seven • 七	70 setenta • seventy • 七十
8 ocho • eight • 八	80 ochenta • eighty • 八十
9 nueve • nine • 九	90 noventa • ninety • 九十
10 diez • ten • 十	100 cien • one hundred • 一百
11 once • eleven • 十一	110 ciento diez • one hundred and ten • 一百一十
12 doce • twelve • 十二	200 doscientos • two hundred • 二百
13 trece • thirteen • 十三	300 trescientos • three hundred • 三百
14 catorce • fourteen • 十四	400 cuatrocientos • four hundred • 四百
15 quince • fifteen • 十五	500 quinientos • five hundred • 五百
16 dieciséis • sixteen • 十六	600 seiscientos • six hundred • 六百
17 diecisiete • seventeen • 十七	700 setecientos • seven hundred • 七百
18 dieciocho • eighteen • 十八	800 ochocientos • eight hundred • 八百
19 diecinueve • nineteen • 十九	900 novecientos • nine hundred • 九百

1000 — mil • one thousand • 一千

10,000 — diez mil • ten thousand • 一万

20,000 — veinte mil • twenty thousand • 两万

50,000 — cincuenta mil • fifty thousand • 五万

55,500 — cincuenta y cinco mil quinientos • fifty-five thousand five hundred • 五万五千五百

100,000 — cien mil • one hundred thousand • 十万

1,000,000 — un millón • one million • 一百万

1,000,000,000 — mil millones • one billion • 十亿

primero
first
第一

segundo
second
第二

tercero
third
第三

cuarto • fourth
• 第四

quinto • fifth
• 第五

sexto • sixth
• 第六

séptimo • seventh
• 第七

octavo • eighth
• 第八

noveno • ninth
• 第九

décimo • tenth
• 第十

undécimo • eleventh
• 第十一

duodécimo • twelfth
• 第十二

decimotercero • thirteenth
• 第十三

decimocuarto • fourteenth
• 第十四

decimoquinto • fifteenth
• 第十五

decimosexto • sixteenth
• 第十六

decimoséptimo
• seventeenth • 第十七

décimo octavo
• eighteenth • 第十八

décimo noveno
• nineteenth • 第十九

vigésimo • twentieth
• 第二十

vigésimo primero
• twenty-first • 第二十一

vigésimo segundo
• twenty-second • 第二十二

vigésimo tercero
• twenty-third • 第二十三

• 第三十

cuadragésimo • fortieth
• 第四十

quincuagésimo • fiftieth
• 第五十

sexagésimo • sixtieth
• 第六十

septuagésimo
• seventieth
• 第七十

octogésimo
• eightieth
• 第八十

nonagésimo
• ninetieth
• 第九十

centésimo
• one hundredth
• 第一百

los pesos y las medidas • weights and measures
• 度量衡

el área • area
• 面积

el pie cuadrado
square foot
平方英尺

el metro cuadrado
square metre
平方米

la distancia
• distance • 距离

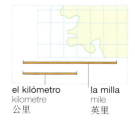

el kilómetro
kilometre
公里

la milla
mile
英里

la bandeja
pan
秤盘

la libra
pound
磅

el kilogramo
kilogram
千克

la onza
ounce
盎司

el gramo
gram
克

la balanza • scales • 磅秤

la yarda yard 码	**la tonelada** tonne 吨	**medir** measure (v) 测量
el metro metre 米	**el miligramo** milligram 毫克	**pesar** weigh (v) 称重量

la longitud • length • 长度

el pie • foot • 英尺

el milímetro
millimetre
毫米

el centímetro
centimetre
厘米

la pulgada
inch
英寸

español • english • 汉语

la capacidad • capacity • 容量

el medio litro
half-litre
半升

la pinta
pint
品脱

el volumen
volume
容积

el mililitro
millilitre
毫升

el galón
gallon
加仑

el cuarto de galón
quart
夸脱

el litro
litre
升

la jarra graduada • measuring jug • 量壶

la medida de capacidad
liquid measure
液体量器

el recipiente • container • 容器

el tetrabrik
carton
硬纸盒

el paquete
packet
包

la botella
bottle
瓶

la bolsa
bag
袋

la tarrina
tub
塑料盒

el tarro
jar
广口瓶

la lata
can
罐

el pulverizador
liquid dispenser
喷水器

la lata
tin
罐头盒

la pastilla
bar
块

el tubo
tube
软管

el rollo
roll
卷

el paquete
pack
纸盒

el spray
spray can
喷雾罐

el mapamundi • world map • 世界地图

el Océano Ártico
Arctic Ocean
北冰洋

el mar del Norte
North Sea
北海

las Montañas Rocosas
Rocky Mountains
落基山脉

el Mar Caribe
Caribbean Sea
加勒比海

el Amazonas
Amazonia
亚马孙平原

el Océano Pacífico
Pacific Ocean
太平洋

el norte
north
北

el oeste
west
西

el este
east
东

la brújula
compass
指南针

el sur
south
南

los Andes
Andes
安第斯山脉

el Océano Atlántico
Atlantic Ocean
大西洋

312

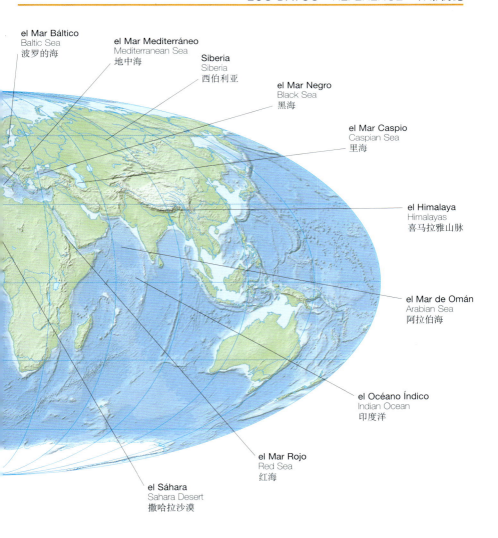

el Mar Báltico
Baltic Sea
波罗的海

el Mar Mediterráneo
Mediterranean Sea
地中海

Siberia
Siberia
西伯利亚

el Mar Negro
Black Sea
黑海

el Mar Caspio
Caspian Sea
里海

el Himalaya
Himalayas
喜马拉雅山脉

el Mar de Omán
Arabian Sea
阿拉伯海

el Océano Índico
Indian Ocean
印度洋

el Mar Rojo
Red Sea
红海

el Sáhara
Sahara Desert
撒哈拉沙漠

América del Norte y Central • North America • 北美洲

Hawaii
Hawaii
夏威夷

1 **Alaska** • Alaska • 阿拉斯加

2 **Canadá** • Canada • 加拿大

3 **Groenlandia** • Greenland • 格陵兰

4 **Estados Unidos de América**
  • United States of America
  • 美利坚合众国

5 **México** • Mexico • 墨西哥

6 **Guatemala** • Guatemala
  • 危地马拉

7 **Belice** • Belize • 伯利兹

8 **El Salvador** • El Salvador • 萨尔瓦多

9 **Honduras** • Honduras • 洪都拉斯

10 **Nicaragua** • Nicaragua • 尼加拉瓜

11 **Costa Rica** • Costa Rica • 哥斯达黎加

12 **Panamá** • Panama • 巴拿马

13 **Cuba** • Cuba • 古巴

14 **Bahamas** • Bahamas • 巴哈马

15 **Jamaica** • Jamaica • 牙买加

16 **Haití** • Haiti • 海地

17 **República Dominicana** • Dominican Republic
  • 多米尼加

18 **Puerto Rico** • Puerto Rico • 波多黎各

19 **Barbados** • Barbados • 巴巴多斯

20 **Trinidad y Tobago** • Trinidad and Tobago
  • 特立尼达和多巴哥

21 **Saint Kitts y Nevis** • St. Kitts and Nevis
  • 圣基茨和尼维斯

22 **Antigua y Barbuda** • Antigua and Barbuda
  • 安提瓜和巴布达

23 **Dominica** • Dominica • 多米尼克

24 **Santa Lucía** • St Lucia • 圣卢西亚

25 **San Vicentey las Granadinas** • St Vincent and
  Grenadines • 圣文森特和格林纳丁斯

26 **Granada** • Grenada • 格林纳达

América del Sur • South America • 南美洲

1 Venezuela • Venezuela • 委内瑞拉

2 Colombia • Colombia • 哥伦比亚

3 Ecuador • Ecuador • 厄瓜多尔

4 Perú • Peru • 秘鲁

5 las Islas Galápagos • Galapagos Islands • 加拉帕戈斯群岛

6 Guyana • Guyana • 圭亚那

7 Suriname • Suriname
• 苏里南

8 la Guayana Francesa
• French Guiana
• 法属圭亚那

9 Brasil • Brazil • 巴西

10 Bolivia • Bolivia • 玻利维亚

11 Chile • Chile • 智利

12 Argentina • Argentina • 阿根廷

13 Paraguay • Paraguay • 巴拉圭

14 Uruguay • Uruguay • 乌拉圭

15 las Malvinas • Falkland Islands
• 马尔维纳斯群岛（福克兰群岛）（阿根廷、英国争议）

el continente continent 大陆	la provincia province 省	la zona zone 地域
el país country 国家	el territorio territory 领土	el distrito district 行政区
la nación nation 民族	el principado principality 公国	la región region 地区
el estado state 主权国家	la colonia colony 殖民地	la capital capital 首都

español • english • 汉语

Europa • Europe • 欧洲

1 Islandia • Iceland • 冰岛

2 Irlanda • Ireland • 爱尔兰

3 Reino Unido • United Kingdom
 • 英国

4 Portugal • Portugal • 葡萄牙

5 España • Spain • 西班牙

6 las Islas Baleares
 • Balearic Islands • 巴利阿里群岛(西)

7 Andorra • Andorra • 安道尔

8 Francia • France • 法国

9 Bélgica • Belgium • 比利时

10 los Países Bajos • Netherlands
 • 荷兰

11 Luxemburgo • Luxembourg
 • 卢森堡

12 Alemania • Germany • 德国

13 Dinamarca • Denmark • 丹麦

14 Noruega • Norway • 挪威

15 Suecia • Sweden • 瑞典

16 Finlandia • Finland • 芬兰

17 Estonia • Estonia • 爱沙尼亚

18 Letonia • Latvia • 拉脱维亚

19 Lituania • Lithuania • 立陶宛

20 Kaliningrado • Kaliningrad
 • 加里宁格勒(俄)

21 Polonia • Poland • 波兰

22 República Checa
 • Czech Republic • 捷克

23 Austria • Austria • 奥地利

24 Liechtenstein • Liechtenstein
 • 列支敦士登

25 Suiza • Switzerland • 瑞士

26 Italia • Italy • 意大利

27 Mónaco • Monaco • 摩纳哥

28 Córcega • Corsica
 • 科西嘉岛(法)

29 Cerdeña • Sardinia • 撒丁岛(意)

30 San Marino • San Marino
 • 圣马力诺

31 la Ciudad del Vaticano
 • Vatican City • 梵蒂冈

32 Sicilia • Sicily • 西西里岛(意)

33 Malta • Malta • 马尔他

34 Eslovenia • Slovenia
 • 斯洛文尼亚

35 Croacia • Croatia • 克罗地亚

36 Hungría • Hungary • 匈牙利

37 Eslovaquia • Slovakia
 • 斯洛伐克

38 Ucrania • Ukraine • 乌克兰

39 Belarús • Belarus
 • 白俄罗斯

40 Moldavia • Moldova
 • 摩尔多瓦

41 Rumanía • Romania
 • 罗马尼亚

42 Servia • Serbia
 • 塞尔维亚

43 Montenegro • Montenegro
 • 黑山

44 Bosnia y Herzegovina
 • Bosnia and Herzogovina
 • 波斯尼亚和黑塞哥维那(波黑)

45 Albania • Albania
 • 阿尔巴尼亚

46 Macedonia • Macedonia
 • 马其顿

47 Bulgaria • Bulgaria
 • 保加利亚

48 Grecia • Greece
 • 希腊

49 Federación Rusa
 • Russian Fedeation • 俄罗斯联邦

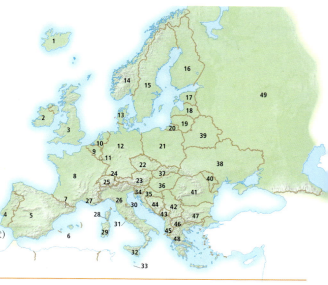

Áfrca • Africa • 非洲

1 Marruecos • Morocco
  • 摩洛哥

2 Sáhara Occidental
  • Western Sahara
  • 西撒哈拉

3 Mauritania • Mauritania
  • 毛里塔尼亚

4 Senegal • Senegal
  • 塞内加尔

5 Gambia • Gambia • 冈比亚

6 Guinea-Bissau
  • Guinea-Bissau • 几内亚比绍

7 Guinea • Guinea • 几内亚

8 Sierra Leona • Sierra Leone
  • 塞拉利昂

9 Liberia • Liberia • 利比里亚

10 Costa de Marfil • Côte d'Ivoire
  • 科特迪瓦

11 Burquina Faso • Burkina Faso
  • 布基纳法索

12 Malí • Mali • 马里

13 Argelia • Algeria • 阿尔及利亚

14 Túnez • Tunisia • 突尼斯

15 Libia • Libya • 利比亚

16 Níger • Niger • 尼日尔

17 Ghana • Ghana • 加纳

18 Togo • Togo • 多哥

19 Benin • Benin • 贝宁

20 Nigeria • Nigeria • 尼日利亚

21 Santo Tomé y Príncipe
  • São Tomé and Príncipe
  • 圣多美和普林西比

22 Guinea Ecuatorial
  • Equatorial Guinea • 赤道几内亚

23 Camerún • Cameroon • 喀麦隆

24 Chad • Chad • 乍得

25 Egipto • Egypt • 埃及

26 Sudán • Sudan • 苏丹

27 Eritrea • Eritrea • 厄立特里亚

28 Djibouti • Djibouti • 吉布提

29 Etiopía • Ethiopia
  • 埃塞俄比亚

30 Somalia • Somalia • 索马里

31 Kenya • Kenya • 肯尼亚

32 Uganda • Uganda • 乌干达

33 República Centroafricana
  • Central African Republic
  • 中非共和国

34 Gabón • Gabon • 加蓬

35 Congo • Congo • 刚果

36 Cabinda • Cabinda • 卡奔达(安哥拉)

37 República Democrática del
   Congo
  • Democratic Republic of the
    Congo • 刚果民主共和国

38 Rwanda • Rwanda • 卢旺达

39 Burundi • Burundi • 布隆迪

40 Tanzania • Tanzania
  • 坦桑尼亚

41 Mozambique • Mozambique
  • 莫桑比克

42 Malawi • Malawi • 马拉维

43 Zambia • Zambia • 赞比亚

44 Angola • Angola • 安哥拉

45 Namibia • Namibia
  • 纳米比亚

46 Botswana • Botswana
  • 博茨瓦纳

47 Zimbabwe • Zimbabwe
  • 津巴布韦

48 Sudáfrica • South Africa
  • 南非

49 Lesotho • Lesotho • 莱索托

50 Swazilandia • Swaziland
  • 斯威士兰

51 Comoros • Comoros
  • 科摩罗群岛

52 Madagascar • Madagascar
  • 马达加斯加

53 Mauricio • Mauritius
  • 毛里求斯

español • english • 汉语

Asia • Asia • 亚洲

1 Georgia • Georgia • 格鲁吉亚
2 Armenia • Armenia • 亚美尼亚
3 Azerbaiyán • Azerbaijan • 阿塞拜疆
4 Irán • Iran • 伊朗
5 Iraq • Iraq • 伊拉克
6 Siria • Syria • 叙利亚
7 Líbano • Lebanon • 黎巴嫩
8 Palestina • Palestine • 巴勒斯坦
9 Israel • Israel • 以色列
10 Jordania • Jordan • 约旦
11 Arabia Saudita • Saudi Arabia
　• 沙特阿拉伯
12 Kuwait • Kuwait • 科威特
13 Qatar • Qatar • 卡塔尔
14 Emiratos Árabes Unidos
　• United Arab Emirates
　• 阿拉伯联合酋长国
15 Omán • Oman • 阿曼
16 Yemen • Yemen • 也门
17 Kazajstán • Kazakhstan
　• 哈萨克斯坦
18 Uzbekistán • Uzbekistan
　• 乌兹别克斯坦
19 Turkmenistán • Turkmenistan
　• 土库曼斯坦
20 Afganistán • Afghanistan • 阿富汗
21 Tayikistán • Tajikistan • 塔吉克斯坦
22 Kirguistán • Kyrgyzstan
　• 吉尔吉斯坦
23 Pakistán • Pakistan • 巴基斯坦
24 Cachemira • Kashmir • 克什米尔
25 India • India • 印度
26 Maldivas • Maldives • 马尔代夫
27 Sri Lanka • Sri Lanka • 斯里兰卡
28 China • China • 中国
29 Mongolia • Mongolia • 蒙古
30 Corea del Norte • North Korea • 朝鲜
31 Corea del Sur • South Korea • 韩国
32 Japón • Japan • 日本
33 Nepal • Nepal • 尼泊尔
34 Bhutan • Bhutan • 不丹
35 Bangladesh • Bangladesh • 孟加拉国

36 Birmania (Myanmar)
　• Burma (Myanmar) • 缅甸
37 Tailandia • Thailand • 泰国
38 Laos • Laos • 老挝
39 Viet Nam • Viet Nam • 越南
40 Camboya • Cambodia
　• 柬埔寨
41 Malasia • Malaysia • 马来西亚
42 Singapur • Singapore • 新加坡
43 Indonesia • Indonesia • 印度尼西亚

español • english • 汉语

Australasia • Australasia (Oceania) • 大洋洲

1 **Australia** • Australia • 澳大利亚
2 **Tasmania** • Tasmania • 塔斯马尼亚(岛)
3 **Nueva Zelandia** • New Zealand • 新西兰
4 **Papua Nueva Guinea**
    • Papua New Guinea • 巴布亚新几内亚
5 **Islas Salomón** • Solomon Islands • 所罗门群岛
6 **Vanuatu** • Vanuatu • 瓦努阿图
7 **Fiji** • Fiji • 斐济

44 **Brunei** • Brunei • 文莱
45 **Filipinas** • Philippines • 菲律宾
46 **Timor Oriental** • East Timor • 东帝汶
47 **la Turquie** • Turkey • 土耳其
48 **Cyprus** • Cyprus • 塞浦路斯

本书中地图不包括所有国家和地区

partículas y antónimos • particles and antonyms
• 小品词与反义词

a, hacia to 到…去	**cerca** near 在…附近	**al lado de** beside 在…旁边	**a menudo** often 经常	**más tarde** later 以后
encima de over 在…上方	**aquí** here 这里	**en frente de** opposite 在…对面	**ayer** yesterday 昨天	**nunca** never 从不
delante de in front of 在…前面	**de, desde** from 从…来	**lejos** far 离…远	**primer** first 首先	**rara vez** rarely 很少
sobre onto 在…上	**debajo de** under 在…下方	**allí** there 那里	**cada** every 每…	**mañana** tomorrow 明天
en in 在…里	**detrás de** behind 在…后面	**para** for 为…	**unos** about 大约	**último** last 最后
sobre above 在…上面	**dentro de** into 到…里	**por** along 沿着…	**un poco** a little 一点儿	**algunos** some 一些
dentro inside 在…里面	**fuera** out 在…外	**con** with 连同	**hacia** towards 向…方向	**exactamente** exactly 准确地
arriba up 向上	**bajo** below 在…下面	**antes** before 在…之前	**al otro lado de** across 越过	**mucho** a lot 很多
en at 在	**fuera** outside 在…外面	**antes de** by 不迟于…	**sin** without 没有…	**grande** large 大
a través de through 穿越	**abajo** down 向下	**temprano** early 早	**después** after 在…之后	**ancho** wide 宽
encima de on top of 在…之上	**más allá de** beyond 超出	**ahora** now 现在	**hasta** until 直到…	**alto** tall 高大
entre between 在…之间	**alrededor de** around 在…周围	**siempre** always 总是	**tarde** late 晚	**alto** high 高

grueso
thick
厚

ligero
light
轻

duro
hard
硬

húmedo
wet
潮湿

bueno
good
好

rápido
fast
快

correcto
correct
正确

limpio
clean
干净

bonito
beautiful
美

caro
expensive
贵

silencioso
quiet
安静

pequeño
small
小

estrecho
narrow
窄

bajo
short
矮小

bajo
low
低

delgado
thin
薄

pesado
heavy
重

blando
soft
软

seco
dry
干燥

malo
bad
坏

lento
slow
慢

incorrecto
wrong
错误

sucio
dirty
脏

feo
ugly
丑

barato
cheap
便宜

ruidoso
noisy
吵闹

caliente
hot
热

abierto
open
开

lleno
full
满

nuevo
new
新

claro
light
明亮

fácil
easy
容易

libre
free
空闲

fuerte
strong
强壮

gordo
fat
胖

joven
young
年轻

mejor
better
更好

negro
black
黑

interesante
interesting
有趣

enfermo
sick
生病的

el principio
beginning
开始

frío
cold
冷

cerrado
closed
关

vacío
empty
空

viejo
old
旧

oscuro
dark
黑暗

dificil
difficult
困难

ocupado
occupied
忙碌

débil
weak
虚弱

delgado
thin
瘦

viejo
old
年老

peor
worse
更差

blanco
white
白

aburrido
boring
无聊

bien
well
健康的

el final
end
结束

frases útiles • useful phrases • 常用语

frases esenciales
- essential phrases
- 基本用语

Sí
Yes
是

No
No
不

Quizá
Maybe
也许

Por favor
Please
请

Gracias
Thank you
谢谢

De nada
You're welcome
不用谢

Perdone
Excuse me
抱歉；打扰一下

Lo siento
I'm sorry
对不起

No
Don't
不要

Vale
OK
好

Así vale
That's fine
很好

Está bien
That's correct
正确

Está mal
That's wrong
不对

saludos
- greetings
- 问候

Hola
Hello
你好

Adiós
Goodbye
再见

Buenos días
Good morning
早上好

Buenas tardes
Good afternoon
下午好

Buenas tardes
Good evening
晚上好

Buenas noches
Good night
晚安

¿Cómo está?
How are you?
你好吗?

Me llamo…
My name is …
我叫…

¿Cómo se llama?
What is your name?
您怎么称呼?

¿Cómo se llama?
What is his/her name?
他/她叫什么名字?

Le presento a…
May I introduce …
我介绍一下…

Este es…
This is …
这是…

Encantado de conocerle
Pleased to meet you
很高兴见到你

Hasta luego
See you later
待会儿见

letreros
- signs
- 标志

Información
Tourist information
游客问询处

Entrada
Entrance
入口

Salida
Exit
出口

Salida de emergencia
Emergency exit
紧急出口

Empuje
Push
推

Peligro
Danger
危险

Prohibido fumar
No smoking
禁止吸烟

Fuera de servicio
Out of order
故障

Horario de apertura
Opening times
开放时间

Entrada libre
Free admission
免费入场

Llame antes de entrar
knock before entering
进前敲门

Rebajado
Reduced
减价

Saldos
Sale
打折

Défense de marcher sur la pelouse
Keep off the grass
禁止践踏草坪

assistance
- help
- 求助

¿Me puede ayudar?
Can you help me?
你能帮帮我吗?

No entiendo
I don't understand
我不懂

No lo sé
I don't know
我不知道

Habla inglés,francés…?
Do you speak English, French…?
你会说英语/法语…吗?

Habla inglés,español…
I speak English, Spanish…
我会说英语/西班牙语…

Hable más despacio, por favor
Please speak more slowly
请说得再慢些

¿Me lo puede escribir?
Please write it down for me
请帮我写下来

He perdido…
I have lost…
我丢了…

indicaciones
- directions
- 方向

Me he perdido
I am lost
我迷路了

¿Dónde está el/la…?
Where is the …?
…在哪里?

¿Dónde está el/la… más cercano/a?
Where is the nearest …?
最近的…在哪里?

¿Dónde están los servicios?
Where are the toilets?
洗手间在哪儿?

partículas y antónimos • particles and antonyms
• 小品词与反义词

¿Cómo voy a…?
How do I get to …?
我怎么去…?

A la derecha
To the right
右转

A la izquierda
To the left
左转

Todo recto
Straight ahead
向前直行

¿A qué distancia está…?
How far is …?
到…有多远?

las señales de tráfico
• Road signs
• 交通标志

Todas las direcciones
All directions
各方通行

Precaución
Caution
谨慎驾驶

Prohibida la entrada
No entry
禁入

Disminuir velocidad
Slow down
减速

Desvío
Diversion
绕行

Circular por la derecha
Keep to the right
靠右侧行驶

Autopista
Motorway
高速公路

Prohibido aparcar
No parking
禁止停车

Callejón sin salida
No through road
禁止通行

Sentido único
One-way street
单行道

Ceda el paso
Give way
让路

Carretera cortada
Roadworks
道路管制

Obras
Roadwork
道路施工

Curva peligrosa
Dangerous bend
危险弯道

alojamiento
• accommodation
• 住宿

Tengo una reserva
I have a reservation
我订了房间

¿A qué hora es el desayuno?
What time is breakfast?
几点吃早餐?

El número de mi habitación es el…
My room number is …
我的房间号是…

Volveré a las …
I'll be back at…o'clock
我将在…点钟回来。

¿Dónde está el comedor?
Where is the dining room?
餐厅在哪儿?

Me marcho mañana
I'm leaving tomorrow
我明天离开

comida y bebida
- eating and drinking
- 饮食

¡Salud!
Cheers!
干杯!

Está buenísimo/malísimo
It's delicious/awful
好吃极了/难吃死了

Yo no bebo/fumo
I don't drink/smoke
我不喝酒/不抽烟

Yo no como carne a viande
I don't eat meat
我不吃肉

Ya no más, gracias
No more for me, thank you
够了，谢谢

¿Puedo repetir?
May I have some more?
请再来点儿。

¿Me trae la cuenta?
May we have the bill?
我们要结账。

¿Me da un recibo?
Can I have a receipt?
请开张收据。

Zona de no fumadores
No-smoking area
禁烟区

la salud
- Health
- 健康

No me encuentro bien
I don't feel well
我不舒服

Tengo náuseas
I feel sick
我难受

¿Cuál es el número del médico más cercano?
What is the telephone number of the nearest doctor?
离这儿最近的医生电话是多少?

Me duele aquí
It hurts here
我这儿疼

Tengo fiebre
I have a temperature
我发烧了

Estoy embarazada de…meses
I'm … months pregnant
我怀孕…个月了

Necesito una receta para…
I need a prescription for…
我需要…的处方

Normalmente tomo …
I normally take…
我通常服用…

Soy alérgico a…
I'm allergic to…
我对…过敏

Estará bien?
Will he/she be all right?
他/她好吗?

índice español • Spanish index • 西班牙语索引

A

a 320
a la carta 152
a la plancha 159
a salvo 228
a través de 320
abadejo m 120
abajo 320
abdomen m 12
abdominal m 16, 251
abedul m 296
abeja f 295
abierta f 221
abierto 260, 321
abogado m 180, 190
abonar 91
abonar en la superficie 90
abono m 91
abono compuesto m 88
aborto espontáneo m 52
abrazadera f 78
abrebotellas m 68, 150
abrelatas m 68
abrigo m 32
abril 306
absuelto 181
abuela f 22
abuelo m 22
abuelos m 23
aburrido 25
acacia f 110
academia de danza f 169
acampar 266
acantilado m 285
accesorios m 36, 38
accidente m 46
accidente de coche m 203
acciones f 77, 97, 227, 229, 233
acebo m 296
acedera f 123
aceite m 142, 199
aceite aromatizado m 134
aceite de almendra m 134
aceite de avellanas m 134
aceite de cacahuete m 135
aceite de colza m 135
aceite de girasol m 134
aceite de maiz m 135

aceite de nueces m 134
aceite de oliva m 134
aceite de presión en frío m 135
aceite de semillas de uva m 134
aceite de sésamo m 134
aceite vegetal m 135
aceites m 134
aceites esenciales m 55
aceituna negra f 143
aceituna rellena f 143
aceituna verde f 143
aceitunas f 151
acelerador m 200, 204
acelga f 123
acelga china f 123
acera f 298
acero inoxidable m 79
aclarar 76
acolchado m 277
acomodador m 255
acompañamiento m 153
acontecimientos de una vida m 26
acostarse 71
acta m 174
actividades f 162, 183, 245, 263
actividades al aire libre f 262
actor m 191, 254
actores m 179
actriz f 254
acuarelas f 274
acupresión f 55
acupuntura f 55
acusación f 180
acusado m 180, 181
adelantar 195
adiós 322
adobado 143, 159
adolescente f \m23
adornos para el jardin m 84
adosado 58
adosado por un lado 58
aduana f 212
aduanas del puerto f 216
adulto m 23
adversario m 236
aerobic m 251
aerodeslizador m 215
aeropuerto m 212

afeitado m 73
Afganistán 318
afilador m 68, 118
África 317
aftershave m 73
agalla f 294
agarradera f 166
agarre m 237
ágata f 289
agencia de viajes f 114
agencia inmobiliaria f 115
agenda f 173, 175
agente de bolsa m 97
agente de policía m 94
agente de viajes m 190
agente inmobiliario f 189
agitador m 150
aglomerado m 79
agosto 306
agresión f 94
agricultor m 189
agua f 144, 238
agua de colonia m 41
agua de grifo f 144
agua embotellada m 144
agua mineral m 144
aguacate m 128
aguamarina f 288
aguanieve f 286
aguarrás m 83
águila f 292
aguja f 109, 276, 300
aguja de ganchillo f 277
aguja de la hora f 304
aguja de tejer f 277
agujero negro m 280
ahogarse 47, 239
ahora 304
ahorros m 96
ahumado 118, 121, 143, 159
aikido m 236
airbag m 201
aire acondicionado m 200
airear 91
aislamiento m 61
ajedrez m 272
ajo m 125, 132
al lado de 320
al otro lado de 320
al vapor 159
ala f 210, 293
ala m 119
ala delta m 248

alambre m 79, 89
álamo m 296
alargador m 78
alarma antirrobo f 58
alarma contra incendios f 95
Alaska 314
alba m 305
albahaca f 133
Albania 316
albañil m 186, 188
albaricoque m 126
albóndigas f 158
albornoz m 73
álbum de fotos m 271
alcachofa f 89, 124
alcachofa de la ducha f 72
alcantarilla f 299
alcaparras f 143
alcázar m 214
alcorza f 141
aldaba f 59
Alemania 316
alerce m 296
alergia f 44
alero m 58
alerón m 210
aleta f 210, 239, 292
aleta dorsal f 294
aleta pectoral f 294
aletas de raya f 120
alfalfa f 184
alfil m 272
alfiler m 276
alfiler de corbata m 36
alfiletero m 276
alfombra f 63
alfombrilla de baño f 72
Algeria 317
algodón m 184, 277
alguacil m 180
alhelí m 110
alicatar 82
alicates m 80
alimentos m 118, 130
alimentos embotellados m 134
aliñado 159
aliño m 158
alisar 39, 79
almacén m 216
almanaque m 306
almeja f 121
almendra f 122, 129
almendras f 151
almohada f 70
almohadilla de la tinta f 173
alquilar 58

alquiler m 58
alquiler de coches m 213
alrededor de 320
altavoz m 176, 258, 268
alternador m 203
altitud f 211
alto 321
altura f 165
alubia blanca f 131
alubia blanca pequeña f 131
alubia de ojo negro f 131
alubia flageolet f 131
alubia morada f 131
alubia mung f 131
alubia pinta f 131
alubia roja f 131
alubias f 131
aluminio m 289
alumno m 162
amanecer m
amapola f 297
amargo 124, 127
amarillo 274
amarrar 217
amasar 138
amatista f 288
Amazonas m 312
ambulancero m 94
ambulancia f 94
América del Norte 314
americana f 33
amigo m 24
amigo por correspondencia m 24
amniocentesis f 52
amperio m 60
ampliación f 58, 271
ampliar 172
amplificador m 268
ampolla f 46
anacardo m 129
anacardos m 151
analgésico m 109
analgésicos m 47
análisis m 49
análisis de sangre m 48
ancho 321
anchura f 165
ancla f 214, 240
andamio m 186
andén m 208
Andes m 312
Andorra 316
anestesista m/f 48
anfibios m/f 294

anfiteatro m 169
anfitrión m 64
anfitriona f 64
Angola 317
anguila f 294
ángulo m 164
anillas f 89, 235
anillo m 36
animadora f 220
animales m 292, 294
anís estrellado m 133
aniversario m 26
anochecer m 305
antebrazo m 12
antecedentes m 181
antena f 295
antena de radio f 214
antena parabólica f 269
antes 320
antes de 320
antes de ayer 307
antiadherente 69
antiarrugas 41
anticoncepción f 21, 52
anticongelante m 199, 203
Antigua y Barbuda 314
antiinflamatorio m 109
anual 86, 307
anular m 15
anuncio m 269
anzuelo m 244
año m 306
Año Nuevo m 27
apagado 99
apagar 141
apagar la televisión 269
apaisado 271
aparato corrector m 50
aparato de vídeo m 269
aparatos eléctricos m 105
aparcamiento m 298
aparcamiento para minusválidos m 195
aparcar 195
aparejos m 245
apelación f 181
apéndice m 18
aperitivo m 153
aperitivos m 151
ápice m 165
apio m 122
apio-nabo m 124
apisonadora f 187
aplaudir 255
aplicación f 176

aplique m 62
apoyabrazos m 210
aprender 163
apuesta f 273
apuntalar 91
apuntar 91
aquilón m 295
Arabia Saudita 318
arándano m 127
arándano rojo m 127
arandela f 80
araña f 295
arañazo m 46
arar 183
árbitro m 222, 225, 226, 229
árbol m 86, 296
arbusto de flor m 87
arce m 296
arcén m 194
archivador m 172
archivador suspendido m 173
arcilla f 85, 275
arco m 85, 164, 249, 301
arco del empeine m 15
arcoiris m 287
ardilla f 290
área f 165, 310
área de juegos m 263
área de meta f 223
área de penalty f 223
arena f 85, 264
arenques ahumados m 157
argamasa f 187
Argentina 315
aritmética f 165
armario m 66, 70
armario de las medicinas m 72
armario empotrado m 71
armario para clasificar la basura m 61
armazón m 230
Armenia 318
aro m 226
aromaterapia f 55
arquitecto m 190
arquitectura f 300
arquitrabe m 301
arrancar 82
arrecife de coral m 285
arreglos m 111
arresto m 94
arriate de plantas herbáceas m 85
arriba 320
arroyo m 285
arroz m 130, 158, 184

arroz bomba m 130
arroz con leche m 140
arroz integral m 130
arroz largo m 130
arroz salvaje m 130
arruga f 15
art déco 301
arte m 162
arteria f 19
artes marciales f 237
articulación f 17
artículos de aseo m 107
artículos de tocador m 41
artículos deportivos m 105
artículos para el bebé m 107
as m 230, 273
asa f 88, 106
asa m 36
asado m 119, 158
asalto m 237
asar 67
asar a la parrilla 67
asas f 37
ascensor m 59, 100, 104
aseos m 104, 266
asesora financiera f 97
asesoría jurídica f 180
asfalto m 187
Asia 318
asiento m 64, 204, 209, 210
asiento del conductor m 196
asiento trasero m 200, 204
asistir 174
asma f 44
aspa f 211
aspecto m 30
aspersor m 89
aspiradora f 77, 188
asta f 291
asteroide m 280
astigmatismo m 51
astilla f 46
astillero m 217
astronauta m 281
astronomía f 281
asustado 25
ataque m 220
atasco de tráfico m 195
aterrizar 211
ático m 58
atleta f 234
atletismo m 234
atmósfera f 282, 286
atracar 217
atracción turística f

260
atrio m 104
atún m 120
auditor m 180
aula f 162
auricular m 99
auriculares m 268
aurora f 286
Australasia 319
Australia 319
Austria 316
autobús m 196
autobús de dos pisos m 196
autobús de enlace m 197
autobús escolar m 196
autobús turístico m 197, 260
autobuses m 196
autocar m 196
autocue m 179
automático 200
automovilismo m 249
autopista f 194
autovía f 195
avalancha f 247
avance rápido m 269
avellana f 129
avena f 130
avenida f 299
avergonzado 25
avería f 203
aves f 292
avestruz f 292
avión m 210
avión de línea m 212
avión de pasajeros m 210
avión supersónico m 211
avioneta f 211
avispa f 295
axila f 13
ayer 306
ayudante f 24
ayudante del chef m 152
ayuntamiento m 299
ayurveda f 55
azabache m 288
azada f 88
azafata f 190
azafata de vuelo f 210
azafrán m 132
Azerbaiyán 318
azucena f 110
azufre m 289
azul 274
azul añil 274

babero m 30
babosa f 295
baca f 198
baca para bicicletas f 207
bacalao m 120
backgammon m 272
backswing m 233
bacon m 118, 157
bádminton m 231
baguette f 138
Bahamas 314
bailarina f 191
bajar 177
bajo 320, 321
bajo m 258
bajo par m 233
bala f 184
balancín m 263
balanza f 310
balanza de cocina f 69
balanza de muelle f 166
balcón m 59
baliza f 298
ballena f 290
ballet m 255
balón m 220, 221, 222, 226
baloncesto m 226
balonvolea m 227
balsa salvavidas f 240
bambú m 86, 122
banco m 96, 250, 262
banco de trabajo m 78
banda de paseo f 250
banda de rodadura f 207
banda sonora f 255
bandeja f 152, 154, 210, 310
bandeja de entrada f 172, 177
bandeja de horno f 69
bandeja de salida f 172
bandeja del desayuno f 101
bandeja para el papel f 172
bandeja para la pintura f 83
bandera f 221
bandera de esquina f 223
banderola f 232
Bangladesh 318
banquillo m 229
bañador m 238, 265
bañera f 72
bañera de plástico f

B

español

74
bar m 148, 150, 152
bar mitzvah m 26
baraja de cartas f 273
barajar 273
barandilla f 59, 196
barbacoa f 267
Barbados 314
barbero m 39, 188
barbilla f 14
barca de remos m
214
barco f 214
barco de vela m 215
barco de guerra m
215
barco de pesca m
217
barniz m 79, 83
barra f 139, 150, 250,
256
barra de acceso f 177
barra de
desplazamiento f
177
barra de equilibrio f
235
barra de labios f 40
barra de pesas f 251
barra del menú f 177
barra fija f 235
barrer 77
barrera f 209, 222
barrera contra el
viento f 265
barrera de seguridad f
75, 195, 246
barrita f 113
barroco 301
barrotes m 74
basalto m 288
báscula f 45, 53, 69,
98, 166
base f 99, 164, 229
base m 228
base del bateador f
228
bastidor m 277
bastidores m 254
bastón m 246
bata f 31, 32, 38
bate m 225, 228
bateador m 225, 228
batear 225, 229
batería f 78, 202, 258
batería m 258
batido m 137
batido al café m 149
batido de chocolate m
149
batido de fresa m 149
batidor de varillas m
68
batir 67

batir un récord 234
batuta f 256
bautizo m 26
baya f 296
bazo m 18
bebé m 23, 30
bebida malteada f 144
bebidas f 144, 107,
156
bebidas alcohólicas f
145
bebidas calientes f
144
beca f 169
béisbol m 228
Belarús 316
Bélgica 316
Belice 314
belleza f 40
bemol 256
bengala f 240
Benin 317
berberecho m 121
berenjena f 125
berro m 123
berza f 123
besugo m 120
Bhutan 318
biatlón m 247
biberón m 75
biblioteca f 168, 299
bibliotecaria f 168
bibliotecario m 190
biceps m 16
bicicleta f 206
bicicleta de carreras f
206
bicicleta de montaña f
206
bicicleta de paseo f
206
bicicleta fija f 250
bidé m 72
bienal 86
bifocal 51
bigotes m 290
bikini m 264
billar m 249
billar americano m 249
billete m 97, 209, 213
billete de autobús m
197
billetes de lotería m
112
biología f 162
biológico 91, 118,
122
biombo m 63
biplano m 211
Birmania 318
bis m 255
biscote m 139
bisturí m 167
blanco 39, 145, 272,

274
blando 129, 321
bloc de apuntes m
173
bloc de dibujo m 275
bloque de hormigón m
187
bloquear 227
blues m 259
blusa f 34
bobina f 276
bobsleigh m 247
boca f 14
boca de agua f 95
boca de alcantarilla f
299
bocadillo m 155
bocado m 242
boceto m 275
bocina f 201
boda f 26, 35
bodega f 215
body m 30
bol m 65
bola f 149
bola de bowling f 249
bolas de algodón f 41
bolígrafo m 163
bolillo m 277
Bolivia 315
bollo m 139, 140, 155
bolo m 249
bolos m 249
bolsa f 291, 311
bolsa de agua caliente
f 70
bolsa de golf f 233
bolsa de la compra f
106
bolsa de plástico f
122
bolsa de playa f 264
bolsa de valores f 97
bolsa de viaje f 37
bolsa del bebé f 75
bolsa para la hierba f
88
bolsillo m 32
bolsita de té f 144
bolso m 37
bolso de mano m 37
bolsos m 37
bomba f 207
bomba del aire f 199
bombardero m 211
bombero m 189
bomberos m 95
bombilla f 60
bombón m 113
bongos m 257
boniato m 125
boquilla f 89
bordado m 277
bordado en cañamazo

m 277
borde del ocular m
269
bordillo m 298
borla f 40
borrén m 242
Bosnia y Herzegovina
316
bosque m 285
bostezar 25
bota f 220, 223
bota de esquí f 246
bota de montar f 242
bota de trekking f 37
botar 227
botas altas de goma f
244
botas de agua f 31
botas de goma f 89
botas de trekking f
267
botavara f 240
bote salvavida m 214
botella f 61, 135, 311
botella de aire f 239
botella del agua f 206
botiquín m 47
botón m 32
botón de ajuste m
167
botón de parada m
197
botón para grabar m
269
botón para rebobinar
m 269
botones m 100
Botswana 317
boutique f 115
bóveda f 300
boxeo m 236
boya f 217
bragas f 35
braguitas de plástico f
30
Brasil 315
braza f 239
brazada f 239
brazal m 45
brazo m 13, 95
brezo m 297
brida f 242
bridge m 273
brie m 142
brillo de labios m 40
brillo del sol m 286
broca f 78
broca de albañilería f
80
broca de seguridad f
80
broca para madera f
80
broca para metal f 80

brocas f 80
brocas para madera f
80
brocha f 40, 83
brocha de cocina f 69
brocha de
empapelador f
82
brocha de encolar f
82
broche m 36
brócoli m 123
bronce m 235
bronceado m 41
brotes de soja m 122
brújula f 240, 312
Brunei 319
buceo m 239
buenas noches 322
buenas tardes 322
bueno 321
buenos días 322
bufanda f 31
bufete m 180
buffet m 152
buffet de desayuno m
156
buggy m 232
búho m 292
bujía f 203
bulbo m 86
Bulgaria 316
búnker m 232
buque de carga m
215
buque
portacontenedores
f 215
Burquina Faso 317
burro m 185
Burundi 317
buscar 177
butaca f 254
butacas f 254
buzo m 30
buzón m 58, 99
bytes m 176

C

caballa f 120
caballete m 174, 274
caballito de mar m
294
caballo m 185, 235,
242, 272
caballo con arcos m
235
caballo de carreras m
243
cabecero m 70
cabestrillo m 46
cabestro m 243
cabeza f 12, 19, 81,

230
cabezal m 78
cabezales de
 destornillador m 80
cabezuela f 122
cabina f 95, 210
cabina de pilotaje f
 210
cabina del conductor f
 208
cabina telefónica f 99
Cabinda 317
cable m 79, 207
cable de alimentación
 m 176
cables m 60
cabra f 185
cabrestante m 214
cabrito m 185
cacahuete m 129
cacahuetes m 151
cacao m 156
cacao en polvo m 148
cacatúa f 293
cachorro m 290
cactus m 87
caddy m 233
cadena f 36, 59, 206
cadena montañosa f
 282
cadera f 12
café m 144, 148,
 153, 156, 184
café con hielo m 148
café con leche m 148
café de cafetera
 eléctrica m 148
café molido m 144
café solo m 148
cafetera de émbolo f
 65
cafetería f 148, 262
cafetería con mesas
 fuera f 148
caída f 237
caimán m 293
caja f 106, 150
caja archivador f 173
caja de aparejos f 244
caja de bombones f
 113
caja de cambios f
 202, 204
caja de fusibles f 203
caja de herramientas f
 80
caja de los fusibles f
 60
caja de pañuelos de
 papel 70
caja para cortar en
 inglete f 81
caja torácica m 17
cajero m 96, 106

cajero automático m
 97
cajón m 66, 70, 172
cajón de las verduras
 m 67
cajón de salida m
 234, 238
cajonera f 172
calabacín m 125
calabacin gigante m
 124
calabaza f 125
calabaza bellota f 125
calamar m 121, 295
calambres m 44
calcetines m 33
calcio m 109
calcita f 289
calculadora f 165
caldera f 61
caldo m 158
calentador de
 convección m 60
cálido 286
caliente 321
cáliz m 297
calle f 232, 234, 238,
 298
calle de sentido único
 f 298
calle lateral f 299
callejón m 298
calmante m 109
caluroso 286
calvo 39
calzapié m 207
calzoncillos m 33
calzoncillos de pata m
 33
cama f 70
cama de matrimonio f
 71
cama de rayos
 ultravioletas f 41
cama individual f 71
cámara f 178, 207,
 283
cámara m 178
cámara APS f 270
cámara de vídeo f
 260, 269
cámara desechable f
 270
cámara digital f 270
cámara Polaroid f 270
cámara réflex f 270
camarera f 191
camarero m 148, 150,
 152, 191
camarote f 214
cambiador m 74
cambiar 209
cambiar de canal 269
cambiar de marcha

207
cambiar una rueda
 203
Camboya 318
camello m 291
camembert m 142
Camerún 317
camilla f 48, 94
camino m 58, 85
camión m 194
camión volquete m
 187
camionero m 190
camisa f 32
camiseta f 33, 251
camiseta de tirantes f
 35
camiseta interior f 33
camisola f 35
camisón m 31, 35
campari m 145
campeonato m 230
cámper f 266
camping m 268
campo m 182, 220,
 222, 225, 228,
 234
campo de críquet m
 225
campo de deportes m
 168
campo de golf m 232
campo de rugby m
 221
campus m 168
Canadá 314
canal m 178, 269
canal de pay per view
 m 269
canalón m 58
canario m 292
canasta f 226
cancha f 226
canción f 259
candado m 207
canela f 133
cangrejo m 121, 295
cangrejo de río m 121
canguro m 291
canoa f 214
cantante m 258
cantante f 191
cantidad f 96
cantimplora f 267
canto m 246
caña f 91
caña de azúcar f 184
caña de pescar f 244
caña del timón f 240
cañas f 89
capa de ozono f 286
capa superior de la
 tierra f 85
capacidad f 311

caparazón m 293
capazo m 75
capital f 315
capitán m 214
capitán del puerto m
 217
capó m 198
capoeira f 237
capota f 75
cápsula f 109
cápsula de Petri f 166
captafaros m 204,
 207
capuccino m 148
capucha f 31
capullo m 111, 295,
 297
caqui m 128
cara f 14
carabola f 128
caracol m 295
carámbano m 287
caramelo m 113
caramelo blando m
 113
caramelos m 113
caramelos duros m
 113
carbón m 288
carbón vegetal m 266
carboncillo m 275
carcaj m 249
cárcel f 181
cardamono m 132
cardiología f 49
cardiovascular 19
cardo m 297
careta f 236
carga f 216
cargar 76
cargo m 94, 180
caries f 50
carnaval m 27
carne f 119
carne blanca f 118
carne de caza f 119
carne de vaca f 119
carne fresca f 142
carne magra f 118
carne picada f 119
carne roja f 118
carne y las aves f 106
carnicería f 114
carnicero m 118, 188
carpa koi f 294
carpeta f 172, 177
carpeta de acordeón f
 173
carpeta de anillas f
 173
carpintero m 188
carrera f 169, 228,
 234
carrera al trote f 243

carrera de caballos f
 243
carrera de carrozas f
 243
carrera de motoras f
 241
carrera de obstáculos
 f 243
carrera de relevos f
 235
carrera de vallas f 235
carrera sin obstáculos
 f 243
carrete m 244, 245,
 271
carrete de hilo m 276
carretera de acceso f
 216
carreteras f 194
carretilla f 88
carretilla elevadora f
 186, 216
carril central m 194
carril de
 adelantamiento m
 194
carril de bicicletas m
 206
carril para el tráfico
 lento m 194
carrito m 100, 208
carrito de golf m 233
carrito de los postres
 m 152
carro m 106, 213
carta f 98, 148, 153
carta por avión f 98
cartas f 273
cartera f 37, 97, 162,
 190
cartero m 98, 190
cartílago m 17
cartón de leche m
 136
cartón madera m 79
cartulina f 275
carvi m 131
casa f 58
casa de juguete f 75
casa de labranza f
 182
casa de muñecas f 75
casarse 26
cascada f 285
cáscara f 129, 130,
 137
casco m 95, 186,
 204, 206, 214,
 220, 224, 228,
 240, 242
caseta f 264
caseta de juguete f 75
caseta de peaje f 194
casete f 269
casilla f 100, 272

español

casino m 261
caspa f 39
castaña f 129
castaña de agua f 124
castaño 39
castillo m 300
castillo de arena m 265
catálogo m 168
catamarán m 215
catarata f 51
catcher m 229
catedral f 300
catéter m 53
catorce 308
catre de campaña m 266
cavar 90
caza m 211
cazadora m 33
cazo m 69
cazoleta f 112
cazuela f 69
cazuela de barro f 69
cebada f 130, 184
cebar 245
cebo m 244
cebolla f 124
cebolleta f 125
cebollinos m 133
cebra f 291
cedro m 296
ceja f 14, 51
celda f 94, 181
celebración f 140
celebración de la boda f 26
celebraciones f 27
cemento m 186
cemento blanco m 83
cena f 64
cenicero m 150
ceniza f 283
centésimo 309
centímetro m 310
centrifugadora f 76
centrifugar 76
centro m 122, 164
centro comercial m 104
centro de la diana m 273
centro de salud m 168
centro del campo m 228
ceño fruncido m 25
cepillar 38
cepillarse los dientes 50
cepillo m 38, 77, 81
cepillo de dientes m 72
cepillo para la espalda

m 73
cepillo para las cejas m 40
cera f 77
cerámica f 275
cerca 320
cerca f 182
cercado m 242
Cerdeña 316
cerdito m 185
cerdo m 118, 185
cereales m 107, 130, 156
cerebro m 19
ceremonia de graduación f 169
cereza f 126
cerillas f 112
cero 308
cerrado 260, 321
cerradura f 59
cerrojo m 59
cerveza f 145, 151
cerveza amarga f 145
cerveza negra f 145
cesárea f 52
césped m 85, 86, 90
cesta m 263
cesta f 95, 106, 207
cesta colgante f 84
cesta de fruta f 126
cesta de jardinero f 88
cesto de la colada m 76
cesto de la ropa sucia m 76
cesto de seguridad m 75
cesto de los juguetes m 75
ceta f 85
Chad 317
chaleco m 33
chaleco salvavidas m 240
chalote m 125
champán m 145
champanera f 150
champiñón m 125
champú m 38
chancla f 37
chándal m 31, 32
chapa f 202
chaqueta f 32, 34
chaqueta sport f 33
chaquetón m 31, 33
charcutería f 107, 142
chasis m 203
cheddar m 142
chef m 152, 190
cheque m 96
cheque de viaje m 97
chica f 23
chichonera f 74
chicle m 113
chico m 23

Chile 315
chimenea f 58, 63, 214, 283
China 318
chincheta f 173
Chipre 316
chirivía f 125
chocolate blanco m 113
chocolate caliente m 144
chocolate con leche m 113
chocolate negro m 113
chocolate para untar m 135
chorizo m 143
chorro de agua m 95
chubasco m 286
chuleta f 119
chutar 221, 223
chutney m 134
ciclismo m 263
ciempiés m 295
cien 308
cien mil 308
ciencias f 162, 166
ciencias económicas f 169
cieno m 85
científico m 190
ciento diez 308
cierre m 36, 37
cierre de seguridad m 75
ciervo m 291
cigarrillos m 112
cigüeña f 292
cilantro m 133
cilindro m 164
cincel m 81, 275
cincha f 242
cinco 308
cincuenta 308
cincuenta mil 309
cincuenta y cinco mil quinientos 309
cine m 255, 299
cinta f 27, 111, 141, 235
cinta adhesiva protectora f 83
cinta aislante f 81
cinta de equipajes f 212
cinta de vídeo f 269
cinta métrica f 80, 276
cinta para el pie f 241
cinta reflectante f 205
cinta transportadora f 106
cintura f 12
cinturilla f 35

cinturón m 32, 36, 236
cinturón de las herramientas m 186
cinturón de pesas m 239
cinturón de seguridad m 198, 211
cinturón negro m 237
círculo m 165
círculo central m 222, 224, 226
círculo de face-off m 224
círculo Polar Ártico m 283
circunferencia f 164
ciruela f 126
ciruela pasa f 129
cirugía f 48
cirugía plástica f 49
cirujano m 48
cisne m 293
cisterna f 61
cita f 45, 175
citación f 180
cítricos m 126
citronela f 133
ciudad f 298, 299
Ciudad del Vaticano 316
cizalla f 89
claqueta f 179
clara f 137
clarinete m 257
clarinete bajo m 257
claro 41, 321
clase preferente f 211
clase turista f 211
clavar con el martillo 79
clave de fa f 256
clave de sol f 256
clavel m 110
clavícula f 17
clavija f 60, 259, 266
clavo m 80
clavos m 133, 233
claxon m 204
cliente m 96, 104, 106, 152, 175, 180
cliente f 38
clínica f 48
clip m 173
clítoris m 20
club m 232
club sandwich m 155
cobertizo m 84, 182
cobrar 97
cobre m 289
cocer a fuego lento 67

cocer al horno 67
cocer al vapor 67
coche m 198, 200
coche de bomberos m 95
coche de cinco puertas m 199
coche de época m 199
coche de policía m 94
coche deportivo m 198
coche descapotable m 199
coche ranchera m 199
cochecama m 209
cochecito de niños m 75
cocido en el horno 159
cocina f 66, 152, 214
cocinar 67
coco m 129
cocodrilo m 293
cóctel m 151
coctelera f 150
código de barras m 106
código postal m 98
codo m 13
codorniz f 119
coger 91, 220, 227, 229, 245
coger con la red 245
coger prestado 168
coito m 20
cojín m 62
col f 123
col rizada f 123
cola f 35, 121, 144, 210, 242, 275, 280, 290, 294
cola de caballo f 39
cola de carpintero f 78
cola para empapelar f 82
colada f 76
colador m 68
colcha f 70, 71
colchón m 70, 74
colchoneta f 54, 235, 267
colegial m 162
colegiala f 162
colegio m 162, 299
colegio mayor m 168
coles de bruselas f 122
coletas f 39
colgante m 36
colibrí m 292
coliflor f 124
colina f 284

colinabo *m* 123
collage *m* 275
collar *m* 36
collar de perlas *m* 36
collarín *m* 46
colmillo *m* 50, 291
Colombia 315
colonia *f* 315
colores *m* 39, 274
colorete *m* 40
columna *f* 300
columpios *m* 263
colza *f* 184
comadrona *f* 53
combate *m* 237
combinación *f* 35
comedero *m* 183
comedia *f* 255
comedor *m* 64
comer 64
cometa *m* 280
comida *f* 64, 75, 149
comida de negocios *f* 175
comida para animales *f* 107
comida principal *f* 158
comida rápida *f* 154
comino *m* 132
comisario *m* 94
comisión *f* 97
comisión bancaria *f* 96
cómo se declara el acusado 180
cómoda *f* 70
comodín *m* 273
Comoros 317
compact disc *m* 269
compacto *m* 199
compañero *m* 24
compañero/-a *m/f* 23
compartimento del carrete *m* 270
compartimento portaequipajes *m* 210
compás *m* 165
complejo vitamínico *m* 109
completo 266
compra *f* 106
compras *f* 104
compresa *f* 108
comunicaciones *f* 98
comunicando 99
con 320
con aros *m* 35
con brillo 83, 271
con corriente 60
con gas 144
con hielo y limón 151
con los hombros al aire 35
con plomo 199

concebir 20
concepción *f* 52
concha *f* 265
concierto *m* 255, 258
concierto de rock *m* 258
concurso *m* 178
concurso de saltos *m* 243
condón *m* 21
conducir 195
conducto seminal *m* 21
conductor *m* 196
conductor de autobús *m* 190
conectar 177
conejo *m* 118, 290
conexión *f* 212
confitería *f* 107, 114
confituras *f* 134
confuso 25
congelado 121, 124
congelador *m* 67
congelados *m* 107
congelar 67
conglomerado *m* 288
Congo 317
conífera *f* 86
conmoción *f* 46
conmutador de luces *m* 201
cono *m* 164, 187
conocido *m* 24
conseguir un trabajo 26
conservante *m* 83
conservas *f* 107
conservatorio *m* 169
consola *f* 269
constelación *f* 281
construcción *f* 186
construir 186
consulta *f* 45
contable *m* 97, 190
contador de la luz *m* 60
contar 165
contenedor *m* 216
contenedor de la basura *m* 266
contento 25
contestador automático *m* 99
contestar 99, 163
continente *m* 282, 315
contrabajo *m* 256, 258
contracción *f* 52
contrachapado *m* 79
contrafagote *m* 257
contrafuerte *m* 301
contraventana *f* 58

control de pasaportes *m* 213
controles *m* 201, 204, 269
coñac *m* 145
copa *f* 152
copa de vino *m* 65
copas *f* 150
copiloto *m* 211
corazón *m* 18, 119, 127, 273
corbata *f* 32
Córcega 316
corchete *m* 30, 276
corcho *m* 134
cordero *m* 118, 185
cordón umbilical *m* 52
cordonera *f* 37
Corea del Norte 318
Corea del Sur 318
córnea *f* 51
córner *m* 223
cornisa 300
como de caza *m* 257
como inglés *m* 257
coro *m* 301
corona *f* 50, 111
corral *m* 182
correa *f* 37
correa del calzapié *f* 207
correa del disco *f* 203
correa del ventilador *f* 203
correo certificado *m* 98
correo electrónico *m* 98, 177
correr 228
correr en parada 251
corriente alterna *f* 60
corriente continua *m* 60
corriente eléctrica *f* 60
corsé *m* 35
corsé con liguero *m* 35
cortaalambres *m* 80
cortacésped *m* 88, 90
cortar 38, 67, 79, 277
cortar el césped 90
cortar las puntas 39
cortatuberías *m* 81
cortaúñas *m* 41
corte *m* 46
corte de luz *m* 60
cortes *m* 119
corteza *f* 126, 127, 136, 139, 142, 282, 296
cortina *f* 63
cortina de ducha *f* 72
corto 33, 130, 151
cosecha *f* 183

cosechadora *f* 182
cosechar 91
cosechas *f* 184
coser 277
costa *f* 285
Costa de Marfil 317
Costa Rica 314
costilla *f* 17, 119
costillas *f* 155
costura *f* 34
costurera *f* 277
costurero *m* 276
coxis *m* 17
CPU *f* 176
cráneo *m* 17
cráter *m* 283
crema *f* 109
crema
    autobronceadora *f* 41
crema bronceadora *f* 265
crema de limón *f* 134
crema hidratante *f* 41
crema para la cara *f* 73
crema para las escoceduras *f* 74
crema pastelera 140
crema protectora *f* 108, 265
crema protectora total *f* 108
cremallera *f* 277
crepe *f* 155
crepes *m* 157
cría *f* 290
criba *f* 89
cribar 91, 138
crimen *m* 94
criminal *m* 181
crin *f* 242
crin/melena *f* 291
críquet *m* 225
crisantemo *m* 110
crisol *m* 166
cristal *m* 51
cristalería *f* 64
cristaloterapia *m* 55
Croacia 316
croissant *m* 156
crol m 239
cronómetro *m*: 166, 234
cruce *m* 298
crudo 124, 129
cuaderno *m* 163, 172
cuadra *f* 243
cuadrado *m* 164
cuadragésimo 309
cuádriceps *m* 16
cuadro *m* 62, 206, 261, 274
cuarenta 308

cuarenta iguales *m* 230
cuarenta minutos 304
cuarto 309
cuarto de baño *m* 72
cuarto de baño privado *m* 100
cuarto de estar *m* 62
cuarto de galón *m* 311
cuarto oscuro *m* 271
cuarto para cambiar a los bebés *m* 104
cuarzo *m* 289
cuatro 308
cuatrocientos 308
Cuba 314
cubierta *f* 206, 214, 240
cubierto *m* 65
cubierto de chocolate 140
cubiertos *m* 64
cúbito *m* 17
cubito de hielo *m* 151
cubo *m* 77, 82, 164, 265
cubo de basura *m* 67
cubo de la basura *m* 61
cubo para reciclar *m* 61
cubrecanapé *m* 71
cubrir la tierra 91
cucaracha *f* 295
cuchara *f* 65
cuchara de madera *f* 68
cuchara de servir *f* 68
cuchara medidora *f* 109
cuchara para helado *f* 68
cuchara sopera *f* 65
cucharilla de café *f* 65, 153
cucharón *m* 68
cuchilla *f* 66, 78
cuchilla de afeitar desechable *f* 73
cuchillo *m* 65
cuchillo de cocina *m* 68
cuchillo de sierra *m* 68
cuello *m* 12, 32
cuello de pico *m* 33
cuello del útero *m* 20
cuello redondo *m* 33
cuello uterino *m* 52
cuenco *m* 69
cuenco mezclador *m* 66
cuenta *f* 152
cuenta corriente *f* 96

español

cuenta de ahorros f 97
cuenta de correo f 177
cuentagotas m 109, 167
cuentakilómetros m 201, 204
cuentarevoluciones m 201
cuerda f 230, 248, 256, 258, 266
cuerda de plomada f 82
cuerda para tender la ropa f 76
cuerdas vocales f 19
cuerno m 291
cuero cabelludo m 39
cuerpo m 12
cuerpos geométricos m 164
cuervo m 292
cueva f 284
cuidado de la piel m 108
cuidado del bebé m 74
cuidado dental m 108
cuidar 91
culata f 202
culpable 181
cultivador m 182
cultivar 91
cumpleaños m 27
cuna f 74
cuñada f 23
cuñado m 23
cúpula f 300
curado 118, 143, 159
cúrcuma f 132
curling m 247
curry m 158
curry en polvo m 132
curso m 163
curvo 165
cuscús m 130
cúter m 80, 82
cutícula f 15
cutis m 41

D

dado de alta 48
dados m 272
damas f 272
dar 273
dar de comer 183
dar el pecho 53
dar marcha atrás 195
dardos m 273
darse un baño 72
darse una ducha 72
dársena f 216

dátil m 129
de 320
de cristal 69
de cuatro puertas 200
de fácil cocción 130
de granja 118
de hoja caduca 86
de hoja perenne 86
de mucho viento 286
de nada 322
de preparación al parto 52
de sentido único 194
de temporada 129
de tres puertas 200
de vestir 34
debajo de 320
deberes m 163
débil 321
década f 307
décimo 309
décimo noveno 309
décimo octavo 309
decimocuarto 309
decimoquinto 309
decimoséptimo 309
decimosexto 309
decimotercero 309
declaración f 180
decoración f 82, 141
decorado m 254
dedal m 276
dedalera f 297
dedo corazón m 15
dedo del pie m 15
dedo gordo del pie m 15
dedo pequeño del pie m 15
defender 229
defensa f 223
defensa f 181, 220
defensa personal f 237
dejada f 230
delantal m 30, 50, 69
delante de 320
delantero m 222
deletrear 162
delfín m 290
delgado 321
deltoides m 16
denominador m 165
dentadura postiza f 50
dentista f 189
dentista m 50
dentro 320
dentro de 320
denuncia f 94
departamento m 169
departamento de atención al cliente m 175
departamento de

contabilidad m 175
departamento de márketing m 175
departamento de recursos humanos m 175
departamento de ventas m 175
departamento legal m 175
dependienta f 188
dependiente m 104
depilación a la cera f 41
deportes m 220, 236, 248
deportes acuáticos m 241
deportes de combate m 236
deportes de invierno m 247
deportista m 191
deportivo 200
depósito del aceite m 204
depósito del limpiaparabrisas m 202
depósito del líquido de frenos m 202
depósito del líquido refrigerante m 202
derecha f 260
derecho m 169, 180, 231
dermatología f 49
derrame cerebral m 44
derribo m 237
desagüe m 61, 72
desatascador m 81
desayuno m 64, 156
desayuno inglés m 157
descansillo m 59
descanso m 223
descarga eléctrica f 46
descenso m 247
descongelar 67
descorazonador m 68
descoser 277
descubierto 260
descubierto m 96
desde 320
desecado 129
desechable 109
desembarcar 217
desenfocado 271
desfiladero m 284
desfile m 27
desierto m 285
desinfectante m 47

desmayarse 25, 44
desodorante m 73
desodorantes m 108
despacho m 63
despegar 211
desperdicios orgánicos m 61
despertarse 71
desplantador m 89
después 320
destino m 213
destornillador m 80
destornillador de estrella m 81
desvío m 195
detective m 94
detector de humos m 95
detergente m 77
detrás de 320
día m 305, 306
día de Acción de Gracias m 27
día de Halloween m 27
día laborable 304
diabetes f 44
diadema f 38
diafragma m 19, 21
diagonal f 164
diamante m 288
diámetro m 164
diana f 249, 273
diarrea f 44, 109
dibujar 162
dibujo m 275
dibujos animados m 178
diccionario m 163
diciembre 306
diecinueve 308
dieciocho 308
dieciséis 308
diecisiete 308
diente m 50, 125
diente de la rueda m 206
diente de león m 123, 297
diesel m 199
diez 308
diez mil 309
difícil 321
digestivo m 19
digital 269
dilatación f 52
Dinamarca 316
dínamo f 207
dinero m 97
dintel m 186
dioptría f 51
diploma m 169
dique seco m 217
dirección f 98

dirección de correo electrónico f 177
director m 163, 174, 254
director de banco m 96
director de orquesta m 256
director general m 175
directorio m 104
discman m 269
disco m 224
disco de DVD m 269
disco duro m 176
discos protectores m 53
discutir 163
diseñador m 277
diseñadora f 191
diseñar 91
disolvente m 83
disparador m 270
dispensario m 108
dispositivo intrauterino DIU m 21
disquete m 176
distancia f 310
distribuidor m 203
distrito m 315
dividendos m 97
dividido por 165
dividir 165
divisas f 97
divisor m 173
divorcio m 26
Diwali m 27
Djibouti 317
dobladillo m 34
doble techo m 266
doce 308
doctorado m 169
documental m 178
documento adjunto m 177
dolor de cabeza m 44
dolor de estómago m 44
dolor de muelas m 50
doma y monta f 243
domiciliación bancaria f 96
domingo 306
Dominica 314
dominó m 273
dormirse 71
dormitorio m 70
dorsal m 16
dos 308
dos en punto 304
dos mil 307
dos mil uno 307
doscientos 308
dosis f 109
drenaje m 91

ducha f 72
duchas f 266
dulce 124, 127,155
duodécimo 309
duodeno m 18
duro 129, 321

E

eccema m 44
echar 67
eclipse m 280
ecografía f 48, 52
ecuación f 165
Ecuador 315
ecuador m 283
edificio m 59
edificio de oficinas m 298
edificio de pisos m 298
edificio histórico m 261
edificios m 299
edredón m 71
educación física f 162
efecto m 230
efectos secundarios m 109
Egipto 317
eje m 205, 206
eje de la transmisión m 202
ejecutivo m 174
ejercicio de biceps m 251
ejercicios f 251
ejercicios de piernas m 251
ejercicios de suelo m 235
ejercicios pectorales f 251
El Salvador 314
electricidad f 60
electricista m 188
electrodo negativo m 167
electrodo positivo m 167
electrodomésticos m 66, 107
elefante m 291
eliminación de desechos f 61
embalse m 300
embarazada 52
embarazo m 52
embarcaciones f 215
embarcadero m 217
embarcar 217
embrague m 200, 204
embrión m 52
embudo m 166

emigrar 26
Emiratos Árabes Unidos 318
emisión f 179
emitir 178
emociones f 25
empapelar 82
empaste m 50
empate m 223
empeine m 15
empezar el colegio 26
empleado m 24
empleado de correos m 98
empleado de la limpieza m 188
empresa f 175
empresaria f 24
en 320
en aceite 143
en almibar 159
en directo 178
en diferido 178
en filetes 121
en formato vertical 271
en frente de 320
en línea 177
en polvo 77
en salmuera 143
en salsa 159
en vinagre 159
enamorarse 26
encaje m 35, 80
encender la televisión 269
encender una hoguera 266
encendido m 200
enchufe hembra m 60
enchufe macho m 60
encía f 50
enciclopedia f 163
encima de 320
encimera f 66
encinta 52
endibia f 122
endocrino 19
endocrinología f 49
eneldo m 133
enero 306
enfadado 25
enfermedad f 44
enfermedad de transmisión sexual f 20
enfermera f 45, 48, 52, 189
enfocar 271
enhebrar 277
enjuagar 38
enjuague bucal m 72
enrollador de manguera m 89

ensalada f 149
ensalada mixta f 158
ensalada verde f 158
ensayo m 221
enseñanza superior f 168
entarimado m 85
entero 129, 132
entrada f 59
entrante m 153
entrar en el sistema 177
entrar en erupción 283
entre 320
entrega a domicilio f 154
entrenadora personal f 250
entrenamiento m 237
entrenar 251
entrevistador m 179
entusiasmado 25
envenenamiento m 46
enviar 177
envoltorio m 111
enyesar 82
epidural f 52
epiglotis f 19
epilepsia f 44
episiotomía f 52
equipaje m 100, 198, 213
equipaje de mano m 211, 213
equipo m 205, 220, 229, 233, 238
equipo de alta fidelidad m 268
equipo de limpieza m 77
equipo de oficina m 172
equitación f 242, 263
Eritrea 317
erizo m 290
escala f 256
escalada f 248
escalada en hielo f 247
escalera f 59, 95, 186
escalera de mano f 82
escalera mecánica f 104
escalfar 67
escalfado 159
escalpelo m 81
escama f 121, 294
escamas f 293
escáner m 106
escarabajo m 295
escarcha f 287
escardar 91
escariador m 80

escarola f 123
escenario m 254
escoba f 77
escobilla del wáter f 72
escorpión m 295
escota f 241
escote m 34
escotera f 240
escotilla f 281
escribir 162
escritorio m 172, 177
escroto m 21
escuadra f 165
escucha-bebés m 75
escuela de Bellas Artes f 169
escuelas f 169
escultor m 191
escultura f 275
escurridor m 67, 68
esfera f 164
esgrima f 249
eslabón m 36
Eslovaquia 316
Eslovenia 316
esmalte m 50
esmalte de uñas m 41
esmeralda f 288
esófago m 19
espacio m 280
espada f 236
espalda f 13, 239
espaldera f 84
espantapájaros m 184
España 316
esparadrapo m 47
espátula f 68, 167
especialista m 49
especias f 132
espectadores m 233
espejo m 40, 63, 71, 167
espejo retrovisor m 198
esperma m 20
espigón m 217
espina f 121
espina dorsal f 17
espinaca f 123
espinilla f 12
esponja f 73, 74, 83
esponja de luffa f 73
esposas f 94
esprinter m 234
espuma f 148
espuma de afeitar f 73
espumadera f 68
espueje m 91
esqueleto m 17
esquí m 241, 246
esquí acuático m 241
esquí alpino m 247
esquí de fondo m 247

esquiador acuático m 241
esquiadora f 246
esquina f 298
esquisto m 288
esta semana 307
estabilizador horizontal m 210
establo m 185
estaca f 90
estación de autobuses f 197
estación de policía f 94
estación de radio f 179
estación de tren f 208
estación espacial f 281
estaciones f 306
estadio 223
estado m 315
Estados Unidos de América 314
estambre m 297
estanque m 67, 85, 106, 232
estantería f 63, 168
estantes m 66
estaño m 289
estatuilla f 260
este m 312
estéreo 269
estéril 20, 47
estrella f 267
esternón m 17
estetoscopio m 45
estilo modernista m 301
estilos m 39, 239, 301
estilos de jardín m 84
estilos musicales m 259
estiramiento m 251
estirar 251
estómago m 18
Estonia 316
estor m 63
estor de láminas m 63
estornudo m 44
estragón m 133
estratosfera f 286
estrecho 321
estrella f 280
estrella de mar f 295
estreno m 254
estrés m 55
estribo m 71, 242
estructura f 267
estructura para escalar f 263
estuario m 285
estuche m 163

español

estuche para las lentillas *m* 51
estudiante *m* 169
estudio *m* 162
estudio de grabación *m* 179
estudio de televisión *m* 178
estufa *f* 60
etapas *f* 23
Etiopía 317
etiqueta *f* 172
etiquetas *f* 89
eucalipto *m* 296
Europa 316
examen *m* 163
examen de ojos *m* 51
examen médico *m* 45
excavadora mecánica *f* 187
exceso de equipaje *m* 212
exfoliar 41
exósfera *f* 286
experimento *m* 166
exploración espacial *f* 281
exposición *f* 261, 271
expulsión *f* 223
extender con el rodillo 67
exterior *m* 198, 229
exterior derecho *m* 229
exterior izquierdo *m* 228
extintor *m* 95
extracción *f* 50
extractor *m* 66

F
fábrica *f* 299
fácil 321
facturar 212
fagote *m* 257
faisán *m* 119, 293
falda *f* 30, 34
fallo *m* 228
falsa torre *f* 215
falta *f* 222, 226, 230
familia *f* 22
fans *m* 258
faringe *f* 19
farmacéutica *f* 189
farmacéutico *m* 108
farmacia *f* 108
faro *m* 198, 205, 207, 217
faro trasero *m* 207
farola *f* 298
fax *m* 98, 172
febrero 306
fecha *f* 306

fecha de caducidad *f* 109
fecha de devolución *f* 168
fecha del juicio *f* 180
Federación Rusa 318
feijoa *f* 128
felpudo *m* 59
femenino 20
fémur *m* 17
.feng shui *m* 55
feria *f* 262
ferretería *f* 114
ferry *m* 215, 216
fertilización *f* 20
festivales *m* 27
feto *m* 52
fiambre *m* 118, 142, 143
fianza *f* 181
fibra *f* 127
fibra natural *f* 31
ficha *f* 272
fichero *m* 177
fideos *m* 158
fiebre *f* 44
fiebre del heno *f* 44
fiesta de cumpleaños *f* 27
Fiji 319
fila *f* 210, 254
filamento *m* 60
filatelia *f* 273
filete *m* 119, 121
filete de lomo *m* 119
filete de solomillo *m* 119
filetes de mero *m* 120
Filipinas 319
filosofía *f* 169
filtro *m* 270
filtro de papel *m* 167
filtro del aire *m* 202, 204
fin de semana *m* 306
final *m* 321
finanzas *f* 97
Finlandia 316
firma *f* 96, 98
firme 124
física *f* 162, 169
fisioterapia *f* 49
flamenco *m* 292
flanera *f* 69
flash *m* 270
flash electrónico *m* 270
flauta *f* 257
flautín *m* 257
flecha *f* 249
flexión *f* 251
flexión con estiramiento *f* 251
flexionar 251

flor *f* 297
florentina *f* 141
flores *f* 110
flores secas *f* 111
florete *m* 249
florista *f* 188
floristería *f* 110
florón 300
flotador *m* 61, 238, 244, 265
foca *f* 290
foco *m* 50, 178, 259
folículo *m* 20
follaje *m* 110
folleto *m* 175
folleto de viajes *m* 212
folletos *m* 96
fondear 217
fondo *m* 177
fontanería *f* 61
fontanero *m* 188
footing *m* 251, 263
foque *m* 240
fórceps *m* 53, 167
forma física *f* 250
formas *f* 164
forro *m* 32
foso *m* 300
foso de la orquesta *m* 254
foto *f* 271
foto (revelada) *f* 271
fotocopiar 172
fotofinish *f* 234
fotografía *f* 270
fotografiar 271
fotógrafo *m* 191
fotómetro *m* 270
fractura *f* 46
frágil 98
frambuesa *f* 127
frambuesa Logan *f* 127
Francia 316
franqueo *m* 98
frasco de cristal *m* 166
frecuencia *f* 179
fregadero *m* 66
fregador *m* 61
fregar 77
fregona *f* 77
freír 67
frenar 207
freno *m* 200, 204, 206
freno de mano *m* 203
frente *m* 14
frente de la cocina *m* 66
fresa *f* 127
fresco 121, 127, 130
fresia *f* 110
friegaplatos *m* 66

frigorífico *m* 67
frigorífico congelador *m* 67
frío 286, 321
friso *m* 301
frito 159
frito con mucho aceite 159
frito con poco aceite 159
frontal *m* 16
frontalera *f* 242
frontón *m* 300, 301
fruta *f* 107, 126, 128
fruta con hueso *f* 126
fruta desecada *f* 156
fruta en conserva *f* 134
fruta escarchada *f* 129
fruta fresca *f* 157
frutas tropicales *f* 128
frutero *m* 188
fruto del pan *m* 124
frutos secos *m* 129, 151
fuente *f* 85, 177
reloj de sol *m* 262
fuente para gratinar *f* 69
fuera 225, 228, 320
fuera de banda 226
fuera de juego *m* 223
fuera de pista 247
fuerte 321
full contact *m* 236
fumar 112
funcionario de prisiones *m* 181
funda *f* 51
funda de la almohada *f* 71
funda de la cámara *f* 271
funeral *m* 26
fuselaje *m* 210
fusible *m* 60
fusta *f* 242
fútbol *m* 222
fútbol americano *m* 220
futbolista *m* 222

G
gabardina *f* 32
Gabón 317
gachas de avena *f* 157
gafas *f* 51, 239, 247
gafas de natación *f* 238
gafas de seguridad *f* 81
gafas de sol *f* 51, 265

gafas protectoras *f* 167
gajo *m* 126
galápago *m* 293
galaxia *f* 280
galería *f* 254
galleta *f* 113
galleta de centeno *f* 156
galletas *f* 141
gallina *f* 185
gallinero *m* 185
gallo *m* 185
galón *m* 311
galope *m* 243
galvanizado 79
gambas peladas *f* 120
Gambia 317
ganado *m* 183, 185
ganador *m* 273
ganar 273
ganchillo *m* 277
gancho *m* 118, 187
garaje *m* 58
garbanzos *m* 131
garganta *f* 19
garra *f* 293
gasa *f* 47
gasolina *f* 199
gasolinera *f* 199
gatito *m* 290
gato *m* 290
gaviota *f* 292
géiser *m* 285
gel *m* 38, 109
gel de baño *m* 73
gel de ducha *m* 73
gemas *f* 288
gemelo *m* 36
gemelos *m* 23
generación *f* 23
generador *m* 60
genitales *m* 12
gente *f* 12, 16
geografía *f* 162
geometría *f* 165
Georgia 318
gerbera *f* 110
Ghana 317
giba *f* 291
gimnasia *f* 235
gimnasia prepugilística *f* 251
gimnasia rítmica *f* 235
gimnasio *m* 101, 250
gimnasta *f* 235
gin tonic *m* 151
ginebra *f* 145
ginecología *f* 49
ginecólogo *m* 52
girasol *m* 184, 297
giro *m* 238
giro postal *m* 98
glaciar *m* 284

gladiolo *m* 110
glándula *f* 19
glándula del tiroides *f* 18
glasear 139
globo *m* 230
globo aerostático *m* 211
glorieta *f* 195
gneis *m* 288
gofres *m* 157
golf *m* 232
golondrina *f* 292
golosinas *f* 113
golosinas a granel *f* 113
golpe *m* 233, 237
golpear 224
golpes *m* 231
goma *f* 163
goma del pelo *f* 39
goma elástica *f* 173
gominola *f* 113
gong *m* 257
gordo 321
gorila *m* 291
gorra *f* 36
gorra de montar *f* 242
gorrión *m* 292
gorro de baño *m* 238
gorro de cocinero *m* 190
gorro para el sol *m* 30
gotas *f* 109
gotero *m* 53
gótico 301
grabado *m* 275
grabado con antelación 178
grabadora de minidisks *f* 268
gracias 322
gráfica del paciente *f* 48
grafito *m* 289
gramo *m* 310
Granada 314
granada *f* 128
granate *m* 288
grande 321
grandes almacenes *m* 105
granero *m* 182
granito *m* 288
granizo *m* 286
granja *f* 182, 184
granja de ganado porcino *f* 183
granja avícola *f* 183
granja de frutales *f* 183
granja de ganado ovino *f* 183
granja de tierras

cultivables *f* 183
granjero *m* 182
grano *m* 130
granos *m* 130, 144
granos procesados *m* 130
grapadora *f* 173
grapas *f* 173
grasa *f* 119
graso 39, 41
grava *f* 88
gravedad *f* 280
Grecia 316
green *m* 232
grifo *m* 61, 66
grifo de agua caliente *m* 72
grifo de agua fría *m* 72
grifo de la cerveza *m* 150
grillo *m* 295
gripe *f* 44
gris 39, 274
gritar 25
Groenlandia 314
grosella blanca *f* 127
grosella espinosa *f* 127
grosella negra *f* 127
grúa *f* 187, 203, 216
grúa de la cámara *f* 178
grueso 321
grulla *f* 292
guante *m* 224, 228, 233, 236, 246
guantes *m* 36
guantes de boxeo *m* 237
guantes de jardín *m* 89
guardabarros *m* 205
guardacostas *m* 217
guardar 177
guardia de seguridad *m* 189
guardián del rastrillo *m* 225
guarnecedor *m* 88
Guatemala 314
guayaba *f* 128
Guayana Francesa 315
guía *f* 172
guía del hilo *f* 276
guía del viajero *f* 260
guía turístico *m* 260
guiar 91
guimbarda *f* 78
guindilla *f* 124, 132, 143
Guinea 317
Guinea Ecuatorial 317
Guinea-Bissau 317

guión *m* 254
guirnalda *f* 111
guisante *m* 122
guisantes *m* 131
guisantes secos *m* 131
guisantes tiernos *m* 131
guiso *m* 158
guitarra eléctrica *f* 258
guitarrista *m* 258
gusano *m* 295
Guyana 315
gypsofila 110

H

haba *f* 122
habas *f* 131
habitación *f* 58
habitación con desayuno incluido *f* 101
habitación con dos camas individuales *f* 100
habitación de los niños *f* 74
habitación doble *f* 100
habitación individual *f* 100
habitación privada *f* 48
habitaciones *f* 100
hacer agua 239
hacer agujeros con la horquilla 90
hacer amigos 26
hacer ejercicios de calentamiento 251
hacer la cama 71
hacer testamento 26
hacer un chip 233
hacer un drive 233
hacer un pase 223
hacer un swing 232
hacer una entrada 223
hacer una parada 223
hacha *f* 95
hacha de cocina *f* 68
hacia 320
hacia arriba 98
haciendo pan 138
Haití 314
halcón *m* 292
hamaca *f* 265, 266
hambriento 64
hamburguesa *f* 154
hamburguesa con patatas fritas *f* 154
hamburguesa de pollo *f* 155
hamburguesa vegetariana *f* 155

hamburguesería *f* 154
hámster *m* 290
handicap *m* 233
hardware *m* 176
harina blanca *f* 138, 139
harina con levadura *f* 139
harina de huesos *f* 88
harina integral *f* 138
harina morena *f* 138
harina para pan *f* 139
harinas *f* 138
harpa *f* 256
hasta 320
hasta la rodilla 34
Hawaii 314
haya *f* 296
heavy metal *m* 259
hebilla *f* 36
hecho puré 159
helada *f* 287
helado *m* 137, 149
helecho *m* 86
hélice *f* 211, 214
helicóptero *m* 211
hematites *m* 289
hematoma *m* 46
hemisferio norte *m* 283
hemisferio sur *m* 283
hemorragia *f* 46
hemorragia nasal *f* 44
heno *m* 184
heno griego *m* 132
herbicida *m* 91, 183
herbolario *m* 55
herboristería *f* 115
herida *f* 46
hermana *f* 22
hermano *m* 22
herradura *f* 242
herramienta para modelar *f* 275
herramientas *f* 187
herramientas de jardinería *f* 88
hervidor *m* 66
hervir a fuego lento 67
hexágono *m* 164
hidroavión *m* 211
hidrodeslizador *m* 215
hidroterapia *f* 55
hielo *m* 109, 289
hierba *f* 55, 86, 262
hierbas *f* 133, 134
hierbas y las especias *f* 132
hierro *m* 109, 289
hígado *m* 18, 118
higiene dental *f* 72
higiene femenina *f* 108
higo *m* 129

higo chumbo *m* 128
hija *f* 22
hijastra *f* 23
hijastro *m* 23
hijo *m* 22
hilo *m* 276
hilo de bramante *m* 89
hilo de estaño *m* 79, 80
hilo dental *m* 50, 72
hilvanar 277
Himalaya *m* 313
hinojo *m* 122, 133
hipermetropía *f* 51
hipnoterapia *f* 55
hipoalergénico 41
hipódromo *m* 243
hipopótamo *m* 291
hipoteca *f* 96
hipotenusa *f* 164
historia *f* 162
historia del arte *f* 169
hocico *m* 293
hockey *m* 224
hockey sobre hielo *m* 224
hockey sobre hierba *m* 224
hogaza *f* 139
hoguera *f* 266
hoja *f* 60, 89, 122, 296
hoja de afeitar *f* 73
hoja de ingreso *f* 96
hoja de reintegro *f* 96
hojaldre *m* 140
hola 322
hombre *m* 12, 23
hombre de negocios *m* 175
hombrera *f* 35, 225
hombro *m* 13
homeopatía *f* 55
homogeneizado 137
Honduras 314
hora *f* 304
hora de dormir *f* 74
hora punta *f* 209
horario *m* 197, 209, 261
horas *f* 261
horas de visita *f* 48
horca *f* 88
hormiga *f* 295
hormigonera *f* 186
hormona *f* 20
hornear 138
hornillo *m* 267
horno *m* 66
horno microondas *m* 66
horquilla *f* 38, 89, 207
horrorizado 25
hospital *m* 48

español

español

hotel *m* 100, 264
hoy 306
hoyo *m* 232
hoyo en uno *m* 233
hoyuelo *m* 15
huella dactilar *f* 94
huerto *m* 85, 182
hueso *m* 17, 119
huésped *m* 100
huevera *f* 65, 137
huevo de codorniz *m* 137
huevo de gallina *m* 137
huevo de oca *m* 137
huevo de pato *m* 137
huevo frito *m* 157
huevo pasado por agua *m* 137, 157
huevos *m* 137
huevos revueltos *m* 157
húmedo 286, 321
húmero *m* 17
humo *m* 95
Hungría 316
huracán *m* 287

I
icono *m* 177
idiomas *m* 162
iglesia *f* 298, 300
ígneo 288
igual a 165
iguana *f* 293
iluminación *f* 105
imán *m* 167
imperdible *m* 47
impermeable *m* 31
impotente 20
impresión *f* 275
impresora *f* 172, 176
imprimación *f* 83
imprimir 172
impuestos *m* 96
incendio *m* 95
incisivo *m* 50
inconsciente 47
incubadora *f* 53
India 318
indicaciones *f* 260
indicador de fotos *m* 270
indicador de la gasolina *m* 201
indicador de temperatura *m* 201
indicador de velocidad *m* 201
indicador para medir la tensión *m* 45
índice *m* 15
Indonesia 319

infarto de miocardio *m* 44
infección *f* 44
información *f* 168, 261
información telefónica *f* 99
informe *m* 174
infusión *f* 149
ingeniería *f* 169
ingle *f* 12
ingredientes *m* 155
ingresado 48
ingresar 96
inhalador *m* 44, 109
injertar 91
inmigración 212
inmovilización *f* 237
inocente 181
inoculación *f* 45
inquilino *m* 58
insomnio *m* 71
instalaciones internas *f* 60
instalar 177
instrumentos *m* 256, 258
insulina *f* 109
integral 131
interceptar y devolver 225
intercostal *m* 16
interfono *m* 59
interior *m* 200, 228
intermitente *m* 198, 204
internet *m* 177
interruptor *m* 60
intestino delgado *m* 18
intestino grueso *m* 18
inundación *f* 287
invernadero *m* 85
inversión *f* 97
invertebrados *m* 295
investigación *f* 94, 169
invierno *m* 31, 307
invitado *m* 64
inyección *f* 48
ionosfera *f* 286
ir en bicicleta 207
Irán 318
Iraq 318
iris *m* 51, 110
Irlanda 316
isla *f* 282
Islas Baleares 316
Islas Galápagos 315
Islas Salomón 319
Israel 318
Italia 316
itinerario *m* 260
izquierda 260

J
jabón *m* 73
jaboncillo *m* 276
jabonera *f* 73
jade *m* 288
Jamaica 314
jamón *m* 119, 143, 156
jamón serrano *m* 143
Japón 318
jaqueca *f* 44
jarabe *m* 109
jarabe de arce *m* 134
jarabe para la tos *m* 108
jarcias *f* 240
jarcias *f* 215
jardín *m* 84
jardín acuático *m* 84
jardín campestre *m* 84
jardín clásico *m* 84
jardín de plantas herbáceas *m* 84
jardín en la azotea *m* 84
jardinería *f* 90
jardinero *m* 188
jardines *m* 261
jardines clásicos *m* 262
jarra *f* 65, 151
jarra graduada *f* 69, 311
jarrón *m* 63, 111
jazz *m* 259
jefe *m* 24
jengibre *m* 125, 133
jeringuilla *f* 109, 167
jersey *m* 33
jet privado *m* 211
jinete *m* 242
jirafa *f* 179, 291
Jordania 318
jota *f* 273
joyas *f* 36
joyería *f* 114
joyero *m* 36, 188
jubilarse 26
judía verde *f* 122
judo *m* 236
juego *m* 230
juego de dobles *m* 230
juego individual *m* 230
juegos *m* 75, 272
juegos de mesa *m* 272
juegos de raqueta *m* 231
jueves 306
juez *m* 180
juez de línea *m* 220, 223, 230
juez de silla *m* 230

jugador *m* 220, 221, 231, 273
jugador de baloncesto *m* 226
jugador de críquet *m* 225
jugador de hockey sobre hielo *m* 224
jugadora de golf *f* 232
jugar 229, 273
jugoso 127
juguete *m* 75
juguetería *f* 105
juicio *m* 180
julio 306
junco *m* 86
junio 306
junta *f* 61
Júpiter *m* 280
jurado *m* 180

K
K. O. *m* 237
Kaliningrado 316
karate *m* 236
kayak *m* 241
Kazajstán 318
kendo *m* 236
Kenya 317
ketchup *m* 135, 154
kilogramo *m* 310
kilómetro *m* 310
Kirguistán 318
kit de reparaciones *m* 207
kiwi *m* 128
koala *m* 291
kumquat *m* 126
kung fu *m* 236
Kuwait 318

L
labio *m* 14
labios *m* 20
labor de encaje *f* 277
labor de punto *f* 277
labor de retales *f* 277
laboratorio *m* 166
laca *f* 38
lacio 39
lacrosse *f* 249
lactancia *m* 53
lácteos *m* 107
lactosa *f* 137
ladera *f* 284
lado *m* 164
ladrillo *m* 187
lagarto *m* 293
lago *m* 285
lágrima *f* 51
laminado 132
lámpara *f* 62, 217

lámpara de la mesilla *f* 70
lana *f* 277
lana de acero *f* 81
lancha motora *f* 214
langosta *f* 121, 295
langostino *m* 121
lanzacohetes *m* 281
lanzador *m* 225
lanzamiento *m* 281
lanzamiento de disco *m* 234
lanzamiento de jabalina *m* 234
lanzamiento de peso *m* 234
lanzar 221, 225, 227, 229, 245
lanzarse 229
Laos 318
lápiz *m* 163, 275
lápiz corrector *m* 40
lápiz de cejas *m* 40
lápiz de colores *m* 163
lápiz de labios *m* 40
lápiz de ojos *m* 40
largo 32, 34, 130, 151
largometraje *m* 269
larguero *m* 222
laringe *f* 19
lata *f* 145, 311
lata de bebida *f* 154
lata de pintura *f* 83
latitud *f* 283
laurel *m* 133
lava *f* 283
lavabo *m* 38, 50, 72
lavadero *m* 76
lavadero de coches *m* 198
lavadora *f* 76
lavadora secadora *f* 76
lavandería *f* 115
lavar 38
laxante *m* 109
lazo *m* 39
lección *f* 163
leche *f* 136, 156
leche condensada *f* 136
leche de cabra *f* 136
leche de oveja *f* 137
leche de vaca *f* 136
leche del cuerpo *f* 73
leche desnatada *f* 136
leche en polvo *f* 137
leche entera *f* 136
leche limpiadora *f* 41
leche semidesnatada *f* 136
lechuga *f* 123

español

lector de compact
  discs *m* 268
lector de MP3 *m* 268
lector de rayos x *m* 45
leer 162
legumbres *f* 130
lejía *f* 77
lejos 320
lencería *f* 35, 105
lengua *f* 19
lengua *f* 118
lenguado *m* 120
lengüeta *f* 37, 244
lente del objetivo *f* 167
lenteja castellana *f*
  131
lenteja roja *f* 131
lentes de contacto *f*
  51
lentilla *f* 51
lento 321
león *m* 291
león marino *m* 290
leotardos *m* 251
lesión *f* 46
lesión en la cabeza *f*
  46
Lesotho 317
Letonia 316
letra *f* 259
letrero *m* 104
levadura *f* 138
levantamiento de
  pesas *m* 251
levantar 251
levantarse 71
levar 139
Líbano 318
libélula *f* 295
Liberia 317
libertad condicional *f*
  181
Libia 317
libra *f* 310
libre 321
librería *f* 115
libro *m* 168
libro de texto *m* 163
licencia de pesca *f*
  245
licenciada *f* 169
licenciarse 26
lichi *m* 128
licor *m* 145
licuadora *f* 66
Liechtenstein 316
lienzo *m* 274
liga *f* 35, 223
ligamento *m* 17
ligas *f* 35
ligero 321
lijadora *f* 78
lijar 82
lima *f* 81, 126

lima de uñas *f* 41
límite de velocidad *m*
  195
limón *m* 126
limonada *f* 144
limousine *f* 199
limpiaparabrisas *m*
  198
limpiar 77
limpiar el polvo 77
limpieza de cutis *f* 41
limpio 121
línea central *f* 226
línea de banda *f* 220,
  221, 226, 230
línea de falta *f* 229
línea de flotación *f* 214
línea de fondo *f* 221,
  225, 226, 230
línea de gol *f* 220
línea de juego *f* 233
línea de meta *f* 223,
  224, 234
línea de salida *f* 234
línea de servicio *f* 230
línea de tiro libre *f* 226
línea de tres *f* 226
línea del bateador *f*
  225
línea divisoria *f* 194
líneas *f* 165
linfático 19
lino *m* 184, 277
linterna *f* 267
líquido 77
líquido amniótico *m* 52
líquido limpiador *m* 51
líquido
  limpiaparabrisas *m*
  199
lista de lecturas *f* 168
lista de precios *f* 154
lista de vinos *f* 152
listón *m* 235
literatura *f* 162, 169
litro *m* 311
Lituania 316
llamada a cobro
  revertido *f* 99
llanta *f* 206
llanura *f* 285
llave *f* 59, 80, 203,
  207
llave de boca *f* 80
llave de la habitación *f*
  100
llave de paso *f* 61
llave de tubo *f* 80
llave del desagüe *f* 61
llave inglesa *f* 80
llegadas *f* 213
lleno 64, 321
llorar 25
lluvia *f* 287

lo siento 322
lobo *m* 290
loción *f* 109
loción contra los
  insectos *f* 267
loción para después
  del sol *f* 108
locomotora *f* 208
logotipo *m* 31
lomo *m* 121
loncha *f* 119
longitud *f* 165, 283,
  310
longitud de onda *f*
  179
loro *m* 293
lubina *f* 120
luces *f* 94
luces de emergencia *f*
  201
lucha libre *f* 236
lugares de interés *m*
  261
luge *m* 247
luna *f* 280
una de miel *f* 26
luna llena *f* 280
luna nueva *f* 280
lunar *m* 14
lunes 306
lupino *m* 297
Luxemburgo 316
luz de lectura *f* 210
luz del porche *f* 58
luz trasera *f* 204

M

macadamia *f* 129
Macedonia 316
maceta *f* 89, 110
machacado 132
macis *f* 132
macramé *m* 277
Madagascar 317
madeja *f* 277
madera *f* 79, 187,
  275
madera de pino *f* 79
madera noble *f* 79
madrastra *f* 23
madre *f* 22
madreselva *f* 297
maduro 129
magdalena *f* 140
magma *m* 283
magnesio *m* 109
magnetofón *m* 269
maíz *m* 130, 184
maíz dulce *m* 122
mal pase de balón *m*
  220
malaquita *f* 288
malas hierbas *f* 86

Malasia 318
Malawi 317
Maldivas 318
maletero *m* 198
maletín *m* 37
Malí 317
mallas *f* 31
malo 321
Malta 316
Malvinas 315
mamíferos *m* 290
manada *f* 183
manchego *m* 142
mandarina *f* 126
mandarina clementina
  f 126
mandarina satsuma *f*
  126
mandíbula *f* 14, 17
mandioca *f* 124
mando a distancia *m*
  269
mandos de la
  calefacción *m* 201
manga *f* 34
manga pastelera *f* 69
mango *m* 128, 187,
  230
mangostán *m* 128
manguera *f* 89, 95
manguito *m* 238
manicura *f* 41
manillar *m* 207
maniquí *m* 276
mano *f* 13, 15
mano de mortero *f* 68,
  167
manopla de cocina *f*
  69
manoplas *f* 30
manta *f* 71, 74
manta eléctrica *f* 71
mantel *m* 64
mantel individual *m* 64
mantequilla *f* 137, 156
mantequilla de
  cacahuetes *f* 135
mantis religiosa *f* 295
manto *m* 282
manual 200
manualidades *f* 274,
  275, 276
manzana *f* 126
manzanilla *f* 149
mañana *f* 305
mañana 306
mapa *m* 195
mapache *m* 290
mapamundi *m* 312
maqueta *f* 190
maquillaje *m* 40
maquillaje de fondo *m*
  40
máquina de coser *f*

276
máquina de cross *f*
  250
máquina de ejercicios
  f 250
máquina de los
  cubitos *f* 67
máquina de rayos x *f*
  212
máquina de remos *f*
  250
máquina de step *f*
  250
máquina del café *f*
  148, 150
máquina del fax *f* 172
máquina fotográfica *f*
  260
maquinaria *f* 187
maquinilla de afeitar
  eléctrica *f* 73
mar *m* 264, 282
Mar Báltico *m* 313
Mar Caribe *m* 312
Mar Caspio *m* 313
Mar de Omán *m* 313
Mar del Norte *m* 312
Mar Mediterráneo *m*
  313
Mar Negro *m* 313
Mar Rojo *m* 313
maracas *f* 257
maracuyá *m* 128
maratón *f* 234
marca personal *f* 234
marcador *m* 225
marcar 38, 99, 227
marcar un gol 223
marchas *f* 206
marco *m* 62
margarina *f* 137
margarita *f* 110, 297
marido *m* 22
marino *m* 189
mariposa *f* 239, 295
mariquita *f* 295
marisco *m* 121
mármol *m* 288
marquesina *f* 197
marrón 274
Marruecos 317
Marte 280
martes 306
martillo *m* 80
martillo neumático *m*
  187
martini *m* 151
marzo 306
más 165
más allá de 320
más tarde
masa *f* 138, 140
masa brisa *f* 140
masa de profiteroles *f*

español

140
masaje m 54
máscara f 228, 249
mascarilla f 41, 189
masculino 21
masilla f 83
máster m 169
mástil m 240, 258
matasellos m 98
mate 83, 271
mate m 231
matemáticas f 162, 164
materiales m 79, 165, 187
materiales de oficina m 173
maternidad f 49
matraz m 166
matrícula f 198
matriz f 52, 96
Mauricio 317
Mauritania 317
mayo 306
mayonesa f 135
mazapán m 141
mazo m 187, 275
mazo de cocina m 68
mazo para puré de patatas m 68
mecánica f 202
mecánico m 188, 203
mechero m 112
mechero Bunsen m 166
medallas f 235
media luna f 280
media pensión f 101
mediana f 194
medianoche f
medias f 35
medias de liguero f 35
medicación f 109
medicamento m 109
medicina f 169
médico m 45, 189
medida f 151
medida de capacidad f 311
medidas f 165
medidor m 150
medidor de altura m 45
medidor óptico m 150
medio ambiente m 280
medio galope m 243
medio litro m 311
mediodía m 305
medios de comunicación m 178
medir 310
meditación f 54

médula f 126
medusa f 295
mejilla f 14
mejillón m 121, 295
mejorana f 133
meleé f 221
melena f 39, 291
melocotón m 126, 128
melodía f 259
melón m 127
membrete m 173
membrillo m 128
memoria f 176
menaje de hogar m 105
menos 165
mensaje de texto m 99
mensaje de voz m 99
mensajero m 99
mensajes m 100
menstruación f 20
mensualmente 307
menta f 133
menta poleo f 149
menú m 154
menú de la cena m 152
menú de la comida m 152
menú para niños m 153
menudillos m 118
meñique m 15
mercado m 115
mercería f 105
mercurio m 289
Mercurio m 280
merengue m 140
mermelada f 134, 156
mermelada de frambuesa f 134
mermelada de naranja f 134, 156
mes m 306
mesa f 64, 148
mesa de café f 62
mesa de encolar f 82
mesa de mezclas f 179
mesa de picnic f 266
mesa del desayuno f 156
meseta f 284
mesilla de noche m 70
mesoesfera f 286
metacarpo m 17
metal m 79
metales m 289
metamórfico 288
metatarso m 17
meteorito m 280

metralleta f 189
metro m 209, 310
metro cuadrado m 310
México 314
mezclar 67, 138
mezquita f 300
mica f 289
microbús m 197
micrófono m 179, 258
microscopio m 167
miel compacta f 134
miel líquida f 134
miércoles 306
mijo m 130
mil 309
mil millones 309
mil novecientos 307
mil novecientos diez 307
mil novecientos uno 307
milenio m 307
miligramo m 310
mililitro m 311
milímetro m 310
milla f 310
millón m 309
minerales m 289
mini bar m 101
minutero m 304
minuto m 304
miopía f 51
mirilla f 59
misil m 211
mobiliario para el hogar m 105
mocasín m 37
mochila f 31, 37, 267
mochila del bebé f 75
moda f 277
modalidades f 243
modelismo m 275
modelo f 169
modelos m 199
módem m 176
modista f 191
modo de empleo m 109
módulo lunar m 281
moisés m 74
Moldavia 316
molde individual m 69
molde para bizcocho m 69
molde para magdalenas m 69
molde para suflé m 69
molde redondo m 69
moldura f 63
molido 132
Mónaco 316
mondador m 68
moneda f 97

monedas devueltas f 99
monedero m 37
Mongolia 318
monitor f 176
monitor m 53
mono m 82, 291
monopatín m 249
monopoly m 272
monorraíl m 208
monovolumen m 199
montaña f 284
montaña rusa f 262
Montañas Rocosas f 312
montar en monopatín 249
montar en patinete 263
montar una tienda 266
montón de abono compuesto m 85
montura f 51
monumento m 261
monzón m 287
moño m 39
moño francés m 39
moqueta f 71
mora f 127
morado 274
morcilla f 157
mordisco m 46
moreno 41
morir 26
morro m 210
morsa f 290
mortero m 68, 167
mosca f 244, 295
mosquitera f 267
mosquito m 295
mostaza f 155
mostaza en grano f 131, 135
mostaza francesa f 135
mostaza inglesa f 135
mostrador m 96, 98, 100, 142
mostrador de bocadillos m 143
mostrador de facturación m 213
mostrador de préstamos m 168
moto acuática f 241
moto de carreras f 205
moto de carretera f 205
moto de cross f 205
moto de nieve f 247
motocicleta f 204
motociclismo m 249
motocross m 249

motor m 88, 202, 204, 210
motor fueraborda m 215
mousse f 141
móvil m 74
movimientos m 237
Mozambique 317
mozo de cuadra m 243
mozzarella f 142
mueble m 268
muela f 50
muelle m 71, 214, 216
muelle comercial m 216
muelle de pasajeros m 216
muerte súbita f 230
muestra f 261
muffin m 140
mujer f 12, 22, 23
mujer de negocios f 175
muletilla f 31
multiplicado por 165
multiplicar 165
muñeca f 13, 15, 75
muñeco de peluche m 75
muñequera f 230
murciélago m 290
músculos m 16
museo m 261
muserola f 242
música f 162
música clásica f 255, 259
música country f 259
música de baile f 259
música folk f 259
musical m 255
músico m 191
muslo m 12, 119
Myanmar 318

N
naan m 139
nabo m 124
nabo sueco m 125
nacer 26
nacimiento m 52
nación f 315
nada f 230
nadador m 238
nadar 238
nailon m 277
nalga f 13
Namibia 317
naranja 274
naranja f 126
naranjada f 144

narciso m 111
narcisos silvestres m 297
nariz f 14
nasa f 245
nata f 137, 140, 157
nata agria f 137
nata líquida f 137
nata montada f 137
nata para montar f 137
natación f 238
natación sincronizada f 239
natillas f 140
natural 256
naturopatía f 55
náusea f 44
navaja f 121
navegación por satélite f 201
navegador m 177
navegar 177, 240
Navidad f 27
neblina f 287
nebulosa f 280
nectarina f 126
negativo m 271
negocio m 175
negocios m 175
negro 39, 272, 274
neoclásico 301
Nepal 318
Neptuno m 280
nervio m 19, 50
nervio óptico m 51
nervioso 19, 25
neumático m 198, 205
neurología f 49
neutro 60
Nicaragua 314
niebla f 287
nieta f 22
nieto m 22
nietos m 23
nieve f 287
Níger 317
Nigeria 317
niño m 23, 31
niño pequeño m 30
niños m 23
níquel m 289
nivel m 80, 187
no 322
no adosado 58
no doblar 98
no torcer a la derecha 195
noche f 305
nómina f 175
nonagésimo 309
noray m 214
normal 39

norte m 312
Noruega 316
nota f 163, 256
nota con saludos f 173
notación f 256
notas f 191
noticias f 178
novecientos 308
noveno 309
noventa 308
novia f 24
noviembre 306
novio m 24
nube f 113, 287
nublado 286
nuca f 13
núcleo externo m 282
núcleo interno m 282
nudillo m 15
nuera f 22
Nueva Zelanda 319
nueve 308
nuevo 321
nuez f 19, 129
nuez del Brasil f 129
nuez moscada f 132
numerador m 165
número m 226
número de andén m 208
número de cuenta m 96
número de la habitación m 100
número de puerta de embarque m 213
número de ruta m 196
número de vuelo m 213
números m 308
nutria f 290
ñame m 125

O

obertura f 256
objetivo m 270
oboe m 257
obra f 186, 254
obras f 187, 195
obsidiana f 288
oca f 119, 293
océano m 282
Océano Antártico m 313
Océano Ártico m 312
Océano Atlántico m 312
Océano Índico m 312
Océano Pacífico m 312
ochenta 308
ocho 308

ochocientos 308
ocio m 254, 258, 264
ocio en el hogar m 268
octágono m 164
octavo 309
octogésimo 309
octubre 306
ocular m 167
ocupado 321
oeste m 312
ofertas f 106
oficina f 24, 172, 174
oficina central f 175
oficina de cambio f 97
oficina de correos f 98
oficina de información f 261
oficina del director del camping f 266
oftalmología f 49
ojal m 32, 37
ojo m 14, 51, 244, 276
ojo de buey m, 214
ojos rojos m 271
ola f 241, 264
olmo m 296
Omán 318
ombligo m 12
omoplato m 17
once 308
oncología f 49
onda corta f 179
onda larga f 179
onda media f 179
ónice m 289
onza f 310
ópera f 255
operación f 48
operador m 99
óptico m 51, 189
orador m 174
órbita f 280
orden del día m 174
orden judicial f 180, 180
ordenador m 172, 176
ordenador portátil m 175, 176
ordeñar 183
orégano m 133
oreja f 14
orfebrería f 275
organizador de las herramientas m 78
órganos reproductores m 20
orgulloso 25
orificio nasal m 290
orilla f 284
orinal m 74
ornamental 87

ornitología f 263
oro m 235, 289
orquesta f 254, 256
orquídea f 111
ortiga f 297
ortopedia f 49
oruga f 295
orza v 241
oscuro 321
oso m 291
oso de peluche m 75
oso panda m 291
oso polar m 291
osteopatía f 54
ostra f 121
otoño m 31, 307
otorrinolaringología f 49
otras embarcaciones f 215
otras manualidades 275
otras tiendas f 114
otros deportes m 248
óvalo m 164
ovario m 20
oveja f 185
ovulación f 20, 52
óvulo m 20

P

pacana f 129
paciente f 45
paciente externo m 48
paddle m 231
padrastro m 23
padre m 22
padres m 23
pagar 153
pago m 96
país m 315
paisaje m 284
Países Bajos 316
pajarería f 115
pajarita f 36
pájaro carpintero m 292
pajita f 144, 154
Pakistán 318
pala f 88, 187, 231, 265
pala para pescado f 68
paladar m 19
palanca f 61, 150
palanca de cambio f 201, 207
palanca de emergencia f 209
palanca de frenos m 207
palanca de la llanta f 207

palco m 254
paleta f 186, 187, 274
palma de la mano f 15
palmera f 86, 296
palmitos m 122
palo m 224, 225, 249, 273
palo de hierro m 233
palo de hockey m 224
palo de la tienda m 266
palo de madera m 233
paloma f 292
palomitas f 255
palos de golf m 233
pan m 138, 157
pan al bicarbonato sódico m 139
pan blanco m 139
pan con grano m 139
pan con semillas m 139
pan de centeno m 138
pan de maíz m 139
pan de molde m 138
pan de pita m 139
pan dulce francés m 157
pan fermentado m 139
pan integral m 139, 149
pan moreno m 139
pan rallado m 139
pan sin levadura m 139
panadería f 107, 114, 138
panadero m 139
panal m 135
Panamá 314
páncreas m 18
pandereta f 257
panecillo m 139, 143
pantalla f 97, 172, 176, 255, 269
pantalla informativa f 213
pantalón de montar m 242
pantalones m 32, 34
pantalones con peto m 30
pantalones cortos m 30, 33
pantalones de chándal m 33
pantalones vaqueros m 31
pantano m 285
pantorrilla f 13, 16
pañal m 75

español

pañal de felpa m 30
pañal desechable m 30
pañuelo m 36
pañuelo de papel m 108
papaya f 128
papel celo m 173
papel de apresto m 83
papel de lija m 81, 83
papel estampado en relieve m 83
papel maché m 275
papel pintado m 82
papelera f 172, 177
papelería f 105
paperas f 44
papiroflexia f 275
Papua Nueva Guinea 319
paquete m 99, 311, 311
paquete de tabaco m 112
par m 233
para 320
para comer en el local 154
para llevar 154
parabrisas m 198, 205
paracaídas m 248
paracaidismo 248
paracaidismo en caída libre m 248
parachoques m 198
parada f 237
parada de autobús f 197, 299
parada de taxis f 213
paraguas m 36, 233
Paraguay 315
paragüero m 59
paralelas f 235
paralelas asimétricas f 235
paralelo 165
paralelogramo m 164
parapente m 248
parche m 207
pared f 58, 186
pareja f 24
pareja prometida f 24
parientes m 23
parmesano m 142
párpado m 51
parque m 75, 262
parque de atracciones m 262
parque de bomberos m 95
parque nacional m 261

parquímetro m 195
parrilla f 69, 69
parterre m 85, 90
partida f 273
partida de nacimiento f 26
partido m 230
partitura f 255, 256
parto m 52, 53
parto asistido m 53
parto de nalgas m 52
pasa f 129
pasa de Corinto f 129
pasa sultana f 129
pasado mañana 307
pasajero m 216
pasamanos m 59
pasaporte m 213
pasar 220
pasar la bayeta 77
pasarela f 212, 214
Pascua judía f 27
pase m 226
paseo m 75, 243
paseo marítimo m 265
pasillo m 106, 168, 210, 254
paso m 243
paso de peatones m 195
paso elevado m 194
paso subterráneo m 194
pasta f 158
pasta de dientes f 72
pastel m 149, 158
pastel de nata m 141
pasteles m 140, 274
pasteles de carne m 143
pasteurizado 137
pastilla f 258, 311
pastilla de menta f 113
pastilla para hogueras f 266
pastilla para la garganta f 109
pasto m 182
pata f 64
patada f 124, 237, 239
patata nueva f 124
patatas fritas f 113, 151, 154
paté m 142, 156
patilla de apoyo f 207
patín m 247
patín de cuchilla m 224
patín de ruedas m 249
patinaje m 263
patinaje 249

patinaje artístico m 247
patinaje de velocidad m 247
patinaje sobre hielo m 247
patinar 224
patio m 58, 84
patio de butacas m 254
patito m 185
pato m 119, 185
patología f 49
patrimonio neto m 97
patrón m 276
patucos m 30
pausa f 256, 269
pavo m 119, 185, 293
pavo real m 293
PDA m 175
peca f 15
peces m 294
pecho m 12
pechuga f 119
pectoral m 16
pedal m 61, 206
pedal de los frenos m 205
pedalear 207
pedernal m 288
pediatría f 49
pedicura f 41
pedir 153
peinar 38
peine m 38
pelacables m 81
pelado 129
pelar 67
pelele m 30
pelele sin pies m 30
pelícano m 292
película f 260, 271
película de aventuras f 255
película de ciencia ficción f 255
película de dibujos animados f 255
película de miedo f 255
película de suspense f 255
película del oeste f 255
película romántica f 255
peligro m 195
pelirrojo 39
pelo m 14, 38
pelo corto m 39
pelota f 75, 224, 228, 230
pelota de críquet f

225
pelota de golf f 233
pelota de playa f 265
peloteo m 230
peluca f 39
peluquera f 38
peluquería f 115
peluquero m 188
pelvis f 17
penalti m 222
pendiente m 36
pene m 21
península f 282
pensión completa f 101
pentágono m 164
pentagrama f 256
peón m 272
peonía f 111
pepino m 125
pepita f 127, 128
pequeño 321
pera f 127
percha f 70
percusión f 257
perdedor m 273
perder 273
perdone 322
perejil m 133
perenne 86
perforadora f 173
perfumado 130
perfume m 41
perfumería f 105
pérgola f 84
periferia f 299
periódico m 112, 168
periodista m 190
permanente f 39
peroné m 17
perpendicular 165
perrito caliente m 155
perro m 290
perseguir 229
personal m 175
pértiga f 245
Perú 315
pesa f 166, 251
pesado 321
pesar 310
pesas f 250
pesca f 244
pesca con arpón f 245
pesca con mosca f 245
pesca de altura f 245
pesca deportiva f 245
pesca en agua dulce f 245
pesca en alta mar f 245
pesca en la orilla f 245
pescadera f 188

pescadería f 114, 120
pescadilla f 120
pescado m 107, 120
pescado ahumado m 143
pescado y las patatas fritas m 155
pescador m 189
pescador de caña m 244
peso m 118
peso al nacer m 53
pestaña f 14, 51
pesticida m 89, 183
pestillo m 200
pétalo m 297
petrolero m 215
pez de colores m 294
pez espada m 120, 294
pezón m 12
pezuña f 291
phisicallis m 128
piano m 256
pica f 273
picadura f 46
picante 124
picar 245
picnic m 263
pico m 187, 293
pie m 12, 15, 310
pie cuadrado m 310
pie de la aguja m 276
pie del altavoz m 268
piedra f 36, 275
piedra afiladora f 81
piedra arenisca f 288
piedra caliza f 288
piedra lunar f 288
piedra pómez f 73, 288
piel f 14, 119, 128
pierna f 12, 119
pijama m 33
pijama enterizo m 30
pila f 167
pilas f 260
pilates m 251
píldora f 21, 109
píldoras para el mareo f 109
piloto m 190, 211
piloto de carreras m 249
pimentón m 132
pimienta f 64, 152
pimienta de Jamaica f 132
pimienta en grano f 132
pimiento m 124
pin m 96
pincel m 274
pincel de labios m 40

pinchadiscos m 179
pinchazo m 203, 207
pincho m 68, 158
pincho moruno m 155
ping-pong m 231
pingüino m 292
pino m 296
pinta f 311
pintar 83
pintor m 82
pintora f 191, 274
pintura f 83, 274
pintura acrílica f 274
pintura al agua f 83
pinturas f 274
pinturas al óleo f 274
pinza f 167
pinza para la nariz f 238
pinza para la ropa f 76
pinzas f 40, 47, 150, 167
piña f 128
piñón m 129, 207
pipa f 112
pipa de calabaza f 131
pipa de girasol f 131
pipeta f 167
piragüismo m 241
pirámide f 164
piruleta f 113
piscifactoría f 183
piscina f 101, 238, 250
piscina de plástico f 263
piso m 58, 59
pista f 212, 234, 246
pista de esquí f 246
pista de estacionamiento f 212
pista de hockey sobre hielo f 224
pista de tenis f 230
pistacho m 129
pistola f 94
pistola para encolar f 78
pitcher m 229
pizarra f 162, 174, 288
pizza f 154
placa f 67, 94, 283
placa bacteriana f 50
placa de identificación f 189
placa de la aguja f 276
placa vitrocerámica f 66
placar 220
placenta f 52

plancha f 76
planchar 76
planeador m 211, 248
planeta m 280, 282
plano m 261
plano de la planta m 261
plano del metro m 209
planta f 48
planta acuática f 86
planta alpestre f 87
planta baja f 104
planta de flor f 297
planta de maceta f 87
planta de sombra f 87
planta del pie f 15
planta para cubrir suelo f 87
planta suculenta f 87
planta trepadora f 87
plantar 183
plantar en tiesto 91
plantas f 296
plantas de jardín f 86
plantas podadas con formas f 87
plantilla f 83
plantón m 91
plata f 235, 289
plataforma de lanzamiento f 228
plátano m 128
platea f 254
platea alta f 254
platija f 120
platillos m 257
platina portaobjeto f 167
platino m 289
platito m 65
plató m 178
plato m 65
plató de rodaje m 179
plato llano m 65
plato principal m 153
plato sopero m 65
platos m 153
platos del día m 152
platos preparados m 107
play m 269
playa f 264
plaza f 266, 299
pletina f 268
plomo m 244
pluma f 293
plumcake m 139
plum-cake m 140
pocilga f 185
podadera de mango largo f 88
podar 90, 91
podio m 235, 256

podrido 127
póker m 273
policía m 189
policía f 94
policía de tráfico m 195
poliéster m 277
polilla f 295
política f 169
pollo m 119
pollo frito m 155
pollo preparado m 119
polluelo m 185
polo m 243, 282
Polo Norte m 283
Polonia 316
polvera f 40
polvos m 109
polvos compactos m 40
polvos de talco m 73
pomada f 47, 109
pomelo m 126
pomo de la puerta m 59
poner césped 90
poner el despertador 71
poner en remojo 130
poner la mesa 64
pop m 259
popa f 240
popurrí m 111
por 320
por avión 98
por favor 322
porcentaje m 165
porche m 58
porciones de pollo f 155
poro m 15
porra f 94
portaaviones m 215
portabolígrafo m 172
portaequipaje m 204
portaequipajes m 196, 209
portalámparas de bayoneta m 60
portaobjetos m 167
portarretratos m 271
portería f 221, 223, 224
portero m 222, 224
Portugal 316
posavasos m 150
posgrado 169
poste m 222, 247
poste de la portería m 220
póster m 255
postre m 153
postre de soletillas,

gelatina de frutas y nata m 141
postura f 232
potro m 185
pradera f 285
prado m 285
precio m 152, 199, 209
precio de entrada m 260
pregunta 163
preguntar 163
prematuro 52
premolar m 50
prensa f 178
prensaajos m 68
preocupado 25
prepucio m 21
presentación f 174
presentador m 178, 191
presentadora de las noticias f 179
presidir 174
presión del neumático f 203
préstamo m 96, 168
primavera f 307
primer piso m 141
primera mano f 83
primera planta f 104
primero 309
primeros auxilios m 47
primo m 22
prímula f 297
principado m 315
principio m 321
prismáticos m 281
proa f 215, 240
probadores m 104
problemas m 271
procesador m 176
productor m 254
productos de belleza m 105
productos de limpieza m 107
productos lácteos m 136
profesiones f 188, 190
profesor m 54, 169, 191
profesora f 162
profiterol m 140
profundidad f 165
programa m 176, 254, 269
programación f 178
prohibido el paso m 195
prohibido parar 195
prometida f 24
prometido m 24

propagar 91
propietario m 58
propuesta f 174
propulsor m 281
prórroga f 223
próstata f 21
protector m 83, 88, 236
protector de la cara m 225
protector de la pierna m 225
protegedientes m 237
proveedor de servicios m 177
provincia f 315
provocar el parto 53
proyector m 163, 174
prueba f 181
prueba del embarazo f 52
pruebas f 247
psicoterapia f 55
psiquiatría f 49
público m 254
pueblo m 299
puente m 15, 214, 258, 300
puenting m 248
puerro m 125
puerta f 85, 182, 196, 198, 209
puerta automática f 196
puerta de la ducha f 72
puerta del maletero f 198
puerta exterior f 59
puerta principal f 58
puerto m 176, 214, 216, 217
puerto de pesca m 217
puerto deportivo m 217
Puerto Rico 314
puesta de sol f 305
puesto callejero m 154
pulgada f 310
pulgar m 15
pulmón m 18
pulpa f 124, 127, 129
pulpejo m 15
pulpo m 121, 295
pulsera f 36
pulsera de identificación f 53
pulso m 47
pulverizador m 89, 311
punta f 36, 122, 163, 246

español

puntada f 277
puntas abiertas f 39
punto m 273
punto de amarre m 217
puntos m 52
puntuación f 220, 273
puntual 305
puñetazo m 237
puño m 15, 32, 237
pupila f 51
pupitre m 162
puro m 112
putter m 233
puzle m 273

Q

Qatar 318
quebrado m 165
quemador m 61, 67
quemadura f 46
quemadura de sol f 46
queso m 136, 156
queso azul m 136
queso cremoso m 136
queso cremoso semicurado m 136
queso curado m 136
queso de bola m 142
queso de cabra m 142
queso fresco m 136
queso rallado m 136
queso semicurado m 136
quiche f 142
quilla f 214
química f 162
quince 308
quince días 307
quincuagésimo 309
quingombó m 122
quinientos 308
quinoa f 130
quinto 309
quirófano m 48
quiropráctica f 54
quitaesmalte m 41
quitar las flores muertas 91
quizá 322

R

rábano m 124
rábano picante m 125
ración f 64
radar 281
radar m 214
radiador m 60, 202
radicchio m 123

radio m 17, 164, 207
radio f 179, 268
radio del coche f 201
radio despertador f 70
radiografía f 48, 50
radiología f 49
rafting m 241
raíces f 39
raíl m 208
raíl electrificado m 209
raíz f 50, 124, 296
raíz del taro f 124
ralentí m 203
rallador m 68
rallar 67
rally m 249
RAM m 176
rama f 296
ramadán m 26
ramas f 133
ramillete aromático m 132
ramita f 296
ramo m 111
ramo de flores m 35
rampa de lanzamiento f 281
rampa para sillas de ruedas f 197
rana f 294
ranúnculo m 297
ranura de la tarjeta f 97
rap m 259
rape m 120
rápido 321
rápidos m 240, 284
rappel m 248
raqueta f 230
rascacielos m 299, 300
raspador m 82
raspar 77
rastrillar 90
rastrillo m 88, 225
rastrillo para el césped m 88
rata f 290
ratón m 176, 290
raya f 120, 294
rayos ultravioleta m 286
rayos x dentales m 50
reanimación f 47
rebanada f 139
rebanador m 139
rebaño m 183
rebeca f 32
recalentar 154
recepción f 100
recepcionista f 100, 190
receta f 45
recibir 177, 227

recibo m 152
recién nacido m 53
recipiente m 311
recogedor m 77
recogepelotas m 231
recoger 245
recogida f 98
recogida de equipajes f 213
recolectar 183
récord m 234
rectángulo m 164
recto m 21
recto 165, 260
recuerdos m 260
red f 176, 217, 222, 226, 227, 231
red! 231
red ferroviaria f 209
red para las capturas f 244
red para recoger f 244
redacción f 163
redactora f 191
redil m 185
reducir 172
refectorio m 168
reflejos m 39
reflexología f 54
refresco m 154
refrescos m 144
regadera f 89
regaliz m 113
regalo m 27
regar 90, 183
regatear 223
reggae m 259
región f 315
registro m 100
regla f 163, 165
regulador m 239
reiki m 55
reina f 272, 273
Reino Unido 316
reir 25
rejilla f 69
relaciones f 24
relajación f 55
relámpago m 287
rellenar 82
relleno 159
relleno m 140, 155
reloj m 36, 62, 304
reloj despertador m 70
remar 241
remedios de herbolario m 108
remero m 241
remite m 98
remo m 241
remolacha f 125
remolcador m 215
remolcar 195
remolque m 266

remolque del equipaje m 212
remover 67
Renacimiento 301
renacuajo m 294
renovar 168
reparto m 98, 254
repelente de insectos m 108
repisa de la chimenea f 63
reportera f 179
reposabrazos m 200
reposacabezas m 200
repostería f 69, 140
reproducción f 20
reproductor 19
reproductor de DVD m 268
reptiles m 293
República Centroafricana 317
República Checa 316
República Democrática del Congo 317
República Dominicana 314
requesón m 136
reserva f 223
reservar 168
reservar un vuelo 212
resfriado m 44
resistencia f 61
resistente al horno 69
respaldo m 64, 210
respiración f 47
respiratorio 19
respuesta f 163
restar 165
restaurante m 101, 152
resto m 231
restregar 77
resultado m 49
retina f 51
retraso m 209
retrato robot m 181
retrete m 61
retrovisor exterior m 198
reunión f 174
revelar 271
revés m 231
revestimiento m 187
revisión f 50
revisor m 209
revista f 112, 168
revistas f 107
revuelto m 158
rey m 272, 273
riego f 89
riendas f 242
rímel m 40

ring m 237
rinoceronte m 291
riñón m 18, 119
río m 284
ritmo m 259
rizado 39
roble m 296
robo m 94
robot de cocina m 66
rocalla f 84
rocas f 284, 288
rociar 91
rococó 301
rodaja f 121
rodeo m 243
rodilla f 12
rodillera f 205, 227
rodilleras f 220
rodillo m 83
rodillo de cocina m 69
rojizo 39
rojo 274
rollo m 311
rollo de papel higiénico m 72
rombo m 164, 273
romero m 133
romper aguas 52
rompiente f 241
ron m 145
ron con Coca-Cola m 151
roncar 71
ropa de caballero f 32, 105
ropa de cama f 71, 74
ropa de hogar f 105
ropa de niño m 30
ropa de señora f 34, 105
ropa impermeable f 245, 267
ropa interior f 32
ropa interior térmica f 35
ropa limpia f 76
ropa para dormir f 31
ropa sport f 33
ropa sucia f 76
ropa termoaislante f 267
roqueta f 123
rosa 274
rosa f 110
rosado 145
rosquilla f 139
rótula f 17
rótulo m 173
rough m 232
roulotte f 266
rubí m 288
rubio 39
rueda f 198, 207
rueda de ajuste f 276

rueda de la velocidad *f* 270
rueda de repuesto *f* 203
rueda delantera *f* 196
rueda del diafragma *f* 270
rueda trasera *f* 197
ruedas de apoyo *f* 207
ruedo *m* 243
rugby *m* 221
ruibarbo *m* 127
ruina famosa *f* 261
rulo *m* 38
Rumanía 316
Rwanda 317

S

sábado 306
sábana *f* 71, 74
saca postal *f* 98
sacacorchos *m* 150
sacaleches *m* 53
sacapuntas *m* 163
sacar 231
sacar brillo 77
saco de arena *m* 237
saco de dormir *m* 267
safari park *m* 262
Sáhara *m* 313
Sáhara Occidental 317
Saint Kitts y Nevis 314
sal *f* 64, 152
sala de embarque *f* 213
sala de espera *f* 45
sala de lecturas *f* 168
sala de máquinas *f* 214
sala de maternidad *f* 48
sala de pediatría *f* 48
sala de reuniones *f* 174
sala de urgencias *f* 48
sala del tribunal *f* 180
salado 121, 129, 137, 143, 155
salamandra *f* 294
salami *m* 142
salchicha *f* 155, 157
salchichas *f* 118
salchichón *m* 142
salida *f* 61, 210, 232
salida de emergencia *f* 210
salida de incendios *f* 95
salidas *f* 213
salir 233
salmón *m* 120

salmonete *m* 120
salpicadero *m* 201
salsa *f* 134, 143, 155
saltador *m* 238
saltamontes *m* 295
saltar 227
saltar a la comba 251
saltear 67
salto *m* 235, 237, 239, 243, 247
salto alto *m* 239
salto con pértiga *m* 234
salto de altura *m* 235
salto de cama *m* 35
salto de longitud *m* 235
salto de salida *m* 239
salto entre dos *m* 226
salto mortal *m* 235
salud *f* 44
salvado *m* 130
salvaslip *m* 108
salvavidas *m* 240
salvia *f* 133
San Marino 316
San Vicente y las Granadinas 314
sandalia *f* 37
sandalias *f* 31
sandía *f* 127
sandwich abierto *m* 155
sandwich tostado *m* 149
Santa Lucía 314
Santo Tomé y Príncipe 317
sapo *m* 294
saque de banda *m* 223, 226
sarampión *m* 44
sardina *f* 120
sarpullido *m* 44
sartén *f* 69
sastre *m* 191
sastre 35
sastrería *f* 115
satélite *m* 281
Saturno *m* 280
sauce *m* 296
sauna *f* 250
saxofón *m* 257
scanner *m* 176
scrabble *m* 272
secador *m* 38
secadora *f* 76
secar 76
secar con el secador 38
sección *f* 282
sección de equipajes *f* 104
sección de zapatería *f*

104
sección infantil *f* 104
seco 39, 41, 130, 145, 286, 321
secretaria *f* 168
seda *f* 277
sedal *m* 244
sedimentario 288
segunda planta *f* 104
segundero *m* 304
segundo *m* 304
segundo 309
seguridad *f* 212, 240
seguridad *f* 75
seguro *m* 203
seguro de sí mismo 25
seis 308
seiscientos 308
selector de puntada *m* 276
sellante *m* 83
sello *m* 98, 173
sellos *m* 112
selva tropical *f* 285
semáforo *m* 194
semana *f* 306
semana pasada *f* 307
semana que viene *f* 306
Semana Santa *f* 27
semanalmente 307
sembrar 90, 183
semilla *f* 122, 130
semilla de sésamo *f* 131
semilla de soja *f* 131
semillas *f* 88, 131
semillas de amapola *f* 138
semillas de hinojo *f* 133
semillero *m* 89
sémola *f* 130
senderismo *m* 263
sendero *m* 262
sendero para caballos *m* 263
Senegal 317
seno *m* 19
sensible 41
sentarse en cuclillas 251
sentencia *f* 181
señal *m* 209
señal de tráfico *f* 298
señales de tráfico *f* 195
señales horizontales *f* 194
Señor *m* 23
Señora *f* 23
Señorita *f* 23
señuelo *m* 244

sepia *f* 121
septiembre 306
séptimo 309
septuagésimo 309
serie *f* 179
serie televisiva *f* 178
serpiente *f* 293
serrar 79
serrucho *m* 80
serrucho de costilla *m* 81
servicio m 231
servicio al cliente *m* 104
servicio de habitaciones *m* 101
servicio de lavandería *m* 101
servicio de limpieza *m* 101
servicio incluido 152
servicio no incluido 152
servicios *m* 49
servicios de emergencia *m* 94
servidor *m* 176
servilleta *f* 65, 152
servilleta de papel *f* 154
servilletero *m* 65
servir 64
sesenta 308
set *m* 230
setecientos 308
setenta 308
seto *m* 85, 90, 182
sexagésimo 309
sexto 309
shiatsu *m* 54
shock *m* 47
sí 322
Siberia 313
Sicilia 316
sidra *f* 145
sien *f* 14
sierra circular *f* 78
sierra de calar *f* 81
sierra de mano *f* 89
sierra de vaivén *f* 78
Sierra Leona 317
sierra para metales *f* 81
siete 308
siglo *m* 307
silenciador *m* 203, 204
silla *f* 64
silla de montar *f* 242
silla de montar de señora *f* 242
silla de ruedas *f* 48
silla giratoria *f* 172

silla para el niño *f* 207
silla para niños *f* 198
silleta de paseo *f* 75
sillín *m* 206, 242
sillón *m* 63
sillón del dentista *m* 50
silo *m* 183
sin 320
sin escamas 121
sin espinas 121
sin gas 144
sin grasa ˈ 37
sin mangas 34
sin pasteurizar 137
sin pepitas 127
sin piel 121
sin plomo 199
sin sal 137
sin tirantes 34
sinagoga *f* 300
sinfonía *f* 256
Singapur 319
sintético 31
sintonizar 179
sintonizar la radio 269
sirena *f* 94
Siria 318
sistema *m* 176
sistema de megafonía *f* 209
sistema solar *m* 280
sistemas *m* 19
sitio web *m* 177
slálom *m* 247
slálom gigante *m* 247
snowboard *m* 247
sobre 320
sobre *m* 98, 173
sobre par *m* 233
sobreexpuesto 271
sobrina *f* 23
sobrino *m* 23
socia *f* 24
socorrista *m* 239, 265
soda *f* 144
sofá *m* 62
sofá-cama *m* 63
software *m* 176
sol *m* 280
solapa *m* 32
soldado *m* 189
soldador *m* 81
soldar 79
soleado 286
soletillas *f* 141
soltar 245
soluble 109
solución desinfectante *f* 51
Somalia 317
sombra de ojos *f* 40
sombrero *m* 36
sombrero para el sol

m 265
sombrilla *f* 264
somnífero *m* 109
sonajero *m* 74
sonata *f* 256
sonda *f* 50
sonrisa *f* 25
sopa *f* 153, 158
soporte *m* 88, 166, 187, 205
soporte de la agarradera *m* 166
soporte del papel celo *m* 173
soporte del sillín *m* 206
sorbete *m* 141
sorprendido 25
sospechoso *m* 94, 181
sostenido 256
sótano *m* 58
soufflé *m* 158
sport 34
spray *m* 109, 311
squash *m* 231
Sri Lanka 318
stop *m* 269
strike *m* 228
suavizante *m* 38, 76
subexpuesto 271
subibaja *m* 263
subir 139
submarino *m* 215
subsuelo *m* 91
sucursal *f* 175
sudadera *f* 33
Sudáfrica 317
Sudán 317
Suecia 316
suegra *f* 23
suegro *m* 23
suela *f* 37
sueldo *m* 175
suelo *m* 62, 71
suelo aislante *m* 267
suero de la leche *m* 137
Suiza 316
sujetador *m* 35
sujetador para la lactancia *m* 53
sujetapapeles *m* 173
sumar 165
sumidero *m* 299
suministro de electricidad *m* 60
sumo *m* 237
supermercado *m* 105, 106
suplemento *m* 55
supositorio *m* 109
sur *m* 312
surco *m* 183

surfing *m* 241
surfista *m* 241
Suriname 315
surtidor *m* 199
suspensión *f* 203, 205
suspirar 25
sustitución *f* 223
Swazilandia 317
swing de práctica *m* 233

T

tabaco *m* 112, 184
tabla *f* 241
tabla de gimnasia *f* 251
tabla de la plancha *f* 76
tabla de surf *f* 241
tabla para cortar *f* 68
tablero 226
tablero de ajedrez *m* 272
tablero de densidad media *m* 79
tableta de chocolate *f* 113
tablilla *f* 47
tablilla con sujetapapeles *f* 173
tablón de anuncios *m* 173
taburete *m* 150
taco *m* 155
taco del freno *m* 207
tacón *m* 37
taekwondo *m* 236
tai-chi *m* 236
Tailandia 318
taladrar 79
taladro eléctrico *m* 78
taladro inalámbrico *m* 78
taladro manual *m* 78, 81
talla en madera *f* 275
tallar 79
taller *m* 78, 199, 203
tallo *m* 111, 122, 297
talón *m* 13,15
talonario de cheques *m* 96
tambor pequeño *m* 257
tampón *m* 108
tándem *m* 206
tanque *m* 61
tanque de la gasolina *m* 203, 204
tanque del agua *m* 61
Tanzania 317
tapa *f* 61, 66

tapa del objetivo *f* 270
tapa del váter *f* 72
tapacubo *m* 202
tapadera *f* 69
tapón *m* 72, 166
taquígrafa *f* 181
taquilla *f* 209, 255
taquillas *f* 239
tarde *f* 305
tarde 305
tarifa *f* 197
tarjeta *f* 27
tarjeta amarilla *f* 223
tarjeta de crédito *f* 96
tarjeta de débito *f* 96
tarjeta de embarque *f* 213
tarjeta de la biblioteca *f* 168
tarjeta postal *f* 112
tarjeta roja *f* 223
tarrina *f* 311
tarro *m* 134, 311
tarro hermético *m* 135
tarta nupcial *f* 141
tarta de chocolate *f* 140
tarta de cumpleaños *f* 141
tartaleta de fruta *f* 140
tartas para celebraciones *f* 141
Tasmania 319
tatuaje *m* 41
taxista *m* 190
Tayikistán 318
taza *f* 61, 65, 75
taza de café *f* 65
taza de té *f* 65
té *m* 144, 149, 184
té con hielo *m* 149
té con leche *m* 149
té con limón *m* 149
té en hoja *m* 144
té solo *m* 149
té verde *m* 149
teatro *m* 254, 299
tebeo *m* 112
techo *m* 62, 203
techo solar *m* 202
tecla *f* 176
teclado *m* 97, 99, 172, 176, 258
técnicas *f* 79, 159
técnico de sonido *m* 179
tee *m* 233
teja *f* 58, 187
tejado *m* 58
tejer 277
tela *f* 276, 277
tela metálica *f* 167
telar *m* 277

teleférico *m* 246
teléfono *m* 99, 172
teléfono de emergencia *m* 195
teléfono de monedas *m* 99
teléfono de tarjeta *m* 99
teléfono inalámbrico *m* 99
teléfono móvil *m* 99
telegrama *m* 98
telenovela *f* 178
teleobjetivo *m* 270
telepizzería *f* 154
telescopio *m* 281
telesilla *f* 246
televisión *f* 268
televisión de pantalla panorámica *f* 269
televisión por cable *f* 269
telón *m* 254
telón de fondo *m* 254
temblor *m* 283
témpera *f* 274
temperatura *f* 286
templo *m* 300
temprano 305
tenacillas *f* 38
tenazas *f* 81, 167
tenazas de alambre *f* 80
tendón *m* 17
tendón de Aquiles *m* 16
tendón de la corva *m* 16
tenedor *m* 65, 153
tenedor para trinchar *m* 68
tener un hijo 26
tenis *m* 230, 231
tensión arterial *f* 44
teñido 39
tequila *m* 145
terapeuta *m* 55
terapeuta *f* 55
terapia de grupo *f* 55
terapias alternativas *f* 54
tercero 309
terminal *f* 212
terminal del ferry *f* 216
termita *f* 295
termo *m* 267
termoesfera *f* 286
termómetro *m* 45, 167
termostato *m* 61
ternera *f* 118
ternero *m* 185
terraza *f* 85, 148
terraza ajardinada *f* 85
terremoto *m* 283

territorio *m* 315
tesina *f* 169
tesis *f* 169
testículo *m* 21
testigo *m* 180, 235
tetera *f* 65
tetina *f* 75
tetrabrik *m* 311
tía *f* 22
tibia *f* 17
tiburón *m* 294
tiempo *m* 234, 286, 304
tiempo muerto *m* 220
tienda *f* 298
tienda de antigüedades *f* 114
tienda de artículos de ragalo *f* 114
tienda de campaña *f* 267
tienda de discos *f* 115
tienda de fotografía *f* 115
tienda de golosinas *f* 113
tienda de licores *f* 115
tienda de materiales de arte *f* 115
tienda de muebles *f* 115
tienda de artículos usados *f* 115
tienda libre de impuestos *f* 213
tiendas *f* 114
Tierra *f* 280, 282
tierra *f* 85
tierra firme *f* 282
tierras de labranza *f* 182
tigre *m* 291
tijeras *f* 38, 47, 82, 188, 276
tijeras de podar *f* 89
tijeras de uñas *f* 41
tilo *m* 296
timbal *m* 257
timbre *m* 48, 59, 197
tímido 25
timón *m* 210, 241
Timor Oriental 319
tinta *f* 275
tinte para el pelo *m* 40
tinte para madera *m* 79
tinto 145
tintorería *f* 115
tío *m* 22
tipo de cambio *m* 97
tipo de interés *m* 96
tipos *m* 205
tipos de autobuses *m*

español

196
tipos de cámara m 270
tipos de granja m 183
tipos de pesca m 245
tipos de plantas m 86
tipos de tren m 208
tirador m 200
tirante m 35
tirar 223, 227
tirar al hoyo con un putter m 233
tirar de cabeza 222
tirarse de cabeza 238
tirarse en trineo 247
tirita f 47
tiro m 249
tiro con arco m 249
tiro con efecto m 230
tiro libre m 222
tirón f 239
tirón en el cuello m 46
título m 168
tiza f 162, 288
toalla de ducha f 73
toalla de lavabo f 73
toalla de playa f 265
toallas f 73
toallero m 72
toallita antiséptica f 47
toallita húmeda f 108
toallitas húmedas f 75
tobillo m 13, 15
tobogán m 263
tocadiscos m 268
tocador m 71
tocólogo m 52
todoterreno m 199
toffee m 113
toga f 169
Togo 317
toldo m 148
toma f 61
toma de tierra f 60
toma del agua f 61
tomar apuntes 163
tomar el sol 264
tomate m 125, 157
tomate cherry m 124
tomillo m 133
tonelada f 310
tónica f 144
tónico m 41
tono m 41, 256
topacio m 288
topinambur m 125
torcedura f 46
tormenta f 287
tornado m 287
tornear 79
torneo m 233
tornillo m 80
tornillos de la rueda m 203

torno de alfarero m 275
torno de banco m 78
torno de dentista m 50
toro m 185
torre f 272, 300
torre de control f 212
torre de vigilancia f 265
torreón m 300
torrija f 157
tortilla f 158
tortuga f 293
tos f 44
tostada f 157
tostado 129
tostador m 66
trabajo m 172
tractor m 182
tráfico m 194
trago m 151
traje m 255
traje de baño m 238
traje de buzo m 239
traje de chaqueta m 32
traje de cuero m 205
traje de esquí m 246
traje de noche m 34
traje espacial m 281
traje minifaldero m 34
trampolín m 235, 238
transatlántico m 215
transferencia bancaria f 96
transformador m 60
transmisión f 202
transplantar 91
transportador m 165
transporte m 194
tranvía m 196, 208
trapecio m 16, 164
trapo del polvo m 77
tráquea f 18
trasbordador espacial m 281
traspaso m 223
traste f 258
tratamientos m 23
tratamientos de belleza m 41
trébol m 273, 297
trece 308
treinta 308
trementina f 83
tren m 208
tren de alta velocidad m 208
tren de aterrizaje m 210
tren de mercancías m 208
tren de vapor m 208

tren delantero m 210
tren diesel m 208
tren eléctrico m 208
tren intercity m 209
trenca f 31
trenza f 39
tres 308
trescientos 308
triángulo m 164, 257
tribuna del jurado f 180
triceps m 16
trigésimo 309
trigo m 130, 184
trigo partido m 130
trimestre m 52
trineo con perros m 247
Trinidad y Tobago 314
trípode m 166, 270, 281
tripulación f 241
triste 25
triturador de basuras m 61
trocitos de chocolate m 141
trolebús m 196
trombón de varas m 257
trompa f 291
trompa de Falopio f 20
trompeta f 257
trona f 75
tronco m 296
trópico de Cáncer m 283
trópico de Capricornio m 283
trópicos m 283
troposfera f 286
trote m 243
trozo m 140
trucha f 120
trucha arco iris f 120
trueno m 286
trufa f 113, 125
tuba f 257
tubo m 112, 202, 239, 311
tubo de desagüe m 61
tubo de ensayo m 166
tubo de escape m 203, 204
tubo de la aspiradora m 77
tubo superior m 207
tuerca f 80
tulipán m 111
Túnez 317
turbo m 203

turismo m 199, 260
turista m 260
Turkmenistán 318
turmalina f 288
turno m 228, 273
turquesa f 289
Turquía 316
turrón m 113
tutú m 191

U

Ucrania 316
Uganda 317
ugli m 126
última mano f 83
último piso m 141
ultraligero m 211
ultramarinos m 114
ultrasonido m 52
un cuarto de hora 304
una media hora 304
undécimo 309
unidad de cuidados intensivos f 48
uniforme m 94, 162, 189, 222
uniforme de rugby m 221
uniforme del equipo m 31
universidad f 299
universo m 280
uno 308
uña f 15
uña del pie f 15
Urano m 280
uréter m 21
uretra f 20
urgencia f 46
urinario 19
urología f 49
Uruguay 315
usar el hilo dental 50
utensilios de cocina m 68
útero m 20, 52
Uzbekistán 318

V

vaca f 185
vacaciones f 212
vacío 321
vagina f 20
vagón m 208, 209
vagón restaurante m 209
vaina f 122
vainilla f 132
vajilla f 64
vajilla y los cubiertos f, m 65
vajillas f 105

vale 322
valla f 85, 243
valle m 284
valor de las acciones m 97
valor nominal f 97
válvula f 207
válvula de la presión f 61
Vanuatu 319
vaquería f 183
varicela f 44
varilla de cristal f 167
varilla del nivel del aceite f 202
vaso m 65
vaso de precipitados m 167
vecino m 24
vehículo de servicio m 212
veinte 308
veinte mil 309
veinte minutos 304
veintidós 308
veintiuno 308
vejiga f 20
vela f 63, 240, 241
vela mayor f 240
velas de cumpleanos f 141
vellón m 74
velo 35
vena f 19
venado m 118
venda f 47
vendaje m 47
vendedor de golosinas m 113
vendedor de periódicos m 112
Venezuela 315
ventaja f 230
ventana f 58, 177, 186
ventana de la buhardilla f 58
ventana de la nariz f 14
ventanilla f 96, 98, 197, 209, 210
ventanilla de pasajes f 216
ventarrón 286
ventilador m 60, 202, 210
ventosa f 53
Venus 280
ver la televisión 269
verano m 31, 307
verde 129, 274
verdulería f 114
verdura f 107
verduras f 122, 124

español

veredicto m 181
vértebras cervicales f 17
vértebras dorsales f 17
vértebras lumbares f 17
vesícula seminal f 21
vespa f 205
vestíbulo m 59, 100, 209, 255
vestido m 31, 34
vestido de novia m 35
veterinaria f 189
vía f 208
vía de acceso f 194
vía de salida f 194
viaje de negocios m 175
viajero de cercanías m 208
vibráfono m 257
videojuego m 269
videoteléfono m 99
vieira f 121
viejo 321
viento m 241, 286
viento-madera m 257
viento-metal m 256
viernes 306
Viet Nam 318
viga de acero f 186
viga de madera f 186
viga del tejado f 186
vigésimo 309
vigésimo primero 309
vigésimo segundo 309
vigésimo tercero 309
vinagre m 135, 142
vinagre balsámico m 135
vinagre de malta m 135
vinagre de sidra m 135
vinagre de vino m 135
vino m 145, 151
vino de jerez m 145
vino de oporto m 145
viña f 183
viñedo m 183
viola f 256
violín m 256
violoncelo m 256
virar 241
virus m 44
virutas de madera f 78
visado m 213
visera f 205
visillo m 63
visita f 45
visita con guía f 260
visor m 271

vista f 51
vitaminas f 108
vivero m 115
vivienda de una planta f 58
vivienda urbana f 58
vodka m 145
vodka con naranja m 151
volante m 49, 201, 231
volante a la derecha m 201
volante a la izquierda m 201
volar 211
volcán m 283
volcar 241
volea f 231
voltaje m 60
voltereta lateral f 235
volumen m 165, 179, 269, 311
vomitar 44
vuelo con ala delta m 248
vuelo internacional m 212
vuelo nacional m 212
vuelo sin motor m 248

W

wáter m 72
waterpolo m 239
wedge m 233
whisky m 145
whisky escocés con agua m 151
windsurfing m 241
windsurfista m 241
wok m 69

Y

yarda f 310
yate m 215, 240
yema f 137, 157
Yemen 318
yerno m 22
yeso m 83
yoga m 54
yogurt m 137
yogurt de frutas m 157
yogurt helado m 137

Z

zafiro m 288
Zambia 317
zanahoria f 124
zapatería f 114
zapatilla deportiva f 37

zapatillas f 31, 251
zapatillas de deporte f 31
zapato de caballero m 37
zapato de cordoneras m 37
zapato de golf m 233
zapato de piel m 37
zapato de plataforma m 37
zapato de tacón m 37
zapatos m 34, 37
zapatos de piel m 32
zarpa f 291
zarpar 217
Zimbabwe 317
zinc m 289
zodiac m 215
zona f 315
zona de abastecimiento f 199
zona de ataque f 224
zona de defensa f 224
zona de fumadores f 152
zona de marca f 221
zona de no fumadores f 152
zona final f 220
zona industrial f 299
zona lumbar f 13
zona neutral f 224
zona peatonal f 299
zona poco profunda f 239
zona profunda f 239
zonas f 283, 299
zoo m 262
zoología f 169
zorro m 290
zumo m 127
zumo de frutas m 156
zumo de manzana m 149
zumo de naranja m 148
zumo de piña m 149
zumo de tomate m 144, 149
zumo de uva m 144
zumos y los batidos m 149
zurcir 277

índice inglés • English index • 英语索引

A

à la carte 152
a shot 151
abdomen 12
abdominals 16
above 320
abseiling 248
acacia 110
accelerator 200
access road 216
accessories 36, 38
accident 46
account number 96
accountant 97, 190
accounts department 175
accused 180
ace 230, 273
Achilles tendon 16
acorn squash 125
acquaintance 24
acquitted 181
across 320
acrylic paints 274
actions 183, 227, 229, 233, 237
activities 77, 162, 245, 263
actor 191, 254
actors 179
actress 254
acupressure 55
acupunture 55
Adam's apple 19
add v 165
address 98
adhesive tape 47
adjustable spanner 80
admissions 168
admitted 48
aduki beans 131
adult 23
advantage 230
adventure 255
advertisement 269
aerate v 91
aerobics 251
Afganistan 318
Africa 317
after 320
afternoon 305
aftershave 73
aftersun 108
agate 289
agenda 174
aikido 236
aileron 210
air bag 201
air conditioning 200
air cylinder 239
air filter 202, 204

air letter 98
air mattress 267
air stewardess 190
air supply 199
air vent 210
aircraft 210
aircraft carrier 215
airliner 210, 212
airport 212
aisle 106, 168, 210, 254
alarm clock 70
Alaska 314
Albania 316
alcoholic drinks 145
alfalfa 184
Algeria 317
allergy 44
alley 298
alligator 293
allspice 132
almond 129
almond oil 134
almonds 151
along 320
alpine 87
alpine skiing 247
alternating current 60
alternative therapy 54
alternator 203
altitude 211
aluminium 289
Amazonia 312
ambulance 94
American football 220
amethyst 288
amniocentesis 52
amniotic fluid 52
amount 96
amp 60
amphibians 294
amplifier 268
anaesthetist 48
anchor 214, 240
Andes 312
Andorra 316
angle 164
angler 244
Angola 317
angry 25
animals 292, 294
animated film 255
ankle 13, 15
ankle-length 34
anniversary 26
annual 86, 307
anorak 31, 33
answer 163
answer v 99, 163
answering machine 99
ant 295

antenatal 52
antenna 295
antifreeze 199, 203
Antigua and Barbuda 314
anti-inflammatory 109
antique shop 114
antiseptic 47
antiseptic wipe 47
anti-wrinkle 41
antler 291
apartment block 298
apéritif 153
aperture dial 270
apex 165
appeal 181
appearance 30
appendix 18
applaud v 255
apple 126
apple corer 68
apple juice 149
appliances 66
application 176
appointment 45, 175
apricot 126
April 306
apron 30, 50, 69, 212
APS camera 270
aquamarine 288
Arabian Sea 313
arable farm 183
arc 164
arch 15, 85, 301
archery 249
architect 190
architecture 300
architrave 301
Arctic circle 283
Arctic Ocean 312
area 165, 310
areas 299
arena 243
Argentina 315
arithmetic 165
arm 13
armband 238
armchair 63
Armenia 318
armpit 13
armrest 200, 210
aromatherapy 55
around 320
arrangements 111
arrest 94
arrivals 213
arrow 249
art 162
art college 169
art deco 301
art gallery 261

art nouveau 301
art shop 115
artery 19
artichoke 124
artist 274
arts and crafts 274, 276
ash 283
ashtray 150
Asia 318
assault 94
assistant 24
assisted delivery 53
asteroid 280
asthma 44
astigmatism 51
astronaut 281
astronomy 281
asymmetric bars 235
at 320
athlete 234
athletics 234
Atlantic Ocean 312
atmosphere 282, 286
atrium 104
attachment 177
attack 220
attack zone 224
attend v 174
attic 58
attractions 261
aubergine 125
auburn 39
audience 254
August 306
aunt 22
aurora 286
Australasia 319
Australia 319
Austria 316
autocue 179
automatic 200
automatic door 196
autumn 31, 307
avalanche 247
avenue 299
avocado 128
awning 148
axe 95
axle 205
ayurveda 55
Azerbaijan 318

B

baby 23, 30
baby bath 74
baby care 74
baby changing facilities 104
baby monitor 75

baby products 107
baby sling 75
babygro 30
back 13
back brush 73
back seat 200
backboard 226
backdrop 254
backgammon 272
backhand 231
backpack 31, 37, 267
backstroke 239
backswing 233
bacon 118, 157
bad 321
badge 94
badminton 231
bag 311
bagel 139
baggage reclaim 213
baggage trailer 212
bags 37
baguette 138
Bahamas 314
bail 181
bait 244
bait v 245
bake v 67, 138
baked 159
baker 139
baker's 114
bakery 107, 138
baking 69
baking tray 69
balance wheel 276
balcony 59, 254
bald 39
bale 184
Balearic Islands 316
ball 15, 75, 221,224, 226, 228, 230
ballboy 231
ballet 255
balsamic vinegar 135
Baltic Sea 313
bamboo 86
banana 128
bandage 47
Bangladesh 318
banister 59
bank 96, 284
bank charge 96
bank manager 96
bank transfer 96
bap 139
bar 150, 152, 250, 256, 311
bar code 106
bar counter 150
bar mitzvah 26
bar snacks 151

english

bar stool 150
barb 244
Barbardos 314
barbecue 267
barber 39, 188
bark 296
barley 130, 184
barman 191
barn 182
baroque 301
bars 74
bartender 150
basalt 288
base 164, 229
base station 99
baseball 228
baseline 230
baseman 228
basement 58
basil 133
basin 50
basket 106, 207, 226
basket of fruit 126
basketball 226
basketball player 226
basque 35
bass clarinet 257
bass clef 256
bass guitar 258
bass guitarist 258
bassoon 257
bat 225, 228, 231, 290
bat v 225, 229
bath mat 72
bath towel 73
bathrobe 73
bathroom 72
bathtub 72
baton 235, 256
batsman 225
batter 228
batteries 260
battery 167, 202
battery pack 78
battleship 215
bay leaf 133
bayonet fitting 60
be born v 26
beach 264
beach bag 264
beach ball 265
beach hut 264
beach towel 265
beach umbrella 264
beaker 167
beam 186, 235
bean sprout 122
beans 131, 144
bear 291
beat 259
beauty 40, 105
beauty treatments 41
bed 70
bed and breakfast101

bed linen 71
bedding 74
bedroom 70
bedside lamp 70
bedside table 70
bedspread 70
bee 295
beech 296
beef 118
beer 145,151
beer tap 150
beetle 295
beetroot 125
before 320
beginning 321
behind 320
Belarus 316
Belgium 316
Belize 314
bell 197
below 320
belt 32, 36, 236
bench 250, 262
Benin 317
berry 296
beside 320
bet 273
between 320
beyond 320
Bhutan 318
biathlon 247
bib 30
bicep curl 251
biceps 16
bicycle 206
bidet 72
biennial 86
bifocal 51
big toe 15
bike rack 207
bikini 264
bill 152, 293
binoculars 281
biology 162
biplane 211
birch 296
bird watching 263
birds 292
birth 52
birth weight 53
birth certificate 26
birthday 27
birthday cake 141
birthday candles 141
birthday party 27
biscuit 113
biscuits 141
bishop 272
bit 242
bit brace 78
bite 46
bite v 245
bitter 124, 145
black 39, 272, 274
black belt 237

black coffee 148
black hole 280
black olive 143
black pudding 157
Black Sea 313
black tea 149
blackberry 127
blackboard 162
blackcurrant 127
black-eyed beans 131
bladder 20
blade 60, 66, 78, 89
blanket 71, 74
blazer 33
bleach 77
blender 66
blister 46
block 237
block v 227
block of flats 59
blonde 39
blood pressure 44
blood pressure gauge 45
blood test 48
blouse 34
blow dry v 38
blow out v 141
blowhole 290
blue 274
blue cheese 136
bluebells 297
blueberry 127
blues 259
blusher 40
board 241
board v 217
board games 272
boarding pass 213
bob 39
bobbin 276
bobsleigh 247
body 12
body lotion 73
body systems 19
bodywork 202
boil v 67
boiled egg 137, 157
boiled sweets 113
boiler 61
Bolivia 315
bollard 214, 298
bolt 59
bomber 211
bone 17, 119, 121
bone meal 88
boned 121
bongos 257
bonnet 198
book 168
book a flight v 212
book shop 115
bookshelf 63, 168
boom 95, 240
booster 281

boot 198, 220, 223
booties 30
bored 25
borrow v 168
Bosnia and
    Herzegovina 316
Botswana 317
bottle 61, 75, 135, 311
bottle opener 68, 150
bottled foods 134
bottled water 144
bottom tier 141
bounce v 227
boundary line 225
bouquet 35, 111
bouquet garni 132
bout 237
boutique 115
bow 240, 249
bow tie 36
bowl 61, 65, 112
bowl v 225
bowler 225
bowling 249
bowling ball 249
box 254
box file 173
box of chocolates 113
box of tissues 70
box office 255
boxer shorts 33
boxercise 251
boxing 236
boxing gloves 237
boxing ring 237
boy 23
boyfriend 24
bra 35
brace 50
bracelet 36
brain 19
brake 200, 204, 206
brake v 207
brake block 207
brake fluid reservoir 202
brake lever 207
brake pedal 205
bran 130
branch 175, 296
brandy 145
brass 256
Brazil 315
brazil nut 129
bread 157
bread knife 68
bread roll 143
breadcrumbs 139
breadfruit 124
breads 138
break a record v 234
break waters v 52
breakdown 203
breakfast 64, 156

breakfast buffet 156
breakfast cereals 107
breakfast table 156
breakfast tray 101
breast 12, 119
breast bone 17
breast pump 53
breastfeed v 53
breaststroke 239
breathing 47
breech 52
brick 187
bridge 15, 214, 258, 273, 300
bridle 242
bridle path 263
brie 142
briefcase 37
briefs 33, 35
brioche 157
broad bean 122
broad beans 131
broadcast 179
broadcast v 178
broccoli 123
brochure 175
brogue 37
bronze 235
brooch 36
broom 77
broth 158
brother 22
brother-in-law 23
browband 242
brown 274
brown bread 139, 149
brown flour 138
brown lentils 131
brown rice 130
browse v 177
browser 177
bruise 46
Brunei 319
brunette 39
brush 38, 40, 77, 83, 274
brush v 38, 50
brussel sprout 122
bubble bath 73
bucket 77, 82, 265
buckle 36
bud 111, 297
buffet 152
buggy 232
build v 186
builder 186, 188
building site 186
buildings 299
built-in wardrobe 71
bulb 86
Bulgaria 316
bull 185
bulldog clip 173
bull-nose pliers 80
bullseye 273

bumper 74, 198
bun 39, 140, 155
bunch 111
bungalow 58
bungee jumping 248
bunker 232
bunsen burner 166
buoy 217
bureau de change 97
burger 154
burger bar 154
burger meal 154
burglar alarm 58
burglary 94
Burkina Faso 317
Burma (Myanmar) 318
burn 46
burner 67
Burundi 317
bus 196
bus driver 190
bus shelter 197
bus station 197
bus stop 197, 299
bus ticket 197
buses 196
business 175
business class 211
business deal 175
business lunch 175
business partner 24
business suit 32
business trip 175
businessman 175
businesswoman 175
butcher 118, 188
butcher's 114
butter 137, 156
butter beans 131
buttercup 297
butterfly 239, 295
buttermilk 137
butternut squash 125
buttock 13, 16
button 32
buttonhole 32
buttress 301
by 320
by airmail 98
bytes 176

C

cab 95
cabbage 123
cabin 210, 214
Cabinda 317
cabinet 66
cable 79, 207
cable car 246
cable television 269
cactus 87
caddy 233
caesarean section 52
café 148, 262

cafetière 65
cake shop 114
cake tin 69
cakes 140
calcite 289
calcium 109
calculator 165
calendar 306
calf 13, 16, 185
call button 48
calyx 297
cam belt 203
Cambodia 318
camcorder 260, 269
camel 291
camembert 142
camera 178, 260, 270
camera case 271
camera crane 178
camera shop 115
cameraman 178
Cameroon 317
camisole 35
camomile tea 149
camp v 266
camp bed 266
campari 145
camper van 266
campfire 266
camping 266
camping stove 267
campsite 266
campus 168
can 145, 311
can opener 68
Canada 314
canary 292
candied fruit 129
candle 63
cane 91
canes 89
canine 50
canned drink 154
canoe 214
canoeing 241
canter 243
canvas 274
cap 21, 36, 238
capacity 311
cape gooseberry 128
capers 143
capital 315
capoeira 237
capsize v 241
capsule 109
captain 214
capuccino 148
car 198, 200
car accident 203
car hire 213
car park 298
car stereo 201
car wash 198
caramel 113

caravan 266
caraway 131
card 27
card phone 99
card slot 97
cardamom 132
cardboard 275
cardigan 32
cardiology 49
cardiovascular 19
cards 273
cargo 216
Caribbean Sea 312
carnation 110
carnival 27
carousel 212
carpenter 188
carpentry bits 80
carpet 71
carriage 208
carriage race 243
carrier 204
carrot 124
carrycot 75
cartilage 17
carton 311
cartoon 178
carve v 79
carving fork 68
case 51
cash v 97
cash machine 97
cashewnut 129
cashewnuts 151
cashier 96, 106
casino 261
Caspian Sea 313
cassava 124
casserole dish 69
cassette player 269
cassette tape 269
cast 254
cast v 245
castle 300
casual 34
casual wear 33
cat 290
catalogue 168
catamaran 215
cataract 51
catch v 220, 227, 229, 245
catcher 229
caterpillar 295
cathedral 300
catheter 53
cauliflower 124
cave 284
CD player 268
cedar 296
ceiling 62
celebration 140
celebration cakes 141
celebrations 27
celeriac 124

celery 122
cell 181
cello 256
cement 186
cement mixer 186
centimetre 310
centipede 295
Central Afrian Republic 317
central processing unit 176
central reservation 194
centre 164
centre circle 222, 224, 226
centre field 228
centre line 226
centreboard 241
century 307
ceramic hob 66
cereal 130, 156
cervical vertebrae 17
cervix 20, 52
Chad 317
chain 36, 206
chair 64
chair v 174
chairlift 246
chalk 85, 162, 288
chamber 283
champagne 145
championship 230
change v 209
change a wheel v 203
change channel v 269
change gear v 207
changing bag 75
changing mat 74
changing room 104
channel 178
charcoal 266, 275
charge 94, 180
chart 48
chassis 203
check-in v 212
check-in desk 213
checkout 106
check-up 50
cheddar 142
cheek 14
cheerleader 220
cheese 136, 156
chef 152, 190
chef's hat 190
chemist 108
chemistry 162
cheque 96
chequebook 96
cherry 126
cherry tomato 124
chess 272
chessboard 272
chest 12
chest of drawers 70

chest press 251
chestnut 129
chewing gum 113
chick 185
chick peas 131
chicken 119, 185
chicken burger 155
chicken coop 185
chicken nuggets 155
chicken pox 44
chicory 122
child 23, 31
child lock 75
child seat 198, 207
childbirth 53
children 23
children's clothing 30
children's department 104
children's ward 48
child's meal 153
Chile 315
chili 143
chill 44
chilli 124, 132
chimney 58
chin 14
China 318
china 105
chip v 233
chipboard 79
chiropractic 54
chisel 81, 275
chives 133
chocolate 113
chocolate bar 113
chocolate cake 140
chocolate chip 141
chocolate coated 140
chocolate milkshake 149
chocolate spread 135
choir 301
choke v 47
chop 119, 237
chopping board 68
chorizo 143
choux pastry 140
christening 26
Christmas 27
chrysanthemum 110
chuck 78
church 298, 300
chutney 134
cider 145
cider vinegar 135
cigar 112
cigarettes 112
cinema 255, 299
cinema hall 255
cinnamon 133
circle 165, 254
circular saw 78
circuit training 251
circumference 164

english

cistern 61
citrus fruit 126
city 299
clam 121
clamp 78, 166
clamp stand 166
clapper board 179
clarinet 257
clasp 36
classical music 255, 259
classroom 162
claw 291
clay 85, 275
clean v 77
clean clothes 76
cleaned 121
cleaner 188
cleaning equipment 77
cleaning fluid 51
cleanser 41
clear honey 134
cleat 240
cleaver 68
clementine 126
client 38, 175, 180
cliff 285
climber 87
climbing frame 263
clinic 48
clipboard 173
clitoris 20
clock 62
clock radio 70
closed 260, 321
clothes line 76
clothes peg 76
clothing 205
cloud 287
cloudy 286
clove 125
clover 297
cloves 133
club 273
club sandwich 155
clubhouse 232
clutch 200, 204
coach 196
coal 288
coast 285
coaster 150
coastguard 217
coat 32
coat hanger 70
cockatoo 293
cockerel 185
cockle 121
cockpit 210
cockroach 295
cocktail 151
cocktail shaker 150
cocoa powder 148
coconut 129
cocoon 295

cod 120
coffee 144, 148, 153, 156, 184
coffee cup 65
coffee machine 148, 150
coffee milkshake 149
coffee spoon 153
coffee table 62
cog 206
coin 97
coin phone 99
coin return 99
cola 144
colander 68
cold 44, 286, 321
cold tap 72
cold-pressed oil 135
collage 275
collar 32
collar bone 17
colleague 24
collection 98
college 168
Colombia 315
colony 315
colouring pencil 163
colours 39, 274
comb 38
comb v 38
combat sports 236
combine harvester 182
comedy 255
comet 280
comic 112
commis chef 152
commission 97
communications 98
commuter 208
Comoros 317
compact 40
compact disc 269
company 175
compartment 209
compass 165, 240, 312
complaint 94
complexion 41
compliments slip 173
compost 88
compost heap 85
computer 172, 176
concealer 40
conceive v 20
conception 52
concert 255, 258
concertina file 173
concourse 209
concrete block 187
concussion 46
condensed milk 136
conditioner 38
condom 21
conductor 256

cone 164, 187
confectioner 113
confectionery 107, 113
confident 25
confused 25
conglomerate 288
Congo 317
conifer 86
connect v 177
connection 212
conning tower 215
console 269
constellation 281
construction 186
consultant 49
consultation 45
contact lenses 51
container 216, 311
container port 216
container ship 215
continent 282, 315
contraception 21, 52
contraction 52
control tower 212
controller 269
controls 201, 204
convector heater 60
convenience food 107
convertible 199
conveyer belt 106
cooked meat 118, 143
cooking 67
coolant reservoir 202
cooling rack 69
co-pilot 211
copper 289
copy v 172
cor anglais 257
coral reef 285
cordless phone 99
core 127
coriander 133
cork 134
corkscrew 150
corn 130, 184
corn bread 139
corn oil 135
cornea 51
corner 223
corner flag 223
cornice 300
corset 35
Corsica 316
Costa Rica 314
costume 255
cot 74
cottage cheese 136
cottage garden 84
cotton 184, 277
cotton balls 41
cough 44
cough medicine 108
counsellor 55

count v 165
counter 96, 98, 100, 142, 272
country 259, 315
couple 24
courgette 125
courier 99
courses 153
court 226
court case 180
court date 180
court officer 180
court official 180
courtroom 180
courtyard 58, 84
couscous 130
cousin 22
cow 185
cow's milk 136
crab 121, 295
cracked wheat 130
cradle 95
crafts 275
cramp 239
cramps 44
cranberry 127
crane 187, 216, 292
crash barrier 195
crater 283
crayfish 121
cream 109, 137, 140, 157
cream cheese 136
cream pie 141
crease 225
credit card 96
creel 245
creeper 87
crème caramel 141
crème patisserie 140
crêpe 155
crescent moon 280
crew 241
crew hatch 281
cricket 225, 295
cricket ball 225
cricketer 225
crime 94
criminal 181
criminal record 181
crisp 127
crispbread 139, 156
crisper 67
crisps 113, 151
Croatia 316
crochet 277
crochet hook 277
crockery 64
crockery and cutlery 65
crocodile 293
crocodile clip 167
croissant 156
crop 39, 183
crops 184

cross trainer 250
crossbar 207, 222, 235
cross-country skiing 247
crow 292
crown 50
crucible 166
crushed 132
crust 139, 282
cry v 25
crystal healing 55
Cuba 314
cube 164
cucumber 125
cuff 32, 45
cufflink 36
cultivate v 91
cultivator 182
cumin 132
curb 298
cured 118, 143, 159
curler 38
curling 247
curling tongs 38
curly 39
currant 129
current account 96
curry 158
curry powder 132
curtain 63, 254
curved 165
cushion 62
custard 140
customer 96, 104, 106, 152
customer service department 175
customer services 104
customs 212
customs house 216
cut 46
cut v 38, 79, 277
cuticle 15
cutlery 64
cuts 119
cutting 91
cuttlefish 121
cycle v 207
cycle lane 206
cycling 263
cylinder 164
cylinder head 202
cymbals 257
Cyprus 319
Czech Republic 316

D

daffodil 111
dairy 107
dairy farm 183
dairy produce 136
daisy 110, 297

dam 300
dance 259
dance academy 169
dancer 191
dandelion 123, 297
dandruff 39
dark 41, 321
darkroom 271
darn v 277
dartboard 273
darts 273
dashboard 201
date 129, 306
daughter 22
daughter-in-law 22
dawn 305
day 305, 306
dead ball line 221
deadhead v 91
deal v 273
debit card 96
decade 307
decay 50
December 306
deciduous 86
decimal 165
deck 214
deck chair 265
decking 85
decorating 82
decoration 141
decorator 82
deep end 239
deep fried 159
deep sea fishing 245
deer 291
defence 181, 220
defendant 181
defender 223
defending zone 224
defrost v 67
degree 169
delay 209
deli 107
delicatessen 142
delivery 52, 98
deltoid 16
Democratic Republic
   of the Congo 317
Denmark 316
denomination 97
denominator 165
dental care 108
dental floss 50, 72
dental hygiene 72
dental x-ray 50
dentist 50, 189
dentist's chair 50
dentures 50
deodorant 73
deodorants 108
department 169
department store 105
departments 49
departure lounge 213

departures 213
depth 165
dermatology 49
descaled 121
desert 285
desiccated 129
designer 191, 277
desk 162, 172
desktop 177
dessert 153
desserts 140
destination 213
detached 58
detective 94
detergent 77
deuce 230
develop v 271
diabetes 44
diagonal 164
dial v 99
diameter 164
diamond 273, 288
diaphragm 19, 21
diarrhoea 44, 109
diary 175
dice 272
dictionary 163
die v 26
diesel 199
diesel train 208
difficult 321
dig v 90, 227
digestive 19
digital 269
digital camera 270
dilation 52
dill 133
dimensions 165
dimple 15
dining car 209
dining room 64
dinner 64, 158
dinner plate 65
diopter 51
diploma 169
dipstick 202
direct current 60
direct debit 96
directions 260
director 254
directory enquiries 99
dirt bike 205
dirty washing 76
disabled parking 195
discharged 48
disconnected 99
discus 234
discuss v 163
disembark v 217
dishwasher 66
disinfectant solution
   51
disk 176
dispensary 108
disposable 109

disposable camera
   270
disposable nappy 30
disposable razor 73
dissertation 169
distance 310
distributor 203
district 315
dive 239
dive v 238
diver 238
diversion 195
divide v 165
divided by 165
dividends 97
divider 173, 194
divorce 26
Diwali 27
DJ 179
Djibouti 317
do not bend v 98
dock 214, 216
dock v 217
doctor 45, 189
doctorate 169
documentary 178
dog 290
dog sledding 247
doll 75
doll's house 75
dolphin 290
dome 300
domestic flight 212
Dominica 314
Dominican Republic
   314
dominoes 273
donkey 185
door 196, 198, 209
door chain 59
door knob 59
door knocker 59
door lock 200
doorbell 59
doormat 59
dormer 58
dorsal fin 294
dosage 109
double 151
double bass 256
double bassoon 257
double bed 71
double cream 137
double room 100
double-decker bus
   196
doubles 230
dough 138
Dover sole 120
down 320
downhill skiing 247
download v 177
dragonfly 295
drain 61, 72, 299
drain cock 61

drainage 91
draining board 67
draughts 272
draw 223
draw v 162
drawer 66, 70, 172
drawer unit 172
drawing 275
drawing pin 173
dress 31, 34
dressage 243
dressed 159
dressed chicken 119
dressing 47, 158
dressing gown 31, 32
dressing table 71
dribble v 223
dried flowers 111
dried fruit 156
drill 50
drill v 79
drill bit 78
drill bits 80
drinking cup 75
drinking fountain 262
drinks 107, 144, 156
drip 53
drive v 195, 233
driver 196
driver's cab 208
driver's seat 196
driveshaft 202
drop anchor v 217
dropper 109, 167
drops 109
dropshot 230
drown v 239
drum 258
drum kit 258
drummer 258
dry 39, 41, 130, 145,
   286, 321
dry v 76
dry cleaners 115
dry dock 217
dual carriageway 195
duck 119, 185
duck egg 137
duckling 185
duffel coat 31
dugout 229
dumb bell 251
dumper truck 187
dungarees 30
dunk v 227
duodenum 18
dusk 305
dust v 77
dust pan 77
duster 77
dustsheet 83
duty-free shop 213
duvet 71
DVD disk 269
DVD player 268

dyed 39
dynamo 207

E

eagle 292
ear 14
early
earring 36
Earth 280, 282
earthenware dish 69
earthing 60
earthquake 283
easel 174, 274
east 312
East Timor 319
Easter 27
easy 321
easy cook 130
eat v 64
eat-in 154
eating 75
eau de toilette 41
eaves 58
éclair 140
eclipse 280
economics 169
economy class 211
Ecuador 315
eczema 44
Edam 142
edge 246
editor 191
eel 294
egg 20
egg cup 65, 137
egg white 137
eggs 137
Egypt 317
eight 308
eight hundred 308
eighteen 308
eighteenth 309
eighth 309
eightieth 309
eighty 308
ejaculatory duct 21
El Salvador 314
elbow 13
electric blanket 71
electric drill 78
electric guitar 258
electric razor 73
electric shock 46
electric train 208
electrical goods 105,
   107
electrician 188
electricity 60
electricity meter 60
elephant 291
eleven 308
eleventh 309
elm 296
email 98, 177

email account 177
email address 177
embarrassed 25
embossed paper 83
embroidery 277
embryo 52
emerald 288
emergency 46
emergency exit 210
emergency lever 209
emergency phone 195
emergency room 48
emergency services 94
emigrate v 26
emotions 25
employee 24
employer 24
empty 321
emulsion 83
enamel 50
encore 255
encyclopedia 163
end 321
end zone 220
endive 123
endline 226
endocrine 19
endocrinology 49
engaged/busy 99
engaged couple 24
engine 202, 204, 208, 210
engine room 214
engineering 169
English breakfast 157
english mustard 135
engraving 275
enlarge v 172
enlargement 271
enquiries 168
ENT 49
entrance 59
entrance fee 260
envelope 98, 173
environment 280
epidural 52
epiglottis 19
epilepsy 44
episiotomy 52
equals 165
equation 165
equator 283
equipment 233, 238
equipment 165
Equitorial Guinea 317
equity 97
Eritrea 317
erupt v 283
escalator 104
espresso 148
essay 163
essential oils 55
estate 199

estate agent 189
estate agent's 115
Estonia 316
estuary 285
Ethiopia 317
eucalyptus 296
Europe 316
evening 305
evening dress 34
evening menu 152
events 243, 247
evergreen 86
evidence 181
examination 163
excess baggage 212
exchange rate 97
excited 25
excuse me 322
executive 174
exercise bike 250
exercises 251
exfoliate v 41
exhaust pipe 203, 204
exhibit v 261
exhibition 261
exit 210
exit ramp 194
exosphere 286
expectant 52
experiment 166
expiry date 109
exposure 271
extend v 251
extension 58
extension lead 78
exterior 198
extra time 223
extraction 50
extractor 66
eye 14, 51, 244, 276
eye shadow 40
eye test 51
eyebrow 14, 51
eyebrow brush 40
eyebrow pencil 40
eyecup 269
eyelash 14, 51
eyelet 37
eyelid 51
eyeliner 40
eyepiece 167

F

fabric 277
fabric conditioner 76
face 14
face cream 73
face mask 225
face pack 41
face powder 40
face-off circle 224
facial 41
factory 299

faint v 25, 44
fair 41
fairground 262
fairway 232
falcon 292
Falkland Islands 315
fall 237
fall in love v 26
Fallopian tube 20
family 22
famous ruin 261
fan 60, 202
fan belt 203
fans 258
far 320
fare 197, 209
farm 182, 183, 184
farmer 182, 189
farmhouse 182
farmland 182
farmyard 182
fashion 277
fast 321
fast food 154
fast forward 269
fastening 37
fat 119, 321
fat free 137
father 22
father-in-law 23
fault 230
fax 98, 172
fax machine 172
feather 293
feature film 269
feed v 183
feijoa 128
female 12, 20
feminine hygene 108
femur 17
fence 85, 182, 243
fencing 249
feng shui 55
fennel 122, 133
fennel seeds 133
fenugreek 132
fern 86
ferry 215, 216
ferry terminal 216
fertiization 20
fertilize v 91
fertilizer 91
festivals 27
fever 44
fiancé 24
fiancée 24
fibre 127
fibula 17
field 182, 222, 228, 234
field v 225, 229
field hockey 224
fifteen 308
fifteenth 309

fifth 309
fiftieth 309
fifty 308
fifty five thousand, five hundred 309
fifty thousand 309
fig 129
fighter plane 211
figure skating 247
Fiji 319
filament 60
file 81, 172, 177
filing cabinet 172
fill v 82
filler 83
fillet 119, 121
filleted 121
filling 50, 140, 155
film 260, 271
film chamber 270
film set 179
film spool 271
filo pastry 140
filter 270
filter coffee 148
filter paper 167
fin 210
finance 97
financial advisor 97
fingerprint 94
finial 300
finishing line 234
Finland 316
fire 95
fire alarm 95
fire brigade 95
fire engine 95
fire escape 95
fire extinguisher 95
fire fighters 95
fire station 95
firelighter 266
fireman 189
fireplace 63
firm 124
first 309
first aid 47
first aid box 47
first floor 104
first night 254
fish 107, 120, 294
fish and chips 155
fish farm 183
fish slice 68
fisherman 189
fishhook 244
fishing 244, 245
fishing boat 217
fishing permit 245
fishing port 217
fishing rod 244
fishmonger 188
fishmonger's 114, 120
fist 15, 237
fitness 250

five 308
five hundred 308
flag 221, 232
flageolet beans 131
flakes 132
flamingo 292
flan 142
flan dish 69
flare 240
flash 270
flash gun 270
flask 166
flat 59, 256
flatbread 139
flat race 243
flat wood bit 80
flavoured oil 134
flax 184
fleece 74
flesh 124, 127, 129
flex v 251
flight attendant 210
flight number 213
flint 288
flipchart 174
flip-flop 37
flipper 239, 290
float 238, 244
float ball 61
flock 183
flood 287
floor 58, 62, 71
floor exercises 235
floor plan 261
florentine 141
floret 122
florist 110, 188
floss v 50
flours 138
flower 297
flowerbed 85, 90
flowering plant 297
flowering shrub 87
flowers 110
flu 44
flute 139, 257
fly 244, 295
fly v 211
fly fishing 245
flyover 194
flysheet 266
foal 185
focus v 271
focusing knob 167
foetus 52
fog 287
foil 249
folder 177
foliage 110
folk music 259
follicle 20
font 177
food 118, 130, 149
food hall 105
food processor 66

foot 12, 15, 310
football 220, 222
football field 220
football player 220
football strip 31, 222
footballer 222
footboard 71
footpath 262
footstrap 241
for 320
forceps 53, 167
forearm 12
forecourt 199
forehand 231
forehead 14
foreign currency 97
foreskin 21
forest 285
fork 65, 88, 153, 207
fork-lift truck 186, 216
formal 34
formal garden 84
formal gardens 262
fortieth 309
fortnight 307
forty 308
forty minutes
forward 222
foul 222, 226
foul ball 228
foul line 229
foundation 40
fountain 85
four 308
four hundred 308
four-door 200
fourteen 308
fourteenth 309
fourth 309
four-wheel drive 199
fox 290
foxglove 297
fraction 165
fracture 46
fragile 98
fragranced 130
frame 51, 62, 206, 230, 269
frame counter 270
France 316
freckle 15
free 321
free kick 222
free range 118
free weights 250
freesia 110
free-throw line 226
freeze 287
freeze v 67
freezer 67
freight train 208
freighter 215
French bean 122
french fries 154
French Guiana 315

French horn 257
french mustard 135
french pleat 39
French toast 157
frequency 179
fresh 121, 127, 130
fresh cheese 136
fresh fruit 157
freshwater fishing 245
fret 258
fretsaw 81
Friday 306
fridge-freezer 67
fried 159
fried chicken 155
fried egg 157
friend 24
frieze 301
frog 294
from 320
front crawl 239
front door 58
front wheel 196
frontal 16
frost 287
froth 148
frown 25
frozen 121, 124
frozen food 107
frozen yoghurt 137
fruit 107, 126, 128
fruit bread 139
fruit cake 140
fruit farm 183
fruit gum 113
fruit juice 127, 156
fruit tart 140
fruit yoghurt 157
fry v 67
frying pan 69
fuel gauge 201
fuel tank 204
full 64, 266, 321
full board 101
full moon 280
fumble 220
funeral 26
funnel 166, 214
furniture shop 115
furrow 183
fuse 60
fuse box 60, 203
fuselage 210

G

gable 300
Gabon 317
Galapagos Islands 315
galaxy 280
gale 286
galley 214
gallon 311
gallop 243

galvanised 79
Gambia 317
game 119, 230, 273
game show 178
games 272
gangway 214
garage 58, 199, 203
garden 84
garden centre 115
garden features 84
garden pea 122
garden plants 86
garden styles 84
garden tools 88
gardener 188
gardening 90
gardening gloves 89
gardens 261
garland 111
garlic 125, 132
garlic press 68
garnet 288
garter 35
gas burner 61
gasket 61
gate 85, 182, 247
gate number 213
gauze 47, 167
gear lever 207
gearbox 202, 204
gears 206
gearstick 201
gel 38, 109
gems 288
generation 23
generator 60
genitals 12
geography 162
geometry 165
Georgia 318
gerbera 110
Germany 316
get a job v 26
get married v 26
get up v 71
geyser 285
Ghana 317
giant slalom 247
gifts shop 114
gill 294
gin 145
gin and tonic 151
ginger 39, 125, 133
giraffe 291
girder 186
girl 23
girlfriend 24
girth 242
glacier 284
gladiolus 110
gland 19
glass 69, 152
glass bottle 166
glass rod 167
glasses 51, 150

glassware 64
glaze v 139
glider 211, 248
gliding 248
gloss 83, 271
glove 224, 233, 236, 246
gloves 36
glue 275
glue gun 78
gneiss 288
go to bed v 71
go to sleep v 71
goal 221, 223, 224
goal area 223
goal line 220, 223, 224
goalkeeper 222, 224
goalpost 220, 222
goat 185
goat's cheese 142
goat's milk 136
goggles 238, 247
going out 75
gold 235, 289
goldfish 294
golf 232
golf bag 233
golf ball 233
golf clubs 233
golf course 232
golf shoe 233
golf trolley 233
golfer 232
gong 257
good 321
good afternoon 322
good evening 322
good morning 322
good night 322
goodbye 322
goose 119, 293
goose egg 137
gooseberry 127
gorge 284
gorilla 291
gothic 301
grade 163
graduate 169
graduate v 26
graduation ceremony 169
graft v 91
grains 130
gram 310
granary bread 139
grandchildren 23
granddaughter 22
grandfather 22
grandmother 22
grandparents 23
grandson 22
granite 288
grape juice 144
grapefruit 126

grapeseed oil 134
graphite 289
grass 86, 262
grass bag 88
grasshopper 295
grassland 285
grate v 67
grated cheese 136
grater 68
gratin dish 69
gravel 88
gravity 280
graze 46
greasy 39
Greece 316
green 129, 232, 274
green olive 143
green peas 131
green salad 158
green tea 149
greengrocer 188
greengrocer's 114
greenhouse 85
Greenland 314
Grenada 314
grey 39, 274
grill v 67
grill pan 69
grilled 159
grip 78
groceries 106
grocer's 114
groin 12
groom 243
ground 132
ground coffee 144
ground cover 87
ground floor 104
ground sheet 267
groundnut oil 135
group therapy 55
grout 83
guard 236
Guatemala 314
guava 128
guest 64, 100
guidebook 260
guided tour 260
guilty 181
Guinea 317
Guinea-Bissau 317
guitarist 258
gull 292
gum 50
gun 50
gutter 58, 299
guy rope 266
Guyana 315
gym 101, 250
gym machine 250
gymnast 235
gymnastics 235
gynaecologist 52
gynaecology 49
gypsophila 110

english

english

H

haberdashery 105
hacksaw 81
haddock 120
haemorrhage 46
hail 286
hair 14, 38
hair dye 40
hairband 38
hairdresser 38, 188
hairdresser's 115
hairdryer 38
hairpin 38
hairspray 38
hairtie 39
Haiti 314
half an hour 304
half board 101
half time 223
half-litre 311
hall of residence 168
halibut fillets 120
Halloween 27
hallway 59
halter 243
halter neck 35
ham 119, 143, 156
hammer 80
hammer v 79
hammock 266
hamper 263
hamster 290
hamstring 16
hand 13, 15
hand drill 81
hand fork 89
hand luggage 211, 213
hand rail 59
hand saw 89
hand towel 73
handbag 37
handbrake 203
handcuffs 94
handicap 233
handkerchief 36
handle 36, 88, 106, 187, 200, 230
handlebar 207
handles 37
handrail 196
handsaw 80
handset 99
hang v 82
hang-glider 248
hang-gliding 248
hanging basket 84
hanging file 173
happy 25
harbour 217
harbour master 217
hard 129, 321
hard cheese 136

hard drive 176
hard hat 186
hard shoulder 194
hardboard 79
hardware 176
hardware shop 114
hardwood 79
haricot beans 131
harness race 243
harp 256
harvest v 91, 183
hat 36
hatchback 199
have a baby v 26
Hawaii 314
hay 184
hayfever 44
hazard 195
hazard lights 201
hazelnut 129
hazelnut oil 134
head 12, 19, 81, 230
head v 222
head injury 46
head office 175
head teacher 163
headache 44
headboard 70
headlight 198, 205
headphones 268
headrest 200
headsail 240
health 44
health centre 168
health food shop 115
heart 18, 119, 122, 273
heart attack 44
heater 60
heater controls 201
heather 297
heating element 61
heavy 321
heavy metal 259
hedge 85, 90, 182
hedgehog 290
heel 13, 15, 37
height 165
height bar 45
helicopter 211
hello 322
helmet 95, 204, 206, 220, 224, 228
hem 34
hematite 289
hen's egg 137
herb 55, 86
herb garden 84
herbaceous border 85
herbal remedies 108
herbal tea 149
herbalism 55
herbicide 183
herbs 133, 134
herbs and spices 132

herd 183
hexagon 164
hi-fi system 268
high 321
high chair 75
high dive 239
high heel shoe 37
high jump 235
high speed train 208
highlights 39
hiking 263
hill 284
Himalayas 313
hip 12
hippopotamus 291
historic building 261
history 162
history of art 169
hit v 224
hob 67
hockey 224
hockey stick 224
hoe 88
hold 215, 237
holdall 37
hole 232
hole in one 233
hole punch 173
holiday 212
holiday brochure 212
holly 296
home 58
home delivery 154
home entertainment 268
home furnishings 105
home plate 228
homeopathy 55
homework 163
homogenised 137
Honduras 314
honeycomb 135
honeymoon 26
honeysuckle 297
hood 31, 75
hoof 242, 291
hook 187, 276
hoop 226, 277
horizontal bar 235
hormone 20
horn 201, 204, 291
horror film 255
horse 185, 235, 242
horse race 243
horse riding 242, 263
horseradish 125
horseshoe 242
hose 95
hose reel 89
hosepipe 89
hospital 48
host 64
hostess 64
hot 124, 286, 321
hot chocolate 144,

156
hot dog 155
hot drinks 144
hot tap 72
hot-air balloon 211
hotel 100, 264
hot-water bottle 70
hour 304
hour hand 304
house 58
household products 107
hovercraft 215
hub 206
hubcap 202
hull 214, 240
human resources 175
humerus 17
humid 286
hummingbird 292
hump 291
hundred 308
hundred and ten 308
hundred thousand 308
hundredth 309
Hungary 316
hungry 64
hurdles 235
hurricane 287
husband 22
husk 130
hydrant 95
hydrofoil 215
hydrotherapy 55
hypnotherapy 55
hypoallergenic 41
hypotenuse 164

I

ice 120, 287
ice and lemon 151
ice bucket 150
ice climbing 247
ice cream 149
ice cube 151
ice hockey 224
ice hockey player 224
ice hockey rink 224
ice maker 67
ice-cream 137
iced coffee 148
iced tea 149
Iceland 316
ice-skate 224
ice-skating 247
icicle 287
icing 141
icon 177
identity badge 189
identity tag 53
igneous 288
ignition 200
iguana 293

illness 44
immigration 212
impotent 20
in 320
in brine 143
in front of 320
in oil 143
in sauce 159
in syrup 159
inbox 177
inch 310
incisor 50
incubator 53
index finger 15
India 318
Indian Ocean 312
indicator 198, 204
indigo 274
Indonesia 319
induce labour v 53
industrial estate 299
infection 44
infertile 20
infield 228
inflatable dinghy 215
information 261
information screen 213
in-goal area 221
inhaler 44, 109
injection 48
injury 46
ink 275
ink pad 173
inlet 61
inner core 282
inner tube 207
inning 228
innocent 181
inoculation 45
insect repellent 108, 267
inside 320
inside lane 194
insomnia 71
inspector 94
install v 177
instant camera 270
instep 15
instructions 109
instruments 256, 258
insulating tape 81
insulation 61
insulin 109
insurance 203
intensive care unit 48
inter-city train 209
intercom 59
intercostal 16
intercourse 20
interest rate 96
interior 200
internal systems 60
international flight 212
internet 177

english

intersection 298
interval 254
interviewer 179
into 320
in-tray 172
invertebrates 295
investigation 94
investment 97
ionosphere 286
Iran 318
Iraq 318
Ireland 316
iris 51, 110
iron 76, 109, 233, 289
iron v 76
ironing board 76
island 282
Israel 318
Italy 316
itinerary 260
IUD 21

J

jack 203, 273
jacket 32, 34
jade 288
jam 134, 156
Jamaica 314
January 306
Japan 318
jar 134, 311
javelin 234
jaw 14, 17
jazz 259
jeans 31
jelly bean 113
jellyfish 295
Jerusalem artichoke 125
jet 288
jet skiing 241
jetty 217
jeweller 188
jeweller's 114
jewellery 36
jewellery box 36
jewellery making 275
jigsaw 78
jigsaw puzzle 273
jodhpurs 242
jog on the spot 251
jogging 251, 263
joint 17, 119
joker 273
Jordan 318
journal 168
journalist 190
judge 180
judo 236
jug 65
juices and milkshakes 149
juicy 127

July 306
jump 237, 243
jump v 227
jump ball 226
junction 194
June 306
Jupiter 280
jury 180
jury box 180

K

kale 123
kangaroo 291
karate 236
Karliningrad 316
Kashmir 318
kayak 241
Kazakhstan 318
kebab 155, 158
keel 214
keep net 244
kendo 236
Kenya 317
kernel 122, 129, 130
ketchup 135
kettle 66
kettledrum 257
key 59, 80, 176, 207
keyboard 172, 176, 258
keypad 97, 99
kick 237, 239
kick v 221, 223
kickboxing 236
kickstand 207
kid 185
kidney 18, 119
kilogram 310
kilometre 310
king 272, 273
king prawn 121
kippers 157
kitchen 66, 152
kitchen knife 68
kitchenware 68, 105
kitten 290
kiwifruit 128
knead v 138
knee 12
knee pad 205
knee support 227
kneecap 17
knee-length 34
knickers 35
knife 65, 80
knife sharpener 68, 118
knight 272
knitting 277
knitting needle 277
knock out 237
knuckle 15
koala 291
kohlrabi 123

koi carp 294
kumquat 126
kung fu 236
Kuwait 318
Kyrgyzstan 318

L

label 172
labels 89
labia 20
laboratory 166
lace 35, 37
lace bobbin 277
lace making 277
lace-up 37
lacrosse 249
lactose 137
ladder 95, 186
ladle 68
ladybird 295
lake 285
lamb 118, 185
lamp 62, 207, 217
land 282
land v 211
landing 59
landing gear 210
landing net 244
landlord 58
landscape 271, 284
landscape v 91
lane 234, 238
languages 162
Laos 318
lapel 32
laptop 175
larch 296
large 321
large intestine 18
larynx 19
last week 307
lat 16
late 305
later 304
latitude 283
Latvia 316
laugh v 25
launch 281
launch pad 281
launderette 115
laundry 76
laundry basket 76
laundry service 101
lava 283
law 169, 180
lawn 85, 90
lawn rake 88
lawnmower 88, 90
lawyer 180, 190
lawyer's office 180
laxative 109
lay the table v 64
lead singer 258
leaded 199

leaf 122, 296
leaflets 96
league 223
lean meat 118
learn v 163
leather shoe 37
leather shoes 32
leathers 205
Lebanon 318
lecture theatre 169
lecturer 169
leek 125
left 260
left field 228
left-hand drive 201
leg 12, 119
leg pad 225
leg press 251
legal advice 180
legal department 175
leggings 31
lemon 126
lemon curd 134
lemon grass 133
lemon sole 120
lemonade 144
length 165, 310
lens 270
lens (eye) 51
lens (glasses) 51
lens cap 270
lens case 51
Lesotho 317
lesson 163
let! 231
letter 98
letterbox 58, 99
letterhead 173
lettuce 123
lever 61, 150
lever arch file 173
Liberia 317
librarian 168, 190
library 168, 299
library card 168
Libya 317
licence plate 198
licquorice 113
lid 61, 66
Liechtenstein 316
life events 26
life jacket 240
life raft 240
lifeboat 214
lifebuoy 240
lifeguard 239, 265
lifeguard tower 265
lift 59, 100, 104
ligament 17
light 178, 321
light a fire v 266
light aircraft 211
light bulb 60
lighter 112
lighthouse 217

lighting 105
lightmeter 270
lightning 287
lights 94
lights switch 201
lily 110
lime 126, 296
limestone 288
limousine 199
line 244
line judge 220
line of play 233
linen 105, 277
linen basket 76
lines 165
linesman 223, 230
lingerie 35, 105
lining 32
lining paper 83
link 36
lintel 186
lion 291
lip 14
lip brush 40
lip gloss 40
lip liner 40
lipstick 40
liqueur 145
liquid 77
liquid dispenser 311
liquid measure 311
literature 162, 169
Lithuania 316
litre 311
little finger 15
little toe 15
live 60, 178
live rail 209
liver 18, 118
livestock 183, 185
living room 62
lizard 293
load v 76
loaf 139
loan 96, 168
loans desk 168
lob 230
lobby 100, 255
lobster 121, 295
lock 59, 207
lockers 239
log on v 177
loganberry 127
logo 31
loin 121
lollipop 113
long 32
long jump 235
long sight 51
long wave 179
long-grain 130
long-handled shears 88
longitude 283
loofah 73

loom 277
loose leaf tea 144
lorry 194
lorry driver 190
lose v 273
loser 273
lotion 109
lottery tickets 112
love 230
low 321
luge 247
luggage 100, 198, 213
luggage department 104
luggage hold 196
luggage rack 209
lumbar vertebrae 17
lunar module 281
lunch 64
lunch menu 152
lung 18
lunge 251
lupins 297
lure 244
Luxembourg 316
lychee 128
lymphatic 19
lyrics 259

M

macadamia 129
mace 132
Macedonia 316
machine gun 189
machinery 187
mackerel 120
macramé 277
Madagascar 317
magazine 112
magazines 107
magma 283
magnesium 109
magnet 167
maid service 101
mailbag 98, 190
main course 153
mains supply 60
mainsail 240
make a will v 26
make friends v 26
make the bed v 71
make-up 40
making bread 138
malachite 288
Malawi 317
Malaysia 318
Maldives 318
male 12, 21
Mali 317
mallet 78, 275
malt vinegar 135
Malta 316
malted drink 144

mammals 290
man 23
manager 24, 174
managing director 175
manchego 142
mane 242, 291
mango 128
mangosteen 128
manhole 299
manicure 41
mantelpiece 63
mantle 282
manual 200
map 195, 261
maple 296
maple syrup 134
maracas 257
marathon 234
marble 288
March 306
margarine 137
marina 217
marinated 143, 159
marine fishing 245
marjoram 133
mark v 227
market 115
marketing department 175
marmalade 134, 156
marrow 124
Mars 280
marshmallow 113
martial arts 237
martini 151
marzipan 141
mascara 40
mashed 159
masher 68
mask 189, 228, 236, 239, 249
masking tape 83
masonry bit 80
massage 54
mast 240
masters 169
mat 54, 83, 235, 271
match 230
matches 112
material 276
materials 79, 187
maternity 52
maternity ward 48
maths 162, 164
mattress 70, 74
Mauritania 317
Mauritius 317
May 306
maybe 322
mayonnaise 135
MDF 79
meadow 285
meal 64
measles 44
measure 150, 151

measure v 310
measurements 165
measuring jug 69, 311
measuring spoon 109
meat 119
meat and poultry 106
meat tenderizer 68
meatballs 158
meathook 118
mechanic 188, 203
mechanical digger 187
mechanics 202
medals 235
media 178
medical examination 45
medication 109
medicine 109, 169
medicine cabinet 72
meditation 54
Mediterranean Sea 313
medium wave 179
meeting 174
meeting room 174
melody 259
melon 127
memory 176
men's clothing 32
men's wear 105
menstruation 20
menu 148, 153, 154
menubar 177
mercury 289
Mercury 280
meringue 140
mesosphere 286
messages 100
metacarpal 17
metal 79
metal bit 80
metals 289
metamorphic 288
metatarsal 17
meteor 280
metre 310
Mexico 314
mica 289
microlight 211
microphone 179, 258
microscope 167
microwave oven 66
midday 305
middle finger 15
middle lane 194
midnight 305
midwife 53
migraine 44
mile 310
milk 136, 156
milk v 183
milk carton 136
milk chocolate 113
milkshake 137

millennium 307
millet 130
milligram 310
milligram 310
millilitre 311
millimetre 310
mince 119
mineral 144
minerals 289
mini bar 101
mini disk recorder 268
minibus 197
mini-dress 34
mint 113, 133
mint tea 149
minus 165
minute 304
minute hand 304
minutes 174
mirror 40, 63, 71, 167
miscarriage 52
Miss 23
missile 211
mist 287
mitre block 81
mitt 225
mittens 30
mix v 67, 138
mixed salad 158
mixing bowl 66, 69
mixing desk 179
moat 300
mobile 74
mobile phone 99
model 169, 190
model making 275
modelling tool 275
modem 176
moisturizer 41
molar 50
Moldova 316
mole 14
Monaco 316
Monday 306
money 97
Mongolia 318
monitor 172, 176
monitor 53
monkey 291
monkfish 120
monopoly 272
monorail 208
monsoon 287
month 306
monthly 307
monument 261
Moon 280
moonstone 288
moor v 217
mooring 217
mop 77
morning 305
Morocco 317
mortar 68, 167, 187
mortgage 96
moses basket 74

mosque 300
mosquito 295
mosquito net 267
moth 295
mother 22
mother-in-law 23
motor 88
motor racing 249
motorbike 204
motorbike racing 249
motorcross 249
motorway 194
moulding 63
mountain 284
mountain bike 206
mountain range 282
mouse 176, 290
mousse 141
mouth 14
mouth guard 237
mouthwash 72
move 273
mow v 90
Mozambique 317
mozzarella 142
MP3 player 268
Mr 23
Mrs 23
mudguard 205
muffin 140
muffin tray 69
mug 65
mulch v 91
multiply v 165
multivitamin tablets 109
mumps 44
mung beans 131
muscles 16
museum 261
mushroom 125
music 162
music school 169
musical 255
musical score 255
musical styles 259
musician 191
mussel 121, 295
mustard 155
mustard seed 131
Myanmar 318

N

naan bread 139
nail 15, 80
nail clippers 41
nail file 41
nail scissors 41
nail varnish 41
nail varnish remover 41
Namibia 317
nape 13
napkin 65, 152

english

napkin ring 65
nappy 75
nappy rash cream 74
narrow 321
nation 315
national park 261
natural 256
natural fibre 31
naturopathy 55
nausea 44
navel 12
navigate v 240
near 320
nebula 280
neck 12, 258
neck brace 46
necklace 36
neckline 34
nectarine 126
needle 109, 276
needle plate 276
needle-nose pliers 80
needlepoint 277
negative 271
negative electrode 167
negligee 35
neighbour 24
neoclassical 301
Nepal 318
nephew 23
Neptune 280
nerve 19, 50
nervous 19, 25
net 217, 222, 226, 227, 231
net v 245
net curtain 63
Netherlands 316
nettle 297
network 176
neurology 49
neutral 60
neutral zone 224
new 321
new moon 280
new potato 124
New Year 27
New Zealand 319
newborn baby 53
news 178
newsagent 112
newspaper 112
newsreader 179, 191
next week 306
nib 163
Nicaragua 314
nickel 289
niece 23
Niger 317
Nigeria 317
night 305
nightdress 35
nightie 31
nightwear 31

nine 308
nine hundred 308
nineteen 308
nineteen hundred 307
nineteen hundred and one 307
nineteen ten 307
nineteenth 309
ninetieth 309
ninety 308
ninth 309
nipple 12
no 322
no entry 195
no right turn 195
no stopping 195
non-smoking section 152
non-stick 69
noodles 158
normal 39
north 312
North America 314
North Korea 318
North pole 283
North Sea 312
northern hemisphere 283
Norway 316
nose 14, 210
nose clip 238
noseband 242
nosebleed 44
nosewheel 210
nostril 14
notation 256
note 97, 256
note pad 173
notebook 163, 172
notes 175, 191
notice board 173
nougat 113
November 306
now 304
nozzle 89
number 226
numbers 308
numerator 165
nurse 45, 48, 52, 189
nursery 74
nursing 53
nursing bra 53
nut 80
nutmeg 132
nuts 151
nuts and dried fruit 129
nylon 277

O

oak 296
oar 241
oats 130
objective lens 167

oboe 257
obsidian 288
obstetrician 52
occupations 188, 190
occupied 321
ocean 282
ocean liner 215
octagon 164
October 306
octopus 121, 295
odometer 201
oesophagus 19
off licence 115
offal 118
offers 106
office 24, 172, 174
office block 298
office equipment 172
office supplies 173
off-piste 247
off-side 223
oil 142, 199
oil paints 274
oil tank 204
oil tanker 215
oils 134
oily 41
ointment 47, 109
okra 122
old 321
olive oil 134
olives 151
Oman 318
omelette 158
on time 305
on top of 320
oncology 49
one 308
one billion 309
one million 309
one thousand 309
one-way 194
one-way system 298
onion 124
on-line 177
onto 320
onyx 289
opal 288
open 260, 321
open sandwich 155
open-top 260
opera 255
operating theatre 48
operation 48
operator 99
ophthalmology 49
opponent 236
opposite 320
optic 150
optic nerve 51
optician 51, 189
orange 126, 274
orange juice 148
orangeade 144
orbit 280

orchestra 254, 256
orchestra pit 254
orchid 111
order v 153
oregano 133
organic 91, 118, 122
organic waste 61
origami 275
ornamental 87
orthopaedy 49
osteopathy 54
ostrich 292
otter 290
ounce 310
out 225, 228, 320
out of bounds 226
out of focus 271
outboard motor 215
outbuilding 182
outdoor activities 262
outer core 282
outfield 229
outlet 61
outpatient 48
outside 320
outside lane 194
out-tray 172
oval 164
ovary 20
oven 66
oven glove 69
ovenproof 69
over 320
over par 233
overalls 82
overdraft 96
overexposed 271
overflow pipe 61
overhead locker 210
overhead projector 163
overtake v 195
overture 256
ovulation 20, 52
owl 292
oyster 121
ozone layer 286

P

Pacific Ocean 312
pack 311
pack of cards 273
packet 311
packet of cigarettes 112
pad 224
paddle 241
paddling pool 263
paddock 242
pads 53, 220
paediatrics 49
painkiller 109
painkillers 47
paint 83

paint v 83
paint tin 83
paint tray 83
painter 191
painting 62, 261, 274
paints 274
pak-choi 123
Pakistan 318
palate 19
Palestine 318
palette 274
pallet 186
palm 15, 86, 296
palm hearts 122
palmtop 175
pan 310
pan fried 159
Panama 314
pancakes 157
pancreas 18
panda 291
panty liner 108
papaya 128
paper clip 173
paper guide 172
paper napkin 154
paper tray 172
papier-maché 275
paprika 132
Papua New Guinea 319
par 233
parachute 248
parachuting 248
paragliding 248
Paraguay 315
parallel 165
parallel bars 235
parallelogram 164
paramedic 94
parcel 99
parents 23
park 262
park v 195
parking meter 195
parmesan 142
parole 181
parrot 293
parsley 133
parsnip 125
partner 23
pass 226
pass v 220, 223
passenger 216
passenger port 216
passion fruit 128
Passover 27
passport 213
passport control 213
pasta 158
pastels 274
pasteurized 137
pasting brush 82
pasting table 82
pastry 140, 149

english

pastry brush 69
pasture 182
patch 207
patchwork 277
pâté 142, 156
path 58, 85
pathology 49
patient 45
patio garden 85
pattern 276
pause 269
pavement 298
pavement cafe 148
paving 85
pawn 272
pay v 153
pay in v 96
pay per view channel 269
paying-in slips 96
payment 96
payroll 175
peach 126, 128
peacock 293
peanut 129
peanut butter 135
peanuts 151
pear 127
peas 131
pecan 129
pectoral 16
pectoral fin 294
pedal 61, 206
pedal v 207
pedestrian crossing 195
pedestrian zone 299
pedicure 41
pediment 301
peel v 67
peeled prawns 120
peeler 68
pelican 292
pelvis 17
pen 163, 185
pen holder 172
penalty 222
penalty area 223
pencil 163, 275
pencil case 163
pencil sharpener 163
pendant 36
penfriend 24
penguin 292
peninsula 282
penis 21
pentagon 164
peony 111
people 12, 16
people carrier 199
pepper 64, 124, 152
peppercorn 132
pepperoni 142
percentage 165
percussion 257

perennial 86
perfume 41
perfumery 105
pergola 84
periodical 168
perm 39
perpendicular 165
persimmon 128
personal best 234
personal CD player 269
personal organizer 173, 175
personal trainer 250
Peru 315
pesticide 89, 183
pestle 68, 167
pet food 107
pet shop 115
petal 297
petri dish 166
petrol 199
petrol pump 199
petrol station 199
petrol tank 203
pharmacist 108, 189
pharynx 19
pheasant 119, 293
phillips screwdriver 81
philosophy 169
photo album 271
photo finish 234
photo frame 271
photofit 181
photographer 191
photograph 271
photograph v 271
photography 270
physical education 162
physics 162, 169
physiotherapy 49
piano 256
piccolo 257
pick v 91
pick and mix 113
pickaxe 187
pickled 159
pickup 258
picnic 263
picnic bench 266
pie 158
pie tin 69
piece 272
pier 217
pies 143
pig 185
pig farm 183
pigeon 292
pigeonhole 100
piglet 185
pigsty 185
pigtails 39
Pilates 251
pill 21, 109

pillar 300
pillion 204
pillow 70
pillowcase 71
pilot 190, 211
pin 60, 237, 249, 276
pin number 96
pincushion 276
pine 296
pine nut 129
pineapple 128
pineapple juice 149
pink 274
pint 311
pinto beans 131
pip 128
pipe 112, 202
pipe cutter 81
pipette 167
piping bag 69
pistachio 129
pitch 225, 256, 266
pitch v 229
pitch a tent v 266
pitcher 151, 229
pitcher's mound 228
pitches available 266
pith 126
pitta bread 139
pizza 154
pizza parlour 154
place mat 64
place setting 65
placenta 52
plain 285
plain chocolate 113
plain flour 139
plait 39
plane 81
plane v 79
planet 280, 282
plant v 183
plant pot 89
plants 86, 296
plaque 50
plaster 47, 83
plaster v 82
plastic bag 122
plastic pants 30
plastic surgery 49
plate 283
plateau 284
platform 208
platform number 208
platform shoe 37
platinum 289
play 254, 269
play v 229, 273
player 221, 231, 273
playground 263
playhouse 75
playing 75
playpen 75
plea 180
please 322

Plimsoll line 214
plough v 183
plug 60, 72
plum 126
plumb line 82
plumber 188
plumbing 61
plunger 81
plus 165
plywood 79
pneumatic drill 187
poach v 67
poached 159
pocket 32
pod 122
podium 235, 256
point 273
poisoning 46
poker 273
Poland 316
polar bear 291
pole 245, 282
pole vault 234
police 94
police car 94
police cell 94
police officer 94
police station 94
policeman 189
polish 77
polish v 77
politics 169
polo 243
polyester 277
pomegranate 128
pommel 242
pommel horse 235
pond 85
ponytail 39
pool 249
pop 259
popcorn 255
popper 30
poppy 297
poppy seeds 138
porch 58
porch light 58
pore 15
pork 118
porridge 156
port 145, 176, 214, 216
porter 100
portfolio 97
porthole 214
portion 64
portrait 271
Portugal 316
positive electrode 167
post office 98
postage 98
postal code 98
postal order 98
postal worker 98

postbox 99
postcard 112
poster 255
poster paint 274
postgraduate 169
postman 98, 190
postmark 98
pot plant 110
pot up v 91
potato 124
pot-pourri 111
potted plant 87
potter's wheel 275
pottery 275
potty 74
pouch 291
poultry 119
poultry farm 183
pound 310
pour v 67
powder 77, 109
powder puff 40
powdered milk 137
power 60
power cable 176
power cut 60
practice swing 233
pram 75
praying mantis 295
pregnancy 52
pregnancy test 52
pregnant 52
premature 52
premolar 50
prerecorded 178
prescription 45
present 27
presentation 174
presenter 178
preservative 83
preserved fruit 134
press 178
presser foot 276
press-up 251
pressure valve 61
price 152, 199
price list 154
prickly pear 128
primer 83
primrose 297
principality 315
print 271
print v 172
printer 172, 176
printing 275
prison 181
prison guard 181
private bathroom 100
private jet 211
private room 48
probe 50
problems 271
processed grains 130
procession 27
processor 176

english

english

producer 254
program 176
programme 254, 269
programming 178
projector 174
promenade 265
propagate v 91
propeller 211, 214
proposal 174
prosciutto 143
prosecution 180
prostate 21
protractor 165
proud 25
prove v 139
province 315
prow 215
prune 129
prune v 91
psychiatry 49
psychotherapy 55
public address system 209
puck 224
pudding rice 130
Puerto Rico 314
puff pastry 140
pull up v 251
pulp 127
pulse 47
pulses 130
pumice 288
pumice stone 73
pump 207
pumpkin 125
pumpkin seed 131
punch 237
punch bag 237
puncture 203, 207
pup 290
pupil 51, 162
puppy 290
purple 274
purse 37
pushchair 75
putt v 233
putter 233
pyjamas 33
pyramid 164

Q

Qatar 318
quadriceps 16
quail 119
quail egg 137
quart 311
quarter of an hour 304
quarterdeck 214
quartz 289
quay 216
queen 272, 273
question 163
question v 163
quilt 71

quilting 277
quince 128
quinoa 130
quiver 249

R

rabbit 118, 290
raccoon 290
race 234
racecourse 243
racehorse 243
racing bike 205, 206
racing dive 239
racing driver 249
rack 166
racquet 230
racquet games 231
racquetball 231
radar 214, 281
radiator 60, 202
radicchio 123
radio 179, 268
radio antenna 214
radio station 179
radiology 49
radish 124
radius 17, 164
rafter 186
rafting 241
rail 208
rail network 209
rain 287
rainbow 287
rainbow trout 120
raincoat 31, 32
rainforest 285
raisin 129
rake 88
rake v 90
rally 230
rally driving 249
RAM 176
Ramadan 26
ramekin 69
rap 259
rapeseed 184
rapeseed oil 135
rapids 240, 284
rash 44
rasher 119
raspberry 127
raspberry jam 134
rat 290
rattle 74
raw 124, 129
ray 294
razor blade 73
razor-shell 121
read v 162
reading light 210
reading list 168
reading room 168
reamer 80
rear light 207

rear wheel 197
rearview mirror 198
receipt 152
receive v 177
receiver 99
reception 100
receptionist 100, 190
rechargeable drill 78
record 234, 269
record player 268
record shop 115
recording studio 179
rectangle 164
rectum 21
recycling bin 61
red 145, 274
red card 223
red eye 271
red kidney beans 131
red lentils 131
red meat 118
red mullet 120
Red Sea 313
reduce v 172
reel 244
reel in v 245
refectory 168
referee 222, 226
referral 49
reflector 50, 204, 207
reflector strap 205
reflexology 54
refrigerator 67
reggae 259
region 315
register 100
registered post 98
regulator 239
re-heat v 154
reiki 55
reins 242
relationships 24
relatives 23
relaxation 55
relay race 235
release v 245
remote control 269
Renaissance 301
renew v 168
rent 58
rent v 58
repair kit 207
report 174
reporter 179
reproduction 20
reproductive 19
reproductive organs 20
reptiles 293
research 169
reserve v 168
respiratory 19
rest 256
restaurant 101, 152
result 49
resurfacing 187

resuscitation 47
retina 51
retire v 26
return 231
return address 98
return date 168
rev counter 201
reverse v 195
reverse charge call 99
rewind 269
rhinoceros 291
rhombus 164
rhubarb 127
rhythmic gymnastics 235
rib 17, 119
rib cage 17
ribbon 27
ribbon 39, 111, 141, 235
ribs 155
rice 130, 158, 184
rice pudding 140
rider 242
riding boot 242
riding crop 242
riding hat 242
rigging 215, 240
right 260
right field 229
right-hand drive 201
rim 206
rind 119, 127, 136, 142
ring 36
ring finger 15
ring ties 89
rings 235
rinse v 38, 76
ripe 129
rise v 139
river 284
road bike 206
road markings 194
road signs 195
roads 194
roadworks 187, 195
roast 158
roast v 67
roasted 129
roasting tin 69
robe 38, 169
rock climbing 248
rock concert 258
rock garden 84
rocket 123
rocks 284, 288
Rocky Mountains 312
rococo 301
rodeo 243
roll 139, 311
roll v 67
roller 83, 187
roller blind 63
roller coaster 262
roller skating 249
rollerblading 263
rollerskate 249

rolling pin 69
romance 255
Romania 316
romper suit 30
roof 58, 203
roof garden 84
roof tile 187
roofrack 198
rook 272
room 58
room key 100
room number 100
room service 101
rooms 100
root 50, 124, 296
roots 39
rope 248
rose 89, 110, 145
rosé 145
rosemary 133
rotor blade 211
rotten 127
rough 232
round 237
round neck 33
roundabout 195
route number 196
router 78
row 210, 254
row v 241
rower 241
rowing boat 214
rowing machine 250
rubber 163
rubber band 173
rubber boots 89
rubber ring 265
rubber stamp 173
rubbish bin 61, 67
ruby 288
ruck 221
rudder 210, 241
rug 63
rugby 221
rugby pitch 221
rugby strip 221
ruler 163, 165
rum 145
rum and coke 151
rump steak 119
run 228
run v 228
runner bean 122
runway 212
rush 86
rush hour 209
Russian Federation 316
Rwanda 317
rye bread 138

S

sad 25
saddle 206, 242
safari park 262

english

safe 228
safety 75, 240
safety barrier 246
safety goggles 81, 167
safety pin 47
saffron 132
sage 133
Sahara Desert 313
sail 241
sailboat 215
sailing 240
sailor 189
salad 149
salamander 294
salami 142
salary 175
sales assistant 104
sales department 175
salmon 120
saloon 199
salt 64, 152
salted 121, 129, 137, 143
San Marino 316
sand 85, 264
sand v 82
sandal 37
sandals 31
sandcastle 265
sander 78
sandpaper 81, 83
sandpit 263
sandstone 288
sandwich 155
sandwich counter 143
sanitary towel 108
São Tomé and Principe 317
sapphire 288
sardine 120
Sardinia 316
satellite 281
satellite dish 269
satellite navigation 201
satsuma 126
Saturday 306
Saturn 280
sauce 134, 143, 155
saucepan 69
Saudi Arabia 318
sauna 250
sausage 155, 157
sausages 118
sauté v 67
save v 177, 223
savings 96
savings account 97
savoury 155
saw v 79
saxophone 257
scaffolding 186
scale 121, 256, 294
scales 45, 53, 69, 98, 118, 166, 212, 293, 310

scallop 121
scalp 39
scalpel 81, 167
scan 48, 52
scanner 106, 176
scarecrow 184
scared 25
scarf 31, 36
schist 288
scholarship 169
school 162, 299
school bag 162
school bus 196
school uniform 162
schoolboy 162
schoolgirl 162
schools 169
science 162, 166
science fiction film 255
scientist 190
scissors 38, 47, 82, 188, 276
scoop 68, 149
scooter 205
score 220, 256, 273
score a goal v 223
scoreboard 225
scorpion 295
scotch and water 151
scrabble 272
scrambled eggs 157
scrape v 77
scraper 82
screen 59, 63, 97, 176, 255, 269
screen wash 199
screen wash reservoir 202
screw 80
screwdriver 80
screwdriver bits 80
script 254
scrollbar 177
scrotum 21
scrub v 77
scrum 221
scuba diving 239
sculpting 275
sculptor 191
sea 264, 282
sea bass 120
sea bream 120
sea horse 294
sea lion 290
sea plane 211
seafood 121
seal 290
sealant 83
sealed jar 135
seam 34
seamstress 191
search v 177
seasonal 129
seasons 307
seat 61, 204, 209,

210, 242, 254
seat back 210
seat belt 198, 211
seat post 206
seating 254
secateurs 89
second 304, 309
second floor 104
second hand 304
second-hand shop 115
section 282
security 212
security bit 80
security guard 189
sedative 109
sedimentary 288
seed 122, 127, 130
seed tray 89
seeded bread 139
seedless 127
seedling 91
seeds 88, 131
seesaw 263
segment 126
self defence 237
self-raising flour 139
self-tanning cream 41
semidetached 58
semi-hard cheese 136
seminal vesicle 21
semi-skimmed milk 136
semi-soft cheese 136
semolina 130
send v 177
send off 223
Senegal 317
sensitive 41
sentence 181
September 306
Serbia and Montenegro 316
series 179
serve 231
serve v 64, 231
server 176
service included 152
service line 230
service not included 152
service provider 177
service vehicle 212
serving spoon 68
sesame seed 131
sesame seed oil 134
set 178, 230, 254
set v 38
set honey 134
set sail v 217
set square 165
set the alarm v 71
seven 308
seven hundred 308
seventeen 308
seventeenth 309
seventh 309
seventieth 309

seventy 308
sew v 277
sewing basket 276
sewing machine 276
sexually transmitted disease 20
shade 41
shade paint 87
shallot 125
shallow end 239
shampoo 38
shapes 164
share price 97
shares 97
shark 294
sharp 256
sharpening stone 81
shaving 73
shaving foam 73
shears 89
shed 84
sheep 185
sheep farm 183
sheep's milk 137
sheet 71, 74, 241
shelf 67, 106
shell 129, 137, 265, 293
shelled 129
shelves 66
sherry 145
shiatsu 54
shield 88
shin 12
ship 214
ships 215
shipyard 217
shirt 32
shock 47
shocked 25
shoe department 104
shoe shop 114
shoes 34, 37
shoot v 223, 227
shop 298
shop assistant 188
shopping 104
shopping bag 106
shopping centre 104
shops 114
short 32, 321
short sight 51
short wave 179
short-grain 130
shorts 30, 33
shotput 234
shoulder 13
shoulder bag 37
shoulder blade 17
shoulder pad 35
shoulder strap 37
shout v 25
shovel 187
shower 72, 286
shower block 266
shower curtain 72

shower door 72
shower gel 73
shower head 72
showjumping 243
shuffle v 273
shutoff valve 61
shutter 58
shutter release 270
shutter-speed dial 270
shuttle bus 197
shuttlecock 231
shy 25
Siberia 313
Sicily 316
side 164
sideline 220
side order 153
side plate 65
side saddle 242
side street 299
sidedeck 240
side-effects 109
sideline 226, 230
Sierra Leone 317
sieve 68, 89
sieve v 91
sift v 138
sigh v 25
sightseeing 260
sign 104
signal 209
signature 96, 98
silencer 203, 204
silk 277
silo 183
silt 85
silver 235, 289
simmer v 67
Singapore 319
singer 191
single 151
single bed 71
single cream 137
single room 100
singles 230
sink 38, 61, 66
sinus 19
siren 94
sirloin steak 119
sister 22
sister-in-law 23
site manager's office 266
sit-up 251
six 308
six hundred 308
sixteen 308
sixteenth 309
sixth 309
sixtieth 309
sixty 308
skate 120, 247, 294
skate v 224
skate wings 120
skateboard 249
skateboarding 249, 263

skein 277
skeleton 17
sketch 275
sketch pad 275
skewer 68
ski 241, 246
ski boot 246
ski jump 247
ski pole 246
ski run 246
ski slope 246
ski suit 246
skier 246
skiing 246
skimmed milk 136
skin 14, 119, 128
skin care 108
skinned 121
skipping 251
skirt 30, 34
skull 17
skydiving 248
skyscraper 299, 300
slalom 247
slate 288
sledding 247
sledgehammer 187
sleeping 74
sleeping bag 267
sleeping compartment 209
sleeping mat 267
sleeping pill 109
sleepsuit 30
sleet 286
sleeve 34
sleeveless 34
slice 119, 139, 140, 230
slice v 67
sliced bread 138
slicer 139
slide 167, 263
slide v 229
sling 46
slip 35
slip road 194
slip-on 37
slippers 31
slope 284
slotted spoon 68
Slovakia 316
Slovenia 316
slow 321
slug 295
small 321
small car 199
small intestine 18
small of back 13
smash 231
smile 25
smoke 95
smoke alarm 95
smoked 118, 121, 143, · 159
smoked fish 143

smoking 112
smoking section 152
snack 113
snack bar 148
snail 295
snake 293
snare drum 257
sneeze 44
snooker 249
snore v 71
snorkel 239
snout 293
snow 287
snowboarding 247
snowmobile 247
snowsuit 30
soak v 130
soap 73, 178
soap dish 73
soccer 222
socket 60, 80
socket wrench 80
socks 33
soda bread 139
soda water 144
sofa 62
sofabed 63
soft 129, 321
soft cheese 136
soft drink 154
soft drinks 144
soft toy 75
software 176
softwood 79
soil 85
solar system 280
solder 79, 80
solder v 79
soldering iron 81
soldier 189
sole 15, 37
solids 164
Soloman Islands 319
soluble 109
solvent 83
Somalia 317
somersault 235
son 22
sonata 256
song 259
son-in-law 22
sorbet 141
sorrel 123
sorting unit 61
soufflé 158
soufflé dish 69
sound boom 179
sound technician 179
soundtrack 255
soup 153, 158
soup bowl 65
soup spoon 65
sour 127
sour cream 137
sourdough bread 139

south 312
South Africa 317
South Korea 318
southern hemisphere 283
souvenirs 260
sow v 90, 183
soya beans 131
space 280
space exploration 281
space shuttle 281
space station 281
space suit 281
spade 88, 265, 273
Spain 316
spanner 80
spare tyre 203
spark plug 203
sparkling 144
sparring 237
sparrow 292
spatula 68, 167
speaker 174, 176, 258, 268
speaker stand 268
spearfishing 245
specials 152
spectators 233
speed boating 241
speed limit 195
speed skating 247
speedboat 214
speedometer 201, 204
spell v 162
sperm 20
sphere 164
spices 132
spicy sausage 142
spider 295
spike v 90
spikes 233
spin 230
spin v 76
spin dryer 76
spinach 123
spine 17
spire 300
spirit level 80, 187
splashback 66
spleen 18
splint 47
splinter 46
split ends 39
split peas 131
spoke 207
sponge 73, 74, 83
sponge cake 140
sponge fingers 141
spool 245
spoon 65
sport fishing 245
sports 105, 220, 236, 248
sports car 198

sports field 168
sports jacket 33
sportsman 191
spotlight 259
sprain 46
spray 109
spray v 91
spray can 311
spray gun 89
spring 71, 307
spring balance 166
spring greens 123
spring onion 125
springboard 235, 238
sprinkler 89
sprinter 234
sprocket 207
spy hole 59
square 164, 272, 299
square foot 310
square metre 310
squash 231
squat 251
squid 121, 295
squirrel 290
Sri Lanka 318
St Kitts and Nevis 314
St Lucia 314
St Vincent and Grenadines 314
stabilisers 207
stable 185, 243
stadium 223
staff 175, 256
stage 167, 254
stages 23
stainless steel 79
stair gate 75
staircase 59
stake 90
stake v 91
stalk 122, 297
stalls 254
stamen 297
stamp 98
stamp collecting 273
stamps 112
stance 232
stand 88, 205, 268
stanley knife 82
stapler 173
staples 173
star 280
star anise 133
starfish 295
starfruit 128
start school v 26
starter 153
starting block 234, 238
starting line 234
state 315
statement 180
stationery 105
statuette 260

steak 121
steam v 67
steam train 208
steamed 159
steeplechase 243
steering wheel 201
stem 111, 112, 297
stencil 83
stenographer 181
step machine 250
stepdaughter 23
stepfather 23
stepladder 82
stepmother 23
stepson 23
stereo 269
sterile 47
stern 240
stethoscope 45
stew 158
stick 224, 249
sticks 133
sticky tape 173
still 144
sting 46, 295
stir v 67
stir fry 158
stirrer 150
stirrup 242
stitch 277
stitch selector 276
stitches 52
stock broker 97
stock exchange 97
stockings 35
stocks 97, 110
stomach 18
stomach ache 44
stone 36, 275
stoned fruit 126
stop 269
stop button 197
stopper 166
stopwatch 234
store directory 104
stork 292
storm 287
stout 145
straight 39, 165
straight on 260
straighten v 39
strap 35
strapless 34
stratosphere 286
straw 144, 154
strawberry 127
strawberry milkshake 149
stream 285
street 298
street corner 298
street light 298
street sign 298
street stall 154
stress 55

stretch 251
stretcher 94
strike 228, 237
string 230, 258
string of pearls 36
strings 256
strip v 82
stroke 44, 233, 239
strokes 231
strong 321
strong flour 139
stub 96
study 63, 162
stuffed 159
stuffed olive 143
stump 225
styles 39, 239, 301
submarine 215
subsoil 91
substitute 223
substitution 223
subtract v 165
suburb 299
succulent 87
suction hose 77
Sudan 317
sugarcane 184
suit 273
sulphur 289
sultana 129
summer 31, 307
summons 180
sumo wrestling 237
Sun 280
sunbathe v 264
sunbed 41
sunblock 108, 265
sunburn 46
Sunday 306
sunflower 184, 297
sunflower oil 134
sunflower seed 131
sunglasses 51, 265
sunhat 30, 265
sunny 286
sunrise 305
sunroof 202
sunscreen 108
sunset 305
sunshine 286
suntan lotion 265
supermarket 106
supersonic jet 211
supplement 55
supply pipe 61
support 187
suppository 109
surf 241
surfboard 241
surfcasting 245
surfer 241
surfing 241
surgeon 48
surgery 45, 48
Suriname 315

surprised 25
suspect 94, 181
suspenders 35
suspension 203, 205
swallow 292
swamp 285
swan 293
Swaziland 317
sweater 33
sweatpants 33
sweatshirt 33
swede 125
Sweden 316
sweep v 77
sweet 124, 127, 155
sweet potato 125
sweet shop 113
sweet spreads 134
sweet trolley 152
sweetcorn 122
sweets 113
swim v 238
swimmer 238
swimming 238
swimming pool 101,
    238, 250
swimsuit 238, 265
swing v 232
swings 263
swiss chard 123
switch 60
Switzerland 316
swivel chair 172
sword 236
swordfish 120, 294
symphony 256
synagogue 300
synchronized
    swimming 239
synthetic 31
Syria 318
syringe 109, 167
syrup 109
system 176

T

tab 173
table 64, 148
table tennis 231
tablecloth 64
tack v 241, 277
tackle 245
tackle v 220, 223
tackle box 244
tadpole 294
tae-kwon-do 236
tag v 229
tai chi 236
tail 121, 210, 242,
    280, 290, 294
tail light 204
tailbone 17
tailgate 198
tailor 191

tailored 35
tailor's 115
tailor's chalk 276
tailor's dummy 276
tailplane 210
Tajikstan 318
take a bath v 72
take a shower v 72
take notes v 163
take off v 211
take-away 154
talcum powder 73
tall 321
tambourine 257
tampon 108
tan 41
tandem 206
tangerine 126
tank 61
Tanzania 317
tap 61, 66
tap water 144
tape deck 268
tape dispenser 173
tape measure 80, 276
target 249
target shooting 249
tarmac 187
taro root 124
tarragon 133
Tasmania 319
tattoo 41
tax 96
taxi driver 190
taxi rank 213
tea 144, 149, 184
tea with lemon 149
tea with milk 149
teabag 144
teacher 54, 162, 191
teacup 65
team 220, 229
teapot 65
tear 51
teaspoon 65
teat 75
techniques 79, 159
teddy bear 75
tee 233
teeing ground 232
teenager 23
tee-off v 233
telegram 98
telephone 99, 172
telephone box 99
telescope 281
television 268
television series 178
television studio 178
temperature 286
temperature gauge
    201
temple 14, 300
ten 308
ten thousand 309

tenant 58
tend v 91
tendon 17
tennis 230
tennis court 230
tennis shoes 231
tenon saw 81
tent 267
tent peg 266
tent pole 266
tenth 309
tequila 145
terminal 212
termite 295
terrace café 148
terraced 58
territory 315
terry nappy 30
test 49
test tube 166
testicle 21
text message 99
textbook 163
Thailand 318
thank you 322
Thanksgiving 27
the day after tomorrow
    307
the day before
    yesterday 307
theatre 254, 299
theme park 262
therapist 55
thermal underwear 35
thermals 267
thermometer 45, 167
thermosphere 286
thermostat 61
thesis 169
thick 321
thigh 12, 119
thimble 276
thin 321
third 309
thirteen 308
thirteenth 309
thirtieth 309
thirty 308
this way up 98
this week 307
thistle 297
thoracic vertebrae 17
thread 276
thread v 277
thread guide 276
thread reel 276
three 308
three hundred 308
three-door 200
three-point line 226
thriller 255
throat 19
throat lozenge 109
throttle 204
through 320

throw 237
throw v 221, 227, 229
throw-in 223, 226
thruster 281
thumb 15
thunder 286
Thursday 306
thyme 133
thyroid gland 18
tibia 17
ticket 209, 213
ticket barrier 209
ticket inspector 209
ticket office 209, 216
tie 32
tiebreak 230
tie-pin 36
tiger 291
tights 35, 251
tile 58, 272
tile v 82
till 106, 150
tiller 240
timber 187
time 234, 304
time out 220
timer 166
times 165, 261
timetable 197, 209,
    261
timing 203
tin 289, 311
tinned food 107
tip 36, 122, 246
tissue 108
title 168
titles 23
to 320
toad 294
toast 157
toasted sandwich 149
toaster 66
tobacco 112, 184
today 306
toddler 30
toe 15
toe clip 207
toe strap 207
toenail 15
toffee 113
toggle 31
Togo 317
toilet 72
toilet brush 72
toilet roll 72
toilet seat 72
toiletries 41, 107
toilets 104, 266
toll booth 194
tomato 125, 157
tomato juice 144, 149
tomato sauce 154
tomorrow 306
toner 41
tongs 150, 167

english

tongue 19, 37, 118
tonic water 144
tonne 310
tool rack 78
toolbar 177
toolbelt 186
toolbox 80
tools 187
tooth 50
toothache 50
toothbrush 72
toothpaste 72
top coat 83
top dress v 90
top tier 141
topaz 288
topiary 87
topping 155
topsoil 85
torch 267
tornado 287
tortoise 293
touch line 221
touchdown 221
tour bus 260
tour guide 260
tourer 205
touring bike 206
tourist 260
tourist attraction 260
tourist bus 197
tourist information 261
tourmaline 288
tournament 233
tow away v 195
tow truck 203
towards 320
towel rail 72
towels 73
tower 300
town 298
town hall 299
townhouse 58
toy 75
toy basket 75
toys 105
track 208, 234
tracksuit 31, 32
tractor 182
traffic 194
traffic jam 195
traffic light 194
traffic policeman 195
trailer 266
train 35, 208
train v 91, 251
train station 208
trainer 37
trainers 31, 251
tram 196, 208
transfer 223
transformer 60
transmission 202
transplant v 91
transport 194

trapezium 164
trapezius 16
trash 177
travel agent 190
travel agent's 114
travel sickness pills 109
traveller's cheque 97
tray 152, 154
tray-table 210
tread 207
tread water v 239
treadmill 250
treble clef 256
tree 86, 296
trekking 243
trellis 84
tremor 283
triangle 164, 257
triceps 16
trifle 141
trim v 39, 90
trimester 52
trimmer 88
Trinidad and Tobago 314
tripod 166, 270, 281
trolley 48, 100, 106, 208, 213
trolley bus 196
trombone 257
tropic of Cancer 283
tropic of Capricorn 283
tropical fruit 128
tropics 283
troposphere 286
trot 243
trough 183
trousers 32, 34
trout 120
trowel 89, 187
truffle 113, 125
trug 88
trumpet 257
truncheon 94
trunk 291, 296
trunks 238
try 221
t-shirt 30, 33
tub 311
tuba 257
tube 311
Tuesday 306
tug boat 215
tulip 111
tumble 235
tumble dryer 76
tumbler 65
tuna 120
tune v 179
tune the radio v 269
tuning peg 258
Tunisia 317
turbocharger 203

turf v 90
Turkey 316
turkey 119, 185, 293
Turkmenistan 318
turmeric 132
turn 238
turn v 79
turn the television off v 269
turn the television on v 269
turnip 124
turpentine 83
turquoise 289
turret 300
turtle 293
tusk 291
tutu 191
tweezers 40, 47, 167
twelfth 309
twelve 308
twentieth 309
twenty 308
twenty minutes 304
twenty thousand 309
twenty-first 309
twenty-one 308
twenty-second 309
twenty-third 309
twenty-two 308
twig 296
twin room 100
twine 89
twins 23
twist ties 89
two 308
two hundred 308
two o'clock 304
two thousand 307
two thousand and one 307
two-door 200
types 199, 205
types of buses 196
types of camera 270
types of farm 183
types of plants 86
types of fishing 245
types of train 208
tyre 198, 205, 206
tyre lever 207
tyre pressure 203

uncle 22
unconscious 47
uncooked meat 142
under 320
under par 233
undercoat 83
underexposed 271
undergraduate 169
underground map 209
underground train 209
underpass 194
underwear 32, 35
underwired 35
uniform 94, 189
United Arab Emirates 318
United Kingdom 316
United States of America 314
universe 280
university 299
unleaded 199
unpasteurised 137
unpick v 277
unsalted 137
until 320
up 320
upper circle 254
upset 25
Uranus 280
ureter 21
urethra 20
urinary 19
urology 49
Uruguay 315
usher 255
uterus 20, 52
utility room 76
Uzbekistan 318

venetian blind 63
Venezuela 315
venison 118
vent 283
ventouse cup 53
Venus 280
verdict 181
vest 33, 35, 251
vet 189
vibraphone 257
vice 78
video game 269
video phone 99
video recorder 269
video tape 269
Viet Nam 318
viewfinder 271
village 299
vine 183
vinegar 135, 142
vineyard 183
vintage 199
viola 256
violin 256
virus 44
visa 213
vision 51
visiting hours 48
visor 205
vitamins 108
v-neck 33
vocal cords 19
vodka 145
vodka and orange 151
voice message 99
volcano 283
volley 231
volleyball 227
voltage 60
volume 165, 179, 269, 311
vomit v 44

U
Uganda 317
ugli 126
Ukraine 316
ulna 17
ultrasound 52
ultraviolet rays 286
umbilical cord 52
umbrella 36, 233
umbrella stand 59
umpire 225, 229, 230

V
vacuum cleaner 77, 188
vacuum flask 267
vagina 20
valance 71
valley 284
valve 207
vanilla 132
Vanuatu 319
varnish 79, 83
vas deferens 21
vase 63, 111
Vatican City 316
vault 235, 300
veal 118
vegetable garden 85
vegetable oil 135
vegetable plot 182
vegetables 107, 122, 124
veggie burger 155
veil 35
vein 19

W
waders 244
waffles 157
waist 12
waistband 35
waistcoat 33
waiter 148, 152
waiting room 45
waitress 191
wake up v 71
walk 243
walking boot 37
walking boots 267
walkway 212
wall 58, 186, 222
wall light 62
wallet 37
wallpaper 82, 177
wallpaper v 82
wallpaper brush 82
wallpaper paste 82

walnut 129
walnut oil 134
walrus 290
ward 48
wardrobe 70
warehouse 216
warm 286
warm up v 251
warrant 180
wash v 38, 77
washbasin 72
washer 80
washer-dryer 76
washing machine 76
wasp 295
waste disposal 61, 266
waste disposal unit 61
waste pipe 61
wastebasket 172
watch 36
watch television v 269
water 144, 238
water v 90, 183
water bottle 206, 267
water chamber 61
water chestnut 124
water closet 61
water garden 84
water hazard 232
water jet 95
water plant 86
water polo 239
watercolour paints 274
watercress 123
waterfall 285
watering 89
watering can 89
watermelon 127
waterproofs 245, 267
waterskier 241
waterskiing 241
watersports 241
wave 241, 264
wavelength 179
wax 41
weak 321
weather 286

weaving 277
website 177
wedding 26, 35
wedding cake 141
wedding dress 35
wedding reception 26
wedge 233
Wednesday 306
weed v 91
weed killer 91
weeds 86
week 306
weekend 306
weekly 307
weigh v 310
weight 166, 244
weight bar 251
weight belt 239
weight training 251
wellington boots 31
west 312
western 255
Western sahara 317
wet 286, 321
wet wipe 75, 108
wetsuit 239
whale 290
wheat 130, 184
wheel 198, 207
wheel nuts 203
wheelbarrow 88
wheelchair 48
wheelchair access 197
whiplash 46
whipped cream 137
whisk 68
whisk v 67
whiskers 290
whisky 145
white 39, 145, 272, 274
white bread 139
white chocolate 113
white coffee 148
white currant 127
white flour 138
white meat 118
white rice 130

white spirit 83
whiting 120
whole 129, 132
whole milk 136
wholegrain 131
wholegrain mustard 135
wholemeal bread 139
wholemeal flour 138
wicket 225
wicket-keeper 225
wide 321
widescreen television 269
width 165
wife 22
wig 39
wild rice 130
willow 296
win v 273
wind 241, 286
windbreak 265
windcheater 33
windlass 214
window 58, 96, 98, 177, 186, 197, 209, 210
windpipe 18
windscreen 198
windscreen wiper 198
windshield 205
windsurfer 241
windsurfing 241
windy 286
wine 145, 151
wine glass 65
wine list 152
wine vinegar 135
wing 119, 210, 293
wing mirror 198
wings 254
winner 273
winter 31, 307
winter sports 247
wipe v 77
wire 79
wire cutter 80
wire strippers 81
wire wool 81

wires 60
with 320
withdrawal slip 96
without 320
witness 180
wok 69
wolf 290
woman 23
womb 52
women's clothing 34
women's wear 105
wood 79, 233, 275, 285
wood glue 78
wood shavings 78
wooden spoon 68
woodpecker 292
woodstain 79
woodwind 257
woodworking 275
wool 277
work 172
work day 306
workbench 78
workshop 78
worktop 66
world map 312
worm 295
worried 25
wound 46
wrap 155
wrapping 111
wreath 111
wrench 81, 203
wrestling 236
wrinkle 15
wrist 13, 15
wristband 230
writ 180
write v 162

X
x-ray 48
x-ray film 50
x-ray machine 212
x-ray viewer 45

Y
yacht 215
yam 125
yard 310
yatch 240
yawn v 25
year 163, 306
yeast 138
yellow 274
yellow card 223
Yemen 318
yes 322
yesterday 306
yoga 54
yoghurt 137
yolk 137, 157
you're welcome 322

Z
Zambia 317
zebra 291
zero 308
zest 126
Zimbabwe 317
zinc 289
zip 277
zone 315
zones 283
zoo 262
zoology 169
zoom lens 270

índice chino • Chinese index • 汉语索引

A
阿尔巴尼亚 316
阿尔及利亚 317
阿富汗 318
阿根廷 315
阿拉伯海 313
阿拉伯联合酋长国 318
阿拉斯加州 314
阿曼 318
阿塞拜疆318
埃及317
埃塞俄比亚 317
矮小 321
爱尔兰 316
爱情片 255
爱沙尼亚 316
安道尔 316
安第斯山脉 312
安哥拉 317
鮟鱇鱼 120
安眼药 109
安培 60
安全 75
安全别针 47
安全措施 212
安全带 198,211
安全岛护栏 298
安全帽 186
安全气囊 201
安全上垒 228
安全钻头 80
安提瓜和巴布达 314
安装 177
桉树 296
鹌鹑 119
鹌鹑蛋 137
鞍马 235
鞍座 242
岸边缆桩 214
按菜单点菜 152
按键区 97,99
按摩 54
案板 68
暗室 271
益引 310
奥地利 316
澳大利亚 319
澳洲坚果 129

B
B超 52
八 308
八百 308
八边形 164
八角 133
八十 308
八月 306
巴巴多斯 314
巴布亚新几内亚 319
巴哈马(群岛) 314
巴基斯坦 318
巴拉圭 315
巴勒斯坦 318
巴利阿里群岛(西) 316
巴洛克式 301
巴拿马 314
巴松管 257
巴西 315
巴西果 129
吧台 150
芭蕾舞 255
芭蕾舞裙 191
拔塞钻 150
拔牙 50
把…种于盆内 91
把手 88
靶 249
靶盘 273
靶心 273
白醋栗 127
白俄罗斯 316
白垩 288
白干酪 136
白格 272
白兰地 145
白米 130
白面包 139
白内障 51
白(葡萄酒) 145
白巧克力 113
白肉 118
白色 39,274
白杨 296
白蚁 295
百分比 165
百合 110

百货商店 105
百吉饼 139
百科全书 163
百里香 133
百叶窗 58,63
柏油路面 187
摆桌子 64
扳钳 81
扳手 80
班车 197
班机 210,212
斑豆 131
斑马 291
搬运工 100
板边 246
板尖 246
板球 225
板球球员 225
板岩 288
版画 275
办公楼 298
办公设备 172
办公室 24,172,174
办公用品 173
办公桌 172
办理登机手续 212
办理登机手续处 213
半场 223
半岛 282
半独立式 58
半径 164
半粒豆 131
半软奶酪 136
半升 311
半食宿 101
半脱脂牛奶 136
半小时 304
半硬奶酪 136
邦戈鼓 257
绑腿 31
傍晚 305
棒棒糖 113
棒球 228
棒球手套 228
棒形纽扣 31
磅 310
磅秤 310
包 37,311

包裹 99
包皮 21
包厢 254
包扎 47
包装纸 111
薄 321
薄饼卷 155
薄脆饼干 139,156
薄干脆饼 139
薄烤饼 157
薄片 119
宝石 36,288
饱 64
保安 189
保存 177
保加利亚 316
保龄球 249
保龄球瓶 249
保龄球运动 249
保暖内衣 267
保湿霜 41
保释 181
保温瓶 267
保险 203
保险杠 198
保险盒 60,203
保险丝 60
报告 174
报纸 112
报刊亭 112
刨 77
刨花 78
刨花板 79
刨子 81
抱歉 322
抱子甘蓝 123
暴风雨 287
曝光 271
曝光表 270
曝光不足 271
曝光过度 271
曝光记数器 270
爆米花 255
爆胎 203,207
杯垫 150
背带 37
北 312
北半球 283
北冰洋 312

北海 312
北回归线 283
北极 283
北极圈 283
北极熊 291
贝壳 265
贝宁 317
备忘录 173
备用胎 203
背 13
背包 31,37,267
背景幕布 254
背阔肌 16
背鳍 294
背刷 73
背心 30,33,35,251
倍 165
倍低音管 257
被告 180
被告人 181
被褥 74
本垒 228
本生灯 166
本位号 256
本周 307
绷带 47
蹦极 248
荸荠 124
鼻窦 19
鼻羁 242
鼻夹 238
鼻孔 14
鼻血 44
鼻子 14
比基尼泳装 264
比利时 316
比萨饼 154,155
比萨饼店 154
比赛 229,230
笔袋 163
笔记 175,191
笔记本 163,172
笔记本电脑 175
笔尖 163
笔筒 72
笔友 24
毕业 26
毕业典礼 169
毕业生 169

汉语

秘鲁 315
壁灯 62
壁炉台 63
壁球 231
壁纸 82
壁纸黏合剂 82
避孕 21
避孕套 21
避孕药 21
臂漂 238
边裁 220,223,230
边线 220,225,228
　　 230
编辑 191
编织 277
编织针 277
蝙蝠 290
便笺 173
便携式播放机CD
　　 268
便携式摄像机
　　 260,269
便装 69
变焦镜头 270
变速 207
变速杆 201,207
变速箱 202,204
变压器 60
变质岩 288
标签 172
标枪 234
标识 31
标志 322
标准杆数 233
标准间 100
表层土 85
表兄弟 22
裱糊匠 82
裱糊刷 82
裱糊台 82
髋骨 17
冰 120,287
冰雹 286
冰茶 149
冰和柠檬 151
冰河 284
冰咖啡 148
冰块 151
冰激凌 137,149
冰球 224
冰球场 224
冰球球员 224

冰上溜石 247
冰桶 150
冰鞋 224,247
冰柱 287
兵 272
丙烯颜料 274
柄 36,187
饼干 113,141
并列争球 221
病毒 44
病房 48
病理科 49
拨号 99
拨浪鼓 74
波长 179
波多黎各 314
波尔图葡萄酒 145
波兰 316
波浪 241
波罗的海 313
波斯尼亚和黑塞哥
　　维那 316
玻璃 69
玻璃棒 167
玻璃杯 150,152
玻璃瓶 166
玻璃器皿 65
玻利维亚 315
剥线钳 81
菠菜 123
菠萝 128
菠萝汁 149
播放 178,269
播种 90,183
伯利兹 314
铂 289
铰 257
博茨瓦纳 317
博士学位 169
博物馆 261
搏击操 251
薄荷 133
薄荷茶 149
薄荷糖 113
薄胶浆 83
薄雾 287
簸箕 77
补胎片 207
哺乳 53
哺乳动物 290
哺乳胸罩 53
捕捉 245

不 322
不加于… 320
不丹 318
不对 322
不含服务费 152
不含脂肪 137
不加冰 150
不省人事 47
不锈钢 79
不要 322
不用谢 322
不育 20
不粘锅 69
布丁米 130
布基纳法索 317
布里干酪 142
布料 276
布隆迪 317
布匹 277
步行区 299
步行靴 37

C
CD播放机 268
CT扫描 48
擦 77
擦伤 46
擦拭 77
擦手巾 73
擦碎 67
磋床 68
材料 79
裁缝 191
裁缝店 115
裁判 225,226,229
　　 230
采摘 91
采访记者 179
彩虹 287
彩票 112
彩色铅笔 163
踩水 239
菜 148,153,154
菜单栏 177
菜地 182
菜豆 131
菜瓢 122
菜花 124
菜卷 155
菜圃 85
菜肴 153

菜籽油 135
参加 154
餐叉 65,153
餐车 209
餐匙 65
餐刀 65
餐馆 152
餐后甜点 153
餐巾 65,150
餐巾套环 65
餐巾纸 154
餐具 95
餐具摆放 65,152
餐具垫 64
餐具沥水架 67
餐厅 64,101
餐桌 64
残疾人停车处 195
残渣处理器 61
蚕豆 122,131
仓库 216
仓鼠 290
苍蝇 295
舱门 210,281
操纵手柄 269
操作装置 201,204
操作台 66
糙米 130
槽刨 78
草 86,87
草场 285
草袋 88
草地 90
草莓 127
草莓奶昔 149
草坪 85,262
草图 275
草药 108
草药茶 149
草原 285
侧踢 237
侧舷 240
测量 310
层压板 79
叉 88
叉车 186,216
插卡口 97
插片 60
插条 91
插头 60
插枝 91

插座 60
茶
　　 144,149,156,184
茶包 144
茶杯 65
茶匙 65
茶壶 65
茶几 62
茶叶 144
差点 233
拆开 277
柴油 199
柴油机车 208
蟾蜍 294
产科 49
产科病房 48
产科医生 52
产钳 53
铲 88
铲掉 82
铲球 223
铲子 265
颤音架 257
长 32,165
长柄扫帚 77
长柄深平底锅 69
长柄修篱剪 88
长波 179
长臂猿 232
长笛 257
长度 310
长方形 164
长号 257
长颈鹿 291
长粒 130
长毛绒玩具 75
长毛绒玩具熊 75
长橇滑雪 247
长曲棍球 249
长条奶油夹心点心
　　 140
长筒橡胶靴 31
长筒袜 35
长途旅行 243
长途汽车 196
长牙 291
长椅 250,262
常绿(植物) 86
场记板 179
敞篷 260
敞篷车 199

抄网 244
超出 195
超级市场 106
超过 320
超声波(检查) 52
超音速飞机 211
超重行李 212
朝鲜 318
朝鲜蓟 124
潮湿 286,321
炒 67
炒菜 158
炒锅 69
炒鸡蛋 157
炒制 159
车把 206
车窗 209
车灯 207
车灯开关 201
车顶 203
车顶行李架 198
车费 197,209
车祸 203
车架 206
车库 58
车筐 207
车链 206
车轮 198,207
车门 196
车门把手 200
车牌 198
车票 209
车身 202
车速表 201,204
车锁 207
车厢 208
车削 79
车闸 207
车站大厅 209
车座 206
沉积岩 288
陈辞 180
晨衣 31
衬里 32
衬裙 35
衬衫 32
衬纸 83
称谓 22
称重量 310
蛏子 121
撑杆跳 234
成长阶段 22

成年人 23
成熟 129
承砖坯板 186
城堡 300
城际列车 209
城镇 298
乘 165
乘客 216
乘橇滑行 247
程序 176
秤 69,98,118,166
秤盘 310
吃 64
吃水线 214
池水 238
池塘 85
迟 305
持球触地得分 221
尺 165
尺骨 17
尺子 163
齿冠 50
齿轮 206
赤道 283
赤道几内亚 317
赤豆 131
赤铁矿 289
翅膀 119,293
充电式电钻 78
充气床垫 267
充气式橡皮艇 215
充气袖带 45
冲浪 241
冲浪板 241
冲浪运动员 241
冲洗 38,271
重铺路面 187
重新加热 154
筹码 272
臭氧层 286
出发 213
出发台 238
出发跳水 239
出局 225,228
出口 194,322
出纳员 96

出气口 61
出拳 237
出入港通道 216
出生 26,52
出生前 52
出生证明 26
出生时体重 53
出院 48
出租车司机 190
出租车站 213
除 165
除草剂 91,183
除尘 77
除臭剂 73,108
除以 165
厨刀 68
厨房 66,152
厨房电器 66
厨房用品 105
厨具 68
厨师 190
厨师帽 190
锄头 88
雏菊 110,297
橱柜 66
处方 45
处理干净的 121
处理器 176
储物柜 62
储藏 92
储蓄账户 96
触地得分 220
触角 295
触杀 229
触网 230
撬子 81
穿越 320
穿针 277
传动装置 202
传票 180
传球 220,221,223
    226
传染 44
传送带 66,70,172
传讯 180
传真 98,172
传真机 172
船 214
船舱 214
船厂 217
船上厨房 214
船首 214

船体 214,240
船头 240
船尾 240
船坞 216
船长 214
椽子 186
串肉扦 68
创可贴 47
创伤 46
窗户 58,186,197
    210
窗口 96,98
窗帘 63
窗幔 63
床 70
床单 71,74
床垫 70,74
床脚板 71
床上用品 105
床头板 70
床头灯 70
床头柜 70
床帷 71
床罩 70
吹风机 38
吹干 45
吹熄 141
垂钓种类 245
垂直 165
垂直尾翼 210
锤子 80
春天 307
纯牛奶 136
唇 14
唇彩 40
唇刷 40
唇线笔 40
瓷器 105
磁卡电话 99
磁铁 167
此面向上 98
刺伤 46
刺猬 290
刺绣 277
从…来 320
从邮筒中取信 98
葱 125
葱头 125
粗缝 277
粗粒小麦粉 130
粗呢外套 31
促销海报 106

醋 135,142
醋栗 127
醋渍 159
醋渍的 143
催眠疗法 55
脆 127
村庄 299
存储器 176
存款单 96
存入 96
锉刀 81

D
DVD播放机 268
DVD光盘 268
答案 163
答录机 99
打保龄球 249
打蛋器 68
打哈欠 25
打鼾 71
打火机 112
打击乐器 257
打孔器 173
打磨机 78
打破纪录 234
打球线 233
打印 172
打印机 172,176
大比目鱼片 120
大肠 18
大出血 46
大锤 187
大豆 131
大对虾 121
大号 257
大黄 127
大回转 247
大趾 15
大教堂 300
大理石 288
大料 133
大梁 186
大陆 282,315
大陆板块 283
大麦 130,184
大门 182
大气层 282,286
大蒜 125,132
大提琴 256
大厅 100,104

汉语

大头菜 123
大头针 276
大腿 12,119
大西洋 312
大猩猩 291
大型高级轿车 199
大学 299
大学生 169
大洋 282
大洋洲 319
带柄水壶 65
带球 222
带纸夹的笔记板 173
贷款 96
待产的 52
袋 311
袋鼠 291
逮捕 94
逮捕令 180
丹麦 316
单板滑雪 247
单打 231
单份 150
单杠 235
单轨列车 208
单簧管 257
单人病房 48
单镜头反光照相机 270
单片三明治 155
单人床 71
单人间 100
单人牢房 94,181
单行 194
单行道 298
担架 94
淡水垂钓 245
淡香水 41
蛋 137
蛋白 137
蛋白石 288
蛋白甜饼 140
蛋杯 65,137
蛋糕 140
蛋糕裱花袋 69
蛋糕烤模 69
蛋糕制作 69
蛋黄 137,157
蛋黄酱 135
蛋壳 137
蛋奶糕 140

蛋奶酥 158
挡 237
挡风玻璃清洗剂容器 202
挡火层 141
挡泥板 205
刀叉餐具 64
刀片 66
导弹 211
导管 53
导线器 276
导演 254
导游 260
岛屿 282
捣成糊状 159
捣泥器 68
倒车 195
倒带 269
倒钩 244
道路 194
道路交叉处的环行路 195
道路施工 187,195
稻草人 184
得分 228,273
得分区 60
德国 316
灯 62
灯具 105
灯笼裤 128
灯泡 60
灯泡接口 60
灯丝 60
灯塔 217
灯心草 86
登机门号 213
登机牌 213
登机通道 212
登记簿 100
登录 177
登月舱 281
蹬踏 207
蹬腿 251
等式 165
等于 165
低 321
低变应原的 41
低音单簧管 257
低音吉他 258
低音吉他手 258
低音谱号 256
低音提琴 256

低于标准杆数 233
滴管 109,167
滴剂 109
底 164
底盘 203
底片 271
底漆 83
底土 91
底线 226,230
抵达 213
抵押贷款 96
地板 62,70
地被植物 87
地带 283
地钉 266
地窖 183
地理 162
地幔 72
地幔 282
地貌 284
地壳 282
地球 280,282
地区 315
地毯 63,71
地铁线路图 209
地图 195,261
地下室 58
地域 315
地震 283
地址 98
地中海 313
递送 98
第八 309
第八十 309
第二 309
第二十 309
第二十二 309
第二十三 309
第二十一 309
第九 309
第九十 309
第六 309
第六十 309
第七 309
第七十 309
第三 309
第三十 309
第十 309
第十八 309
第十二 309

第十九 309
第十六 309
第十七 309
第十三 309
第十四 309
第十五 309
第十一 309
第四 309
第四十 309
第五 309
第五十 309
第一 309
第一百 309
癫痫 44
点 273
点菜 153
点火 200,266
点火定时 203
电 60
电报 98
电表 60
电唱机 268
电池 167,202,260
电池组 78
电动机车 208
电动剃须刀 73
电镀 79
电工 188
电话 99,172
电话号码查询台 99
电话亭 99
电击 46
电击位 258
电缆 79
电力 60
电暖器 60
电气石 288
电热毯 71
电视连续剧 178
电视演播室 178
电水壶 66
电梯 59,100,104
电线 60
电压 60
电影布景 179
电影放映厅 255
电影院 255,299
电源箱延长线 78
电子产品 105
电子琴 258
电子邮件 177
电子邮件地址 177

电子邮件账户 177
电钻 78
店内用餐 154
垫肩 35
垫球 227
垫圈 61,80
垫子 54,235
靛青色 274
雕刻 79,275
雕塑家 191
鲷鱼 120
吊床 266
吊高球 231
吊钩 187
吊环 235
吊篮 84,95
吊肉钩 118
吊袜带 35
钓具 245
钓具箱 244
钓鱼 244
钓鱼许可证 245
钓鱼者 244
调查 94
蝶泳 239
丁香 133
丁字镐 187
盯人 227
钉 79,90
钉子 80
钉子头 80
顶层 141
顶点 164
顶棚 222
顶针 276
订机票 212
订书钉 173
订书机 173
定型 38
定型水 38
定音鼓 257
东 312
东帝汶 319
冬季两项 247
冬季运动 247
冬南瓜 125
冬青树 296
冬天 31,307
动画片 178,255
动力滑翔机 211
动脉 19
动物 290,292,294

动物学 169
动物园 262
动作 227,229,233 237
冻酸奶 137
豆瓣菜 123
豆荚 122
豆类 131
豆芽 122
读 162
独栋住宅 58
独立式 58
独轮手推车 88
独木舟 214,241
赌场 261
赌注 273
杜松子酒 145
肚带 242
肚脐 12
度量 165
度量衡 310
渡船 216
渡船码头 216
渡轮 215
端口 176
短 32
短波 179
短衬裤 33
短笛 257
短发 39
短裤 30,33
短拍壁球 231
短跑选手 234
短途小车 232
短吻鳄 293
断线 99
缎带 27,111,141
椴树 296
锻炼 251
堆肥 88
对不起 322
对方付费电话 99
对讲器 59
对角线 164
对流层 286
对流式电暖器 60
对手 236
兑现 97
吨 310
蹲起 251
炖菜 158
多风 286

多哥 317
多米尼加 314
多米尼克 314
多米诺骨牌 273
多年生(植物) 86
多香果 132
多云 286
多汁 127
多种维生素制剂 109
舵 241
舵柄 240

E
俄罗斯联邦 316
鹅 119,293
鹅蛋 137
蛾 295
额肌 16
恶心 44
厄瓜多尔 315
厄立特里亚 317
饿 64
鳄梨 128
鳄鱼 293
鳄鱼夹 167
摁扣 30
儿科 49
儿童安全锁 75
儿童病房 48
儿童防雪装 30
儿童睡衣 31
儿童套餐 153
儿童戏水池 263
儿童用品部 104
儿童座椅 198,207
儿童座位 207
儿媳 22
儿子 22
耳鼻喉科 49
耳朵 14
耳环 36
耳机 268
饵 244
二 308
二百 308
二层 104
二○○○年 307
二○○一年 307
二年生(植物) 86
二十 308
二十二 308
二十分钟 304

二十一 308
二头肌 16
二头肌训练 251
二月 306

F
发电机 60,207
发件篮 172
发酵 139
发牌 273
发起 139
发球 230,231,233
发球得分 230
发球占先 230
发球板 232
发球失误 230
发球线 230
发烧 44
发射 281
发射架 281
发送 177
罚出场外 223
罚点球 223
罚球区 223
罚球线 226
法官 180
法国 316
法律 169,180
法律事务部 175
法律咨询 180
法式花园 84,262
法式芥末酱 135
法式盘头 39
法式吐司 157
法属圭亚那 315
法庭 180
砝码 166
发带 39
发根 39
发箍 39
发髻 39
发胶 38
发卡 38
发色 39
发梢分叉 39
发梳 38
发刷 38
发型 39
帆 241
帆板运动 241
帆板运动员 241
帆船 215,240

帆船运动 240
帆桁 240
帆脚索 241
帆缆 215,240
番木瓜 128
番石榴 128
翻斗卡车 187
翻筋斗 235
翻领 32
番茄 125,157
番茄酱 135,154
番茄汁 144,149
烦躁 25
梵蒂冈 316
反光板 204
反光肩带 205
反光镜 207
反射镜 167
反手 231
犯规 223,226
犯罪记录 181
饭菜 64
方便食品 107
方格 272
方解石 289
方块 273
方向 323
方向舵 210
方向盘 201
芳香疗法 55
防波堤 217
防尘布 83
防盗警报 58
防冻液 199
防风夹克 33
防风屏 265
防风绳 266
防腐剂 83
防护用具 225,228, 236
防护盘 88
防溅挡板 66
防晒乳 265
防晒帽 108,265
防晒液 108
防守 220
防守队员 223
防水裤 244
防雨罩 266
防撞护栏 195
房地产商 115,189
房东 58

房 58
房间号码 100
房间送餐服务 101
房间钥匙 100
房客 58
房屋 58
房租 58
纺织 277
放大 172,271
放射科 49
放生 245
放松 55
放养的 118
飞镖 273
飞机 210
飞行 211
飞行员 190,211
非碳酸(饮料) 144
非洲 317
非洲菊 110
菲律宾 319
肥料 91
肥料堆 85
肥肉 119
肥皂 73
肥皂盒 73
肥皂剧 178
腓肠肌 16
腓骨 17
斐济 319
废纸篓 172
沸水煮 67
肺 18
费约果 128
分部 175
分道 234
分餐匙 68
分隔页 173
分公司 175
分类架 100
分类箱 61
分娩 52
分母 165
分数 165,220
分针 304
分钟 304
分子 165
芬兰 316
粉笔 162
粉饼 40
粉底 40
粉盒 40

汉语

粉红色 274
粉扑 40
粉刷 82
风 241,286
风挡 198,205
风干的 143,159
风帽 31
风扇 60,202
风扇皮带 203
风水 55
风钻 187
枫树 296
枫糖浆 134
枫糖浸泡 159
蜂鸟 292
缝 277
缝合 52
缝合线 34
缝纫机 276
缝纫用品 105
肤色 41
肤色较深 41
麸皮面包 139
伏特加酒 145
扶墙 301
扶手 59,196,200,210
扶手椅 63
拂晓 305
服务 101
服务车 212
服务器 176
服务商 177
服装 255
浮板 238
浮标 217,244
浮球 61
浮石 73,288
浮水气球 265
辐条 207
俯卧撑 251
辅导教师 54
父母 23
父亲 22
付账 153
妇科 49
妇科医生 52
妇女保健 108
负 165
负极 167
负重腰带 239
附件 177

附属建筑物 182
复活节 27
复式车道 195
复苏术 47
复叮 172
副驾驶员 211
副翼 210
副作用 109
腹部 12
腹股沟 12
腹肌 16
腹泻 44,109
覆盆子 127
覆盆子酱 134

G
咖喱 158
咖喱粉 132
钙 109
盖子 61,66
干草 184
干枸杞 217
干果 156
干花 111
干净衣物 76
干酪蛋糕模 69
干洗店 115
干性(发质) 39
干性(皮肤) 41
干燥 130,286,321
甘草糖 113
甘蔗 184
杆 245
肝脏 18,118
坩埚 166
柑橘 126
柑橘类水果 126
尴尬 25
感恩节 27
感冒 44
橄榄 151
橄榄球 220
橄榄球球衣 221
橄榄油 134
擀 67
擀面杖 69
冈比亚 317
刚果 317
刚果民主共和国 317
钢笔 163
钢锯 81

钢琴 256
钢丝钳 80
钢丝绒 81
港口 214,216
港务局长 217
杠铃横杆 251
羔羊肉 118
高 165,321
高保真音响系统 268
高大 321
高等院校 168
高等专科学校 169
高低杠 235
高度 211
高尔夫球 232
高尔夫球场 232
高尔夫球车 233
高尔夫球鞋 233
高尔夫球员 232
高跟鞋 37
高架桥下通道 194
高脚椅 75
高筋面粉 139
高山滑雪 247
高山速降 247
高山植物 87
高速公路 194
高速列车 209
高台跳水 239
高音谱号 256
高于标准杆数 233
高原 284
高脂肪奶油 137
睾丸 21
糕点坊 114
缟玛瑙 289
哥伦比亚 315
哥斯达黎加 314
哥特式 301
鸽子 292
割草 90
割草机 90
割伤 46
搁板 67,210
搁架 66,268
歌词 259
歌剧 255
歌迷 258
歌曲 259
歌手 191

阁楼 58
格斗运动 236
格林纳达 314
格陵兰 314
格鲁吉亚 318
格式文件夹 173
葛缕子籽 131
蛤蜊 121
隔离带 194
隔热层 61
个人最好成绩 234
根 124,296
跟腱 16
更换轮胎 203
更衣室 104
工厂 299
工程学 169
工具 187
工具刀 80
工具架 78
工具栏 177
工具箱 81
工具腰带 186
工业区 299
工艺刀 82
工艺美术 274,276
工装裤 30,83
工资单 175
工作午餐 175
工作间 78
工作日 306
工作台 78
弓 249
弓箭步压腿 251
公告栏 173
公共汽车 196
公共汽车候车亭 197
公共汽车票 197
公共汽车司机 190
公共汽车站 197,299
公共汽车总站 197
公国 315
公鸡 185
公交线路号 196
公里 310
公路车 206
公牛 185
公事包 37
公司 175
公寓 59
公寓楼 59,298
公园 262

功率放大器 268
攻击 94
供电系统 60
供水管 61
供应三餐 101
肱骨 17
宫内避孕器 21
宫缩 52
汞 289
拱 301
拱门 85
拱型圆顶 300
钩眼 244
钩针 277
钩织 277
狗 290
狗拉雪橇 247
购物 103
购物车 106
购物袋 106
购物篮 106
购物指南 104
购物中心 104
姑父 22
姑妈 22
觚术 130
古巴 314
古典音乐 255,259
古董店 114
古迹 261
谷仓 182
谷类食品 130,156
谷粒 130
谷物 130
股份 97
股骨 17
股票价格 97
股票经纪人 97
股权 97
股息 97
骨 17
骨粉 88
骨骼 17
骨盆 17
骨头 119,121
骨折 46
鼓 258
鼓手 258
鼓掌喝彩 255
固定螺母 203
固体蜂蜜 134
固枝环 89

故事片 269
故障 203
顾客 38,104,106
顾问 55
雇员 24
雇主 24
瓜皮 127
瓜瓢 127
瓜籽 127
刮铲 68
刮刀 82,167,275
刮除 77
挂号邮件 98
挂图架 174
关 321
关电视 269
关节 17
关门 260
观光 260
观光巴士 260
观鸟 263
观赏(植物) 87
观众 233,254
管道装置 61
掼奶油 137
灌溉 183
灌篮 227
灌木修剪 87
鹳 292
罐 145,311
罐头盒 311
罐装水果 135
罐装食品 107
罐装饮料 154
光圈调节环 270
广播 179
广播电台 179
广场 299
广告 269
广告颜料 274
广口瓶 134,311
圭亚那 315
龟 293
龟壳 293
鲑鱼 120
轨道 280
柜台 96,98,100,142
桂皮 131
滚动条 177
滚筒式烘干机 76
滚轴溜冰 263
棍子面包 138

锅盖 69
锅炉 61
国际航线 212
国际跳棋 272
国际象棋 272
国家 315
国家公园 261
国内航线 212
腘旁腱 16
果酱 156
果酱饼 142
果篮 126
果岭 232
果仁 122,129
果仁巧克力脆饼 141
果肉 124,127,129
果味酸奶 157
果味橡皮糖 113
果园 183
果汁 156
果汁冰糕 141
果汁和奶昔 149
过道 106,254
过梁 186
过滤式咖啡 148
过敏 44
过山车 262

H
哈萨克斯坦 318
孩子 23
海 264,282
海岸 285
海岸警卫队 217
海报 255
海豹 290
海滨步道 265
海滨游泳袋 264
海地 314
海关 212,216
海龟 293
海蓝宝石 288
海浪 285
海鲈 120
海马 294
海绵 73,83
海绵层 126
海鸥 292
海狮 290
海滩 264
海滩小屋 264

海滩浴巾 265
海豚 290
海王星 280
海鲜 121
海象 290
海星 295
海洋捕捞 245
含服务费 152
含酒精饮料 145
含铅 199
寒战 44
韩国 318
汉堡包 155
汉堡套餐 154
旱冰鞋 249
焊接 79
焊锡 79,81
纺缝 277
航班号 212
航空母舰 215
航空邮件 98
航天飞机 281
毫克 310
毫米 310
毫升 311
壕沟 300
好 321
好球 228
合成的 31
合股线 89
合气道 236
河岸 284
河口 285
河流 284
河马 291
核 127
核桃 129
核桃油 134
荷尔蒙 20
荷兰 316
盒式磁带录音机 269
盒式录音带 269
盒式文件夹 173
颌骨 17
贺卡 27
褐色 274
褐色小扁豆 131
鹤 292
黑暗 321
黑板 162
黑醋栗 127

黑带 237
黑洞 290
黑橄榄 143
黑格 272
黑海 313
黑咖啡 148
黑莓 127
黑面包 138,139,149
黑麦面粉 138
黑巧克力 113
黑色 39,274
黑山 316
黑桃 273
黑线鳕 120
黑眼豆 131
黑曜岩 288
黑玉 288
横杆 235,250
横隔膜 19
横梁 207
横座鞍 242
轰炸机 211
烘烤菜肴盘 69
烘烤的 129
烘制 67,138,159
红宝石 288
红茶 149
红醋栗 127
红豆 131
红海 313
红褐色 39
红花菜豆 122
红牌 223
红(葡萄酒) 145
红球菊苣 123
红肉 118
红色 274
红薯 125
红桃273
红眼271
红芸豆 131
红棕色 39
洪都拉斯 314
洪水 287
虹膜 51
虹鳟鱼 120
喉结 19
喉头 19
猴子 291
后 272
后甲板 214
后颈 13

后轮 196
后天 307
后腿内侧 119
后座 200,204
厚 321
厚底鞋 37
候机大厅 213
候机楼 212
候诊室 45
呼叫按钮 48
呼吸 47
呼吸系统 19
弧 164
狐狸 290
胡椒粉 64,152
胡椒粒 132
胡萝卜 124
胡桃 129
葫芦巴 132
湖 285
蝴蝶 295
虎 291
互联网 177
户外活动 262
护齿 237
护发素 38
护肩 224
护盔 236
护理 91
护目镜 81,167
护士 45,48,52,189
护腿 225
护腕 230
护围 74
护膝 205,220,227
护照 213
护照检查处 213
花 110,297
花瓣 297
花苞 111
花边 35
花店 110
花萼 297
花岗岩 288
花格屏 84
花冠 111
花环 111
花剑 249
花蕾 297
花盆 89
花瓶 63,111
花商 188

花生 129,151
花生酱 135
花生油 135
花式骑术 243
花束 111
花坛 85,90
花样滑冰 247
花样模板 83
花样游泳 239
花椰菜 124
花园 84
花园风格 84
花园植物 86
花园装饰 84
花艺 111
华夫饼 157
滑板 249,263
滑板(运动) 249
滑旱冰 249
滑垒 229
滑水 241
滑水橇 241
滑水者 241
滑梯 263
滑翔 248
滑翔机 211,248
滑翔伞 248
滑行 224
滑雪 246
滑雪板 246
滑雪服 246
滑雪镜 247
滑雪坡道 246
滑雪衫 31,33
滑雪靴 246
滑雪杖 246
滑雪者 246
化学 162
化验 49
化妆 40
化妆镜 40
化妆品 107
化妆刷 40
化妆用品 41
划船 241
划船机 250
划粉 276
划桨船 214
划水 239
画 62,162,274
画笔 274
画布 274

画家 191,274
画架 274
画框 62
话机 99
话筒 179
桦树 296
怀孕 20,52
怀孕的 52
怀孕三个月 52
坏 321
还书日期 168
幻灯机 163,174
换乘 209
换频道 269
换人 223
换衣笼 74
浣熊 290
患者 45
黄蜂 295
黄盖鲽 120
黄瓜 125
黄昏 305
黄牌 223
黄色 274
黄水仙 111
黄油 137,156
黄玉 288
汇率 97
汇票 98
灰浆 187
灰色 39,274
挥杆 232
徽章 189
回答 163
回合 230,237
回球 231
回收站 177
茴香 122,133
茴香籽 133
会所 232
会厌 19
会议 174
会议记录 174
会议室 174
绘画 261,274
彗尾 280
彗星 280
喙 293
昏厥 44
婚礼 26,35
婚庆蛋糕 141
婚宴 26

混凝土块 187
混音台 179
和面 138
活动 245,263
活动挂图 174
活动玩具 74
活期存款账户 96
活鱼笼 244
火柴 112
火车头 208
火车站 208
火成岩 283
火花塞 203
火鸡 119,185,293
火烈鸟 292
火炉 67
火山 283
火山道 283
火山灰 283
火山口 283
火腿 119,143,156
火腿片 119
火线 60
火星 280
火灾 95
火灾警报器 95
货币 97
货币面额 97
货舱 215
货车 208
货船 215
货架 106
货物 216

J

J 273
击打 237
击倒对手 237
击剑 249
击球 224,229,233
击球动作 231
击球局 228
击球手 225,228
击球姿势 232
击球姿势 232
机舱 210
机场 212
机动雪橇 247
机票 213
机枪 189
机身 210
机头 210

机械 187
机械构造 202
机械师 188,203
机翼 210
机油箱 204
机座 99
肌肉 16
鸡 119,185
鸡蛋 137
鸡块 155
鸡舍 185
鸡肉汉堡包 155
鸡尾酒 151
鸡尾酒调制器 150
畸齿矫正器 50
激光唱盘 269
激浪投钓 245
激流 241
及膝短袜 34
及脚踝长 34
及膝长 34
吉布提 317
吉尔吉斯斯坦 318
吉他手 258
极地 282
极光 286
急救 47,94
急救人员 94
急救箱 47
急流 284
急诊室 48
疾病 44
疾驰 243
集体治疗 55
集邮 273
集装箱 216
集装箱船 215
集装箱港口 216
几何 165
几内亚 317
几内亚比绍 317
挤奶 183
脊柱 17
脊柱按摩法 54
计时器 166
计数 165
计算机 172,176
计算器 165
记笔记 163
记分牌 225
纪录 234
记者 179
纪录片 178

纪念碑 261
纪念品 260
纪念日 26
技艺 79
系带鞋 37
系索耳 240
季风 287
季节 307
剂量 109
继父 23
继母 23
继女 23
继子 25
寄信人地址 98
蓟 297
加 165
加冰 150
加橙汁伏特加酒 151
加工过的谷物 130
加护病房 48
加护盖物 91
加可乐朗姆酒 151
加拉帕戈斯群岛 315
加勒比海 312
加里宁格勒(俄)
    316
加仑 311
加拿大 314
加纳 317
加蓬 317
加热元件 61
加时 223
加水威士忌 151
加速器 200
加油处 199
加油站 199
夹钳 78,150,166
夹钳床 166
夹心 140
夹心酥 140
家具 105
家具店 115
家庭 22
家庭轿车 199
家庭日用品 107
家庭娱乐 268
家畜 182,185
家畜圈 185
家用电器 107
家用纺织品 105
家用药箱 72
嘉年华会 27

甲板 214
甲壳虫 295
甲上皮 15
甲状腺 18
价格 152,199
价目表 154
驾驶 195
驾驶舱 210
驾驶室 95,208
驾驶席 196
驾驶座 204
架子鼓 258
假发 39
假释 181
假牙 50
假蝇 244
假蝇垂钓 245
假日 212
假日指南 212
嫁接 91
尖 36,122
尖顶 300
尖顶饰 300
尖嘴钳 80
坚果 151
坚果和干果 129
间歇喷泉 285
肩 13
肩带 35
肩胛骨 17
监护仪 53
监狱 181
煎 67
煎蛋 157
煎蛋饼 158
煎的 159
煎锅 69
煎鱼铲 68
茧 295
柬埔寨 318
减 165
减震器 205
剪 38
剪裁 277
剪裁考究 35
剪草机 88
剪草器 88
剪刀 38,47,82,
　　188,276
检查 50
检票口 209
检票员 209

检修井 299
建造 186
建筑 186,300
建筑材料 187
建筑风格 301
建筑工地 186
建筑工人 186,188
建筑师 190
建筑物 299
建筑与结构 300
剑 236
剑道 236
剑兰 110
剑鱼 120,294
健康中心 168
健身 250
健身车 250
健身房 101,250
健身器械 250
腱 17
键 176
键盘 172,176
箭 249
箭袋 249
姜 125,133
姜黄根 132
浆果 296
浆果和甜瓜 127
缰绳 242
讲解人 174
奖牌 235
奖券 112
奖学金 169
桨 241
桨手 241
降号 256
降落伞 248
酱 143,155,156
交叉训练器 250
交汇处 194
交流电 60
交通 194
交通标志 195
交通堵塞 195
交通警察 195
交通信号灯 194
交响乐 256
交友 26
郊区 299
浇灌 89
浇水 90
浇汁 159

胶 275
胶带架 173
胶合板 79
胶卷 271
胶囊 109
胶片 260,271
胶枪 78
焦糖 113
焦糖蛋奶 141
角 164,291
角楼 300
角膜 51
角旗 223
角球 223
矫形外科 49
脚 12,15
脚背 15
脚蹬 206
脚后跟 13,15
脚跟 13,15
脚蹼 239
脚手架 186
脚掌 15
脚趾 15
搅拌 67,138
搅拌棒 150
搅拌器 66
搅拌容器 66
搅拌碗 69
搅打 67
叫喊 25
教科书 163
教师 169
教室 162
教堂 299,300
酵母 138
阶梯教室 169
接触轨 209
接待总台 100
接待员 100,190
接地 60
接电装置 266
接力 235
接力棒 235
接目杯 269
接球 220,225
　　227,229
接球手 229
接收 177
接听电话 99
接线员 99
接种 45

揭背式轿车 199
街道 298
街角 298
节们 61
节日 254,269
节目编排 178
节目主持人 178
节ои 259
节庆 27
节日 27
洁面水 41
结冰 287
结果 49
结婚 26
结婚礼服 35
结束 321
捷克共和国 316
睫毛 14,51
睫毛膏 40
解冻 67
解剖刀 167
介绍 174
戒指 36
芥菜籽 131
芥末 155
界外球 228
借出 168
借入 168
借书处 168
借书证 168
今天 306
金 289
金额 96
金橘 126
金牌 235
金枪鱼 120
金融 97
金色 39
金丝雀 292
金星 280
金鱼 294
金属 79,289
金属线 79
金属钻头 80
津巴布韦 317
紧急出口 210
紧急情况 46
紧急刹车闸 209
紧身内衣 35
紧身衣 251
紧张 25
锦标赛 230

近视 51
近网短球 230
进攻 220
进攻区 224
进气口 61
进球得分 223
进入船坞 217
浸泡 130
禁行 195
禁烟区 152
禁止停车 195
禁止右转 195
经济舱 211
经济学 169
经理 24,174
经线 283
茎 111
惊恐 25
惊险片 255
惊讶 25
晶状体 51
精白面粉 138
精囊 21
精神科 49
精神疗法 55
精油 55
精子 20
鲸 290
颈 12
颈托 46
颈椎 17
警察 94,189
警察局 94
警车 94
警灯 94
警笛 94
警棍 94
警徽 94
警示灯 201
警探 94
净身盆 72
胫骨 17
痉挛 44
竞技场 243
静脉 19
镜架 51
镜片 51
镜头 270
镜头盖 270
镜子 63,71
就业 26

汉语

九 308
九百 308
九十 308
九月 306
韭葱 125
酒吧 150,152
酒吧小吃 150
酒吧椅 151
酒保 150,191
酒杯 65
酒醋 135
酒单 152
酒类专卖店 115
酒窝 15
旧 321
旧货商店 115
白齿 50
救护车 94
救球 223
救生筏 240
救生瞭望塔 265
救生器具 240
救生圈 240
救生艇 214
救生衣 240
救生员 239,265
车 272
局 230
菊花 110
菊花茶 149
菊苣 122
菊芋 125
橘瓣儿 126
橘色 274
橘子 126
橘子酱 134,156
橘子水 144
橘子汁 149
剧本 254
二楼厅座 254
剧院 254,299
距离 310
飓风 287
锯 79
聚光灯 259
聚酯 277
卷 311
卷尺 80,276
卷发 39
卷发夹子 38
卷发钳 38
卷帘 63

卷心菜 123
卷扬机 214
角色分配 254
绝缘胶带 81
蕨类植物 86
爵士乐 259
均质 137

K
K 273
咖啡 144,148,153,
156,184
咖啡杯 65
咖啡匙 153
咖啡豆 144
咖啡馆 148,262
咖啡壶 65
咖啡机 148,150
咖啡末 15
咖啡奶昔 149
喀麦隆 317
卡奔达(安哥拉) 317
卡波卫勒舞 237
卡布奇诺咖啡 148
卡车司机 190
卡门贝干酪 142
卡塔尔 318
开 321
开车厢 208
开关 60
开罐器 68
开花灌木 87
开门 260
开瓶器 68,150
开球 233
开球区 224
开始 321
开榫锯 81
开庭日 180
开胃菜 153
开胃酒 153
开心果 129
堪培利酒 145
看电视 269
康乃馨 110
抗辩 180
抗皱 41
考试 163
烤架盘 69
烤面包 157
烤面包机 66
烤盘 69

烤肉 158
烤肉串 155,158
烤三明治 149
烤箱 66
烤箱手套 69
烤制 159
靠垫 62
科幻片 255
科摩罗群岛 317
科特迪瓦 317
科威特 318
科西嘉岛(法) 316
科学 166
科学家 190
科室 49
颗粒芥末酱 135
颗粒状 132
蝌蚪 294
壳 129
咳嗽 44
可调扳手 80
可可粉 148
可乐 144
可溶解的 109
可视电话 99
克 311
克罗地亚 316
克什米尔 318
客车厢 208
客房清洁服务 101
客户 96,175
客户服务部 175
客货两用车 199
客户服务 104
客人 64,100
客运码头 216
课 163
课桌 162
肯尼亚 317
空 321
空乘人员 210
空翻 235
空间站 281
空气过滤器 202,204
空手道 236
空调 200
空中小姐 190,210
孔雀 293
孔雀石 289
恐怖片 255
空闲 321
控告 94,180

控制塔 212
控制台 269
口袋 32
口红 40
口腔X光 50
口腔卫生 72
口香糖 113
口罩 189
扣环 37
扣链齿 207
扣球 231
扣眼儿 32
枯草热 44
枯苕 132
哭 25
苦 124
苦苣 123
苦啤酒 145
裤子 32,34
夸脱 311
挎包 37
跨栏 235
会计部 175
会计师 97,190
块 311
块根芹 124
块菌 125
块状巧克力板 113
快 321
快餐 154
快餐店 148,154
快进 269
快乐 25
快门键 270
快门速度调节钮 270
快艇 214,241
宽 165,321
宽度 165
宽屏电视 269
髋 12
狂风 286
狂欢节 27
矿泉水 144
矿物 289
奎宁杜松子酒 151
奎宁水 144
奎奴亚藜 130
葵花籽油 134
捆绑细丝 89
捆包 184
困惑 25
困难 321

扩胸 251
扩音器 209,258
扩张术 52
蛞蝓 295

l
垃圾处理 61
垃圾回收箱 61
垃圾桶 61,67
垃圾箱 266
啦啦队长 220
拉链 277
拉脱维亚 316
拉直 39
喇叭 201,204
蜡笔 274
蜡链 277
蜡烛 63
辣 124
辣根菜 125
辣椒 124,143
辣椒粉 132
辣椒末 132
辣香肠 142
莱索托 317
兰花 111
拦击球 231
拦链 277
拦网 227
栏杆 74
阑尾 18
蓝宝石 288
蓝调音乐 259
蓝莓 127
蓝色 274
蓝纹奶酪 136
篮板 226
篮板球 226
篮球 226
篮球球员 226
篮圈 226
缆车 246
缆绳 217
烂 127
狼 290
朗姆酒 145
浪花 241
老师 162,190
老式汽车 199
老鼠 290
老挝 318
烙铁 81
酪乳 137
雷 286

雷达 214,281
雷盖音乐 259
肋骨 17
肋间肌 16
肋排 119,155
棱锥体 164
冷 286,321
冷藏室 67
冷冻的 121,124
冷冻剂容器 202
冷冻食品 107
冷冻室 67
冷却架 69
冷水龙头 72
冷榨油 135
厘米 310
梨 126
离…远 320
离船登岸 217
离合器 200,204
离婚 26
犁 183
犁地 183
黎巴嫩 318
篱笆 85
礼帽 36
礼品店 114
礼帖 173
礼物 27
李子 126
里程表 201
里海 313
里脊肉 119
理发师 39,188
理疗科 49
鲤鱼 294
力量训练器 250
历史 162
历史建筑 261
立方体 164
立交桥 194
立拍立现相机 270
立体 164
立体声 269
立遗嘱 26
利比里亚 317
利比亚 317
利口酒 145
荔枝 128
栗子 129

砾岩 288
连环画 112
连接 177
连裤袜 34,35
连排式 58
连衫裤 30
连同 320
连衣裙 31,34
联合收割机 182
联赛 223
联运 212
脸颊 14
练习挥杆 233
炼乳 136
恋爱 26
链环 36
链扣 36
链盘 206
链子 36
凉鞋 31,37
梁 186
两点钟 304
两栖动物 294
两万 309
两厢车 199
两周 307
晾干 76
晾衣绳 76
量杯 150
量匙 109
量壶 69,311
量角器 165
量油计 202
列车 208
列车时刻表 209
列车种类 208
列支敦士登 316
飘蜥 293
邻居 24
林阴道 299
淋巴系统 19
淋浴 72
淋浴隔帘 72
淋浴隔门 72
淋浴喷头 72
鳞 293
鳞片 121
灵气疗法 55
铃 197
铃鼓 257
菱形 164
零 308

零分 230
零食 113
零线 60
领带 32
领带夹 36
领钩 276
领钩环 276
领奖台 235
领结 36
领口 34
领取行李处 213
领土 315
溜冰 247
浏览 177
浏览器 177
流产 52
流感 44
流苏花边 277
流星 280
流行音乐 259
流行音乐节目主持人 179
留言 100
硫磺 289
柳树 296
六 308
六百 308
六边形 164
六十 308
六月 306
六座厢式车 199
龙骨 214
龙蒿 133
龙卷风 287
龙舌兰酒 145
龙虾 121,295
笼头 243
楼层 58
楼梯 59
楼梯栏杆 59
楼梯门栏 59
楼梯平台 59
楼座 254
漏斗 166
漏接 220
漏勺 68
镂花锯 78
镂花皮鞋 37
颅骨 17
露背装 35
卢森堡 316
卢旺达 317

炉盘 67
炉体 61
卤制 143
陆地 282
录播 178
录像带 269
录像机 269
录音吊杆 179
录音机 179
录音室 179
录制 269
鹿 291
鹿角 291
路边咖啡座 148
路标 298
路灯 298
路面标志 194
路沿 298
露天咖啡座 148
露营 266
露营地 266
驴 185
旅馆 100,264
旅馆房间内的小冰箱 101
旅客 208
旅行车 206
旅行代理 190
旅行袋 37
旅行路线 220
旅行摩托 205
旅行社 114
旅行拖车 266
旅行支票 97
旅行指南 260
旅游问询处 261
铝 289
律师 180,190
律师事务所 180
绿宝石 288
绿草带 85
绿茶 149
绿豆 131
绿橄榄 143
绿花椰菜 123
绿色 274
绿色食品店 115
绿松石 289
滤锅 68
滤镜 270
滤网 68
滤纸 167

卵巢 20
卵泡 20
卵子 20
轮毂 206
轮毂盖 202
轮机舱 214
轮圈 206
轮胎 198,205,206
轮胎充气机 199
轮胎撬杆 207
轮椅 48
轮椅通道 197
轮轴 205
轮轴皮带 203
论文 169
罗甘莓 127
罗勒 133
罗马尼亚 316
萝卜 124
锣 257
螺母 80
螺丝刀 80
螺丝刀头 80
螺丝钉 80
螺旋桨 211,214
洛可可式 301
骆驼 291
落基山脉 312
落球区 225
落叶(植物) 86
落叶松 296

M
MD录放机 268
MP3播放机 268
抹布 77
麻辫 39
麻雀 292
麻疹 44
麻醉师 48
马 185,242,272
马驹 185
马鞍 242
马鞭 242
马槟榔 143
马达 88
马达加斯加 317
马镫 242
马尔代夫 318
马尔维纳斯群岛（福克兰群岛）(阿根廷、英国争议) 315

汉语

马耳他 316
马夫 243
马厩 185,243
马甲 33
马嚼子 242
马驹 185
马克杯 65
马裤 242
马拉松 234
马拉维 317
马来西亚 319
马勒 242
马里 317
马铃薯 124
马其顿 316
马球 243
马上运动 242
马提尼酒 151
马蹄 242
马蹄铁 242
马桶刷 72
马桶座 61,72
马尾鞭 39
马靴 242
玛瑙 289
码 310
码头 216
蚂蚁 295
麦麸 130
麦克风 258
麦片粥 157
麦芽醋 135
麦芽饮料 144
脉搏 47
鳗鱼 294
满 266,321
满天星 110
满月 280
慢 321
慢步 243
慢跑 243,251,263
蔓越橘 127
芒果 128
忙碌 321
猫 290
猫头鹰 292
毛虫 295
毛地黄 297
毛巾 73
毛巾架 72
毛孔 15
毛茛 297

毛里求斯 317
毛里塔尼亚 317
毛线 277
锚 214,240
冒险片 255
帽子 36
玫瑰 110
玫瑰红(葡萄酒) 145
眉笔 40
眉夹 40
眉毛 14,51
眉刷 40
梅干 129
梅花 273
媒体 178
煤 288
每年 307
每月 307
每周 307
美发师 38,188
美发厅 115
美发用品 38
美冠鹦鹉 293
美黑霜 41
美利坚合众国 314
美容 40
美容护理 41
美式橄榄球 220
美式橄榄球球场 220
美式台球 249
美术学院 169
美洲山核桃 129
镁 109
门 85,209
门垫 59
门环 59
门廊 58
门廊灯 58
门链 59
门铃 59
门闩 59
门锁 200
门厅 59
门牙 50
门诊病人 48
门柱 220,222
蒙古 318
蒙切格干酪 142
孟加拉国 318
迷迭香 133
猕猴桃 128
米 130,310

米饭 158
米饭布丁 140
泌尿科 49
泌尿系统 19
密封剂 83
密封瓶 135
密集争球 221
密码 96
密生西葫芦 125
蜜蜂 295
蜜饯 129
蜜饯布丁 141
蜜脾 134
蜜月 26
绵羊 185
棉羊毛 137
棉被 71
棉布 277
棉豆 131
棉花 184,277
棉花软糖 113
棉球 41
免税商店 213
缅甸 318
面 164
面饼 157
面包刀 68
面包店 114,138
面包果 124
面包和面粉 138
面包块 139
面包皮 139
面包师 139
面包屑 139
面部 14
面部护理 41
面粉刷 69
面积 165,310
面具 249
面膜 41
面霜 73
面条 158
面团 140
秒 304
秒表 234
秒针 304
灭火器 95
民间音乐 259
民族 315
敏感性的 41
名胜 261
明亮 321

明天 306
明信片 112
冥想 54
模特 169
模型 190
模型制作 275
摩尔多瓦 316
摩洛哥 317
摩纳哥 316
摩天大楼 299,300
摩托车 204
摩托车赛 249
摩托车越野赛 249
磨刀器 118
磨刀石 81
磨碎的 132
蘑菇 125
抹 82
抹刀 187
莫桑比克 317
莫泽雷勒干酪 142
墨西哥 314
母牛 185
母亲 22
牡丹 111
牡蛎 121
拇指 15
拇趾球 15
木材 187
木材胶 78
木材染色剂 79
木槌 275
木杆 233
木工 275
木管乐器 257
木匠 188
木勺 68
木薯 124
木炭 266
木头 79,275
木星 280
目的地 213
目镜 167
沐浴液 73
牧场 182
牧群 183
牧羊场 183
苜蓿 297
幕 254
慕思 141

N

纳米比亚 317
奶 136
奶茶 149
奶粉 137
奶盒 136
奶酪 135,136
奶酪皮 136
奶瓶 75
奶昔 137
奶油 140,157
奶油蛋糕 140
奶油冻 141
奶油干酪 136
奶油糕点 157
奶油泡芙 140
奶油馅饼 141
奶油杏仁糖 113
奶嘴 75
耐热 69
男孩 23
男朋友 24
男人 23
男生 162
男性 12,13
男装 32,105
南 312
南半球 283
南大洋 313
南非 317
南瓜 125
南瓜籽 131
南回归线 283
南美洲 315
恼怒 25
脑 19
脑震荡 46
闹钟 70
内部 200
内车道 194
内分泌科 49
内分泌系统 19
内核 282
内后视镜 198
内裤 35
内嵌式衣橱 71
内胎 207
内涂层 83
内野 228
内衣裤 32
内有金属丝的(胸罩) 35
内院 84

内脏 18
嫩马铃薯 124
嫩圆白菜 123
尼泊尔 318
尼加拉瓜 314
尼龙 277
尼日尔 317
尼日利亚 317
逆产 52
溺水 239
年 306
年级 163
黏土 85,275
鸟 292
鸟蛤 121
尿布 75
尿道 20
尿疹膏 74
镊子 47,167
镍 289
柠檬 126
柠檬草 133
柠檬茶 149
柠檬酱 134
柠檬水 144
凝胶 109
牛犊 185
牛奶 136,156
牛奶咖啡 148
牛奶巧克力 113
牛肉 118
牛上腰排 119
牛舌 118
牛腿排 119
牛仔竞技表演 243
牛仔裤 31
牛至 133
扭伤 46
纽扣 32
农场 182,184
农场类型 183
农田 182
农活 183
农家场院 182
农民 182,189
农舍 182
农作物 184
浓烈黑啤酒 145
女裁缝 191
女儿 22
女孩 23
女朋友 24

女人 23
女商人 175
女生 162
女士衬衫 34
女式短发 39
女式短上衣 35
女侍者 191
女睡衣 35
女性 12,13
女婿 22
女演员 254
女用长睡衣 35
女用内衣 35,105
女主人 64
女装 34,105
暖风开关 201
暖器片 60
暖水袋 70
挪威 316

O
欧芹 133
欧洲 316
欧洲防风根 125
呕吐 44

P
爬行动物 293
耙 90
耙子 88
帕尔马干酪 142
拍类运动 231
排 210,254
排灯节 27
排骨 119
排卵 20,52
排气管 203,204
排气消音器 203,204
排球 227
排水 91
排水阀 61
排水沟 299
排水管 61
派 143
攀冰 247
攀登架 263
攀岩 248
攀缘植物 87
盘 230
盘子 65
判决 181
判刑 181

膀胱 20
螃蟹 121,295
胖 321
抛锚 217
抛球 221
跑步机 250
跑车 199
跑道 212,234
跑垒 229
跑马专用道 263
泡沫 148
泡泡浴液 73
胚胎 52
陪审团 180
陪审席 180
培养皿 166
配菜 153
配电器 203
配镜师 51,189
配饰 36
喷发 283
喷灌器 89
喷壶 89
喷泉 85
喷水 91
喷水孔 290
喷水器 199,311
喷嚏 44
喷头 89
喷雾罐 311
喷雾器 89,109
喷嘴 89
盆栽 111
盆栽植物 87,110
烹调手法 159
烹饪 67
朋克音乐 259
朋友 24
棚屋 85
劈 237
皮 119,128
皮筏 241
皮肤 14
皮肤白皙 41
皮肤护理 108
皮肤科 49
皮筋 173
皮塔饼 139
皮鞋 32,37
皮衣 205
皮疹 44
啤酒 145,151

啤酒龙头 150
脾脏 18
偏头痛 44
片麻岩 288
片状 132
瓢虫 295
漂流 241
漂白剂 77
漂洗 76
拼凑人像 181
拼缝 277
拼图 273
拼写 162
拼字游戏 272
频道 178
频率 179
品脱 311
乒乓球 231
乒乓球拍 231
平底玻璃杯 65
平方米 310
平方英尺 310
平房 58
平分 230
平衡木 235
平局 223
平面 261
平面图形 164
平木钻头 80
平行 165
平行四边形 164
平原 285
平直 39
评分 163
苹果 126
苹果醋 135
苹果酒 145
苹果去核器 68
苹果汁 149
屏幕 97,176
瓶 135,311
瓶塞 166
瓶装食品 134
瓶装水 144
瓶子 61
破伤风 52
剖腹产 52
剖面图 282
扑克牌 273
铺草皮 90
铺地防潮布 267
铺面 85

铺砖 82
葡萄 127
葡萄干 129
葡萄干面包 139
葡萄酒 145,151
葡萄树 183
葡萄牙 316
葡萄柚 126
葡萄园 183
葡萄汁 144
葡萄籽油 134
蒲公英 123,297
普拉提 251
瀑布 285

Q
Q 273
七 308
七百 308
七十 308
七月 306
妻(姐)妹 23
妻(姐)妹夫 23
妻子 22
期刊 168
脐带 52
骑马 263
骑手 242
骑手帽 242
骑自行车 207,263
棋盘 272
棋盘游戏 272
棋子 272
旗 221,232
旗门杆 247
鳍状鳍 290
企鹅 292
起床 71
起飞 211
起酚 217
起居室 62
起落架 210
起跑器 234
起跑线 234
公诉 180
起重机 187,216
气垫船 215
气管 18
气筒 207
气雾剂 44
汽车 198,200,202

汉语

汉语

汽车拉力赛 249
汽车修理站 199
汽车悬架 203
汽车音响 201
汽缸盖 202
汽油 199
汽油泵 199
千斤顶 203
千克 310
千年 307
铅笔 163,275
铅锤线 82
铅球 234
铅坠 244
签名 96,98
签条 89
签证 213
前叉 207
前灯 198,205
前额 14
前额带 242
前锋 222
前臼齿 50
前列腺 21
前轮 196
前门 58
前起落架 210
前天 307
荨麻 297
钱包 37
钱夹 37
钳子 167
潜水服 239
潜水面罩 239
潜水艇 215
浅底篮 88
浅水区 239
抢七局 230
强力纸夹 173
强手棋 272
强壮 321
墙 186
墙壁 58
跷跷板 263
桥梁 300
桥牌 273
巧克力 113
巧克力脆片 141
巧克力蛋糕 140
巧克力盒 113
巧克力酱 135
巧克力奶昔 149

巧克力球 113
切割 79
切割刀 81
切管机 81
切击 233
切块 119
切片 67,139,140
切片的 121
切片机 139
切片面包 138
切肉叉 68
切肉刀 68
茄子 125
切达干酪 142
亲戚 23
芹菜 122
琴颈 258
琴马 258
禽肉 119
擒抱 220,221
青豆 131
青少年 23
轻 321
轻便折叠躺椅 265
轻击 233
轻驾车赛 243
轻型飞机 211
倾覆 241
清除杂草 91
清洁工 188
清洁剂 77
清洁液 51
清洁用具 77
清漆 79,83
清扫 77
清真寺 300
清蒸 159
蜻蜓 295
鲭鱼 120
情感 25
情侣 24
庆祝蛋糕 141
庆祝会 140
丘陵 284
秋千 263
秋天 31,307
蚯蚓 295
求救电话 195
球 75,221
球棒 225,228,249
球场 226,227
球洞 232

球队 220,229
球杆 224
球茎植物 86
球具 233
球篮 226
球门 221,222,223,224
球门横梁 222
球门区 220,223
球门线 220,223,224
球拍 230
球拍柄 230
球拍面 230
球拍网线 230
球体 164
球童 230,233
球网 222,226,227,230
球鞋 220,223
球衣号 226
球员 220,221
球座 321
区域 299
曲别针 173
曲柄 202
曲棍球 224
曲棍球棒 224
驱虫剂 108,267
驱动轴 202
屈光度 51
取景器 271
取款单 96
龋齿 50
去死皮 41
去骨的 121
去骨鱼片 121
去壳的 129
去鳞的 121
去毛开膛的鸡 119
去皮的 121
去皮虾 120
去污粉 77
全景图 271
全麦面包 139
全麦面粉 138
拳击 236
拳击比赛 237
拳击练习 237
拳击手套 237
拳击台 237
拳头 15,237

犬齿 50
雀斑 15
裙边 34
裙子 30,34

R
燃气器 61
燃油箱 204
染发剂 40
染色的 39
桡骨 17
绕线轴 276
绕行道路 195
热 286,321
热层 286
热带 283
热带水果 129
热狗 155
热蜡脱毛 41
热气球 211
热巧克力 144,156
热身 251
热水龙头 72
热饮 144
人际关系 24
人力资源部 175
人墙 222
人生大事 26
人体 12
人体模型 276
人体系统 19
人像照 271
人行道 298
人行横道 195
人造黄油 137
人造饵 244
人造卫星 281
忍冬 297
刃 78,89
任意球 222
妊娠检查 52
韧带 17
日 306
日本 318
日程 261
日出 305
日晷 262
日历 306
日落 305
日期 306
日志 175
绒布尿布 30

绒绣 277
容量 311
容器 311
容易 321
溶剂 83
熔岩 283
蝾螈 294
柔道 236
肉 118
肉店老板 118
肉豆蔻 132
肉豆蔻衣 132
肉桂 133
肉酱 142,156
肉禽 107
肉皮 119
肉铺 114
肉汤 158
肉丸 158
肉馅 119
肉质植物 87
乳垫 53
乳房 12
乳牛场 183
乳糖 137
乳头 12
乳制品 107,136
入场费 260
入境检查 212
入口 59,61,322
入室盗窃 94
入睡 71
入学 26
软 129,321
软膏 109
软骨 17
软管 311
软件 176
软面包片 139
软木 79
软木塞 134
软奶酪 136
软盘 176
软心豆粒糖 113
软饮料 144,154
瑞典 316
瑞士 316
润肤露 73
润喉片 109

S
撒丁岛(意) 316

撒哈拉沙漠 313
撒网 245
撒籽面包 139
萨尔瓦多 314
萨克斯管 257
萨拉米香肠 142
塞子 72
腮红 40
腮腺炎 44
腮须 290
鳃 294
塞尔维亚 316
塞拉利昂 317
塞内加尔 317
塞浦路斯 319
赛车 205,206,249
赛车手 249
赛马(比赛) 243
赛马 243
赛马场 243
赛跑 234
赛事 243
三 308
三百 308
三层 104
三分线 226
三角板 165
三角肌 16
三角帽 301
三角内裤 33
三角墙 300
三角铁 257
三角形 164
三脚架 166,270,281
三楼厅座 254
三门 200
三明治柜台 143
三明治 155
三十 308
三头肌 16
三厢车 199
三月 306
伞 36,233
散光 51
散剂 109
散热器 202
桑拿浴 250
扫除 77
扫描仪 176
森林 285
杀虫剂 89,183
沙堡 265

沙锤 257
沙袋 237
沙丁鱼 120
沙发 62
沙发床 63
沙坑 232
沙拉 149
沙漠 285
沙滩 285
沙特阿拉伯 318
沙土 85
沙箱 263
纱布 47
刹车 200,204,206,207
刹车片 207
刹车踏板 205
砂锅 69
砂岩 288
砂纸 81,83
鲨鱼 294
筛 91
筛撒 138
筛子 89
晒后护肤液 108
晒日光浴 264
晒伤 46
山 284
山地车 206
山谷 284
山脉 282
山毛榉 296
山坡 284
山羊 185
山羊奶 136
山羊奶酪 142
山药 125
山竹果 128
珊瑚礁 285
闪电 287
闪光灯 270
扇贝 121
扇叶 60
商店 298
商人 175
商务 175
商务舱 211
商务旅行 175
商业交易 175
上菜 64
上船 217
上床睡觉 71

上腭 19
上火 77
上光剂 77
上浆刷 82
上诉 181
上下班高峰期 209
上周 307
上装 32,34
烧杯 167
烧烤 67
烧烤架 267
烧瓶 166
烧伤 46
舌 19
蛇 293
设定闹钟 71
设计师 277
射击 249
射箭 249
射精管 21
射门 223
摄像机 178
摄像机升降器 178
摄像师 178
摄影 270
摄影师 191
伸展 251
伸展腿 251
身份标签 53
身高计 45
深海垂钓 245
深褐色 39
深口圆盘 68
深水区 239
神经 19,50
神经科 49
神经系统 19
肾 119
肾脏 18
升 311
升号 256
生 124,129
生面团 138
生日 27
生日蛋糕 141
生日聚会 27
生日蜡烛 141
生肉 142
生物学 162
生意伙伴 24
生殖 20
生殖器 12

生殖器官 20
生殖系统 19
生子 26
声带 19,255
绳索 207,248
省 315
圣诞节 27
圣多美和普林西比 317
圣基茨和尼维斯 314
圣卢西亚 314
圣马力诺 316
圣坛 301
圣文森特和格林纳丁斯 314
失眠 71
施肥 91
狮子 291
湿疹 286
湿润 44
湿纸巾 74,108
十 308
十八 308
十二 308
十二月 306
十二指肠 18
十九 308
十六 308
十年 307
十七 308
十三 308
十四 308
十万 309
十五 308
十一 308
十亿 309
十月 306
十字路口 298
什锦沙拉 158
石膏 83
石工钻头 80
石灰石 85,288
石榴 128
石榴石 288
石面路 85
石墨 289
石南花 297
石头 275
石英 289
时间 234,304
时刻表 197,261

时尚 277
时针 304
时钟收音机 70
时装店 115
实验室 166
实验室 166
拾音器 258
食 280
食谱 19
食品 105
食品加工器 66
食品摊 154
食品杂货店 114
食物 149
食物篮 263
食指 15
莳萝 133
使用说明 109
士兵 189
世代 23
世纪 307
世界地图 312
市场 115
市场部 175
市区 299
市政厅 299
事故 46
侍者 148,152
视窗 177
视力 51
视力检查 51
视频游戏 269
视神经 51
视网膜 51
试管 166
试管架 166
室内系统 60
柿子 128
收费频道 269
收费站 194
收获 91,183
收件器 172
收件箱 177
收据 152
收款机 106,150
收款台 106
收线 245
收音机 268
收治的 48
手 13,15
手臂 13
手表 36

汉语

手柄 61
手叉 89
手动 200
手锯 81,89
手铐 94
手轮 276
手帕 36
手枪 94
手刹车 203
手术 48
手术记录表 48
手术室 48
手套 36,224,233,
    236,246
手提包 37
手提式婴儿床 75
手提行李 211,213
手腕 13,15
手摇曲柄钻 78
手摇钻 81
手掌 15
手镯 36
守门员 222,224,225
守球 229
首都 315
首饰 36
首饰店 114
首饰盒 36
首演 254
艏三角帆 240
受精 20
兽医 189
售货员 104,188
售票处 209,216,255
瘦 321
瘦肉 118
书 168
书包 162
书店 115
书房 63
书记官 180
书架 63,168
书名 168
梳头 38
梳妆台 71
输 273
输家 273
输精管 21
输卵管 20
输尿管 21
输液 53

蔬菜 107,122,124
蔬菜保鲜格 67
蔬菜汉堡 155
蔬菜沙拉 158
蔬菜水果店 114
蔬菜水果商 188
熟人 24
熟肉 118,143
熟食 107
熟食店 142
鼠标 176
鼠尾草 133
薯片 113
薯条 154
束 111
束腹 35
树 86,296
树袋熊 291
树干 296
树篱 85,90,182
树木支桩 90
树林 285
树枝桩 90
树皮 296
树枝 296
竖琴 256
数码相机 270
数学 162
数字 308
数字式 269
漱口池 50
漱口液 72
刷头发 38
刷洗 77
刷牙 50
刷子 83
摔 237
摔倒 237
摔跤 236
甩干 76
甩干机 76
栓剂 109
双胞胎 23
双层公共汽车 196
双打 230
双份 151
双杠 235
双光 63
双簧管 257
双门 200
双门电冰箱 67
双人床 71

双人间 100
双套马车赛 243
双体船 215
双筒望远镜 281
双叶桨 241
双翼飞机 211
双座自行车 206
霜 287
霜冻 109
爽肤水 41
爽身粉 73
水 144
水坝 300
水彩画颜料 274
水产店 114,120
水稻 184
水痘 44
水肺潜水 239
水管 202
水管车 89
水罐 151
水果 107,126,128
水果蛋糕 140
水果馅饼 140
水果馅饼烤模 69
水晶疗法 55
水景花园 84
水疗 55
水龙 95
水龙头 61,66
水母 295
水泥 186
水泥搅拌器 186
水暖工 188
水泡 46
水平尾翼 210
水平仪 80
水瓶 206,267
水球 239
水上飞机 211
水上摩托 241
水上运动 241
水生植物 86
水手 189
水獭 290
水桶 77
水下呼吸管 239
水箱 61
水星 280
水翼艇 215
水障碍 232
水煮 159

水柱 95
水准仪 187
税 96
睡袋 267
睡垫 267
睡眠 74
睡衣 31,33
顺势疗法 55
说唱音乐 259
硕士学位 169
丝绸 277
丝带 39,235
丝瓜络 73
司机 196
私人教练 250
私人喷气式飞机 211
斯里兰卡 318
斯洛伐克 316
斯洛文尼亚 316
斯威士兰 317
死球线 221
死亡 26
四 308
四百 308
四季豆 122
四轮驱动(车) 199
四门 200
四十 308
四十分钟 304
四头肌 16
四月 306
寺庙 300
饲料槽 183
饲养 183
松饼 140
松饼烤盘 69
松糕 140
松节油 83
松紧袜带 35
松肉槌 68
松鼠 290
松树 296
松土 91
松子 129
送餐 154
送纸器 172
搜索 177
苏打面包 139
苏打水 144
苏丹 317
苏里南 315
酥皮馅饼 142

诉讼案件 180
诉讼委托人 180
素描簿 275
速递 99
速滑 247
速记员 181
宿营地 266
塑料袋 122
塑料盒 311
塑料尿裤 30
酸 127
酸橙 126
酸橙调味汁 158
酸辣酱 135
酸面包 139
酸橘 123
酸奶 137
酸奶油 137
蒜瓣儿 125
蒜味腊肠 143
算术 165
随机存储器 176
髓 288
碎粒小麦 130
碎奶酪 136
碎石 88
孙女 22
孙子 22
孙子女 23
隼 292
缩小 172
所罗门群岛 319
索马里 317
锁 59
锁骨 17
锁柜 239

T
T恤衫 30,33
塔 300
塔灯 217
塔吉克斯坦 318
塔斯马尼亚(岛) 319
鳎鱼 120
踏板 61
踏板车 250
踏步机 250
踏脚套 207
胎儿 52
胎面 207
胎盘 52
胎压 203
台球 249

汉
语

台钳 78
跆拳道 236
太妃糖 113
太极拳 237
太空服 281
太空探索 281
太平洋 312
太太 22
太阳 280
太阳镜 51,265
太阳系 280
太阳穴 14
泰国 318
弹簧 71
弹簧秤 166
坦桑尼亚 317
毯子 71,74
叹息 25
炭笔 275
探视时间 48
探员 94
探针 50
碳酸饮料 144
汤 153,158
汤匙 65
汤盆 65
糖果 113
糖果店 113
糖浆 109
糖尿病 44
糖霜 141
螳螂 295
烫发 39
桃 126,128
陶制炖锅 69
陶瓷餐具 64
陶瓷炉台 66
陶工转盘 275
陶艺 275
讨论 173
套脚带 241
套筒 80
套筒扳手 80
套头毛衣 33
特技跳伞 248
特立尼达和多巴哥 314
特色菜 152
藤架 84
梯形 164
梯子 186
踢球 221,223

提案 174
提供住宿和早餐 101
提款机 97
提手 37,106
提问 163
鹈鹕 292
蹄 291
体操 235
体操选手 235
体积 165
体检 45
体温计 45
体育 162
体育场 223
体育用品 105
体重计 45
剃刀刀片 73
剃须 73
剃须泡沫 73
替补队员 223
替代疗法 54
天窗 202
天鹅 293
天花板 62
天平 166
天气 286
天然纤维 31
天王星 280
天文望远镜 281
天文学 281
田地 182
田径选手 234
田径运动 234
甜 124,127
甜菜 125
甜点盘 65
甜瓜 127
甜酱 134
甜椒 124
甜食 107
甜食店 113
甜食小车 152
甜味的 155
甜叶菜 123
填充物 50
填料 83
填馅橄榄 143
条形码 273
条形码扫描器 106
调焦 271
失焦 271
调焦旋钮 167

调色板 274
调收音机 269
调味 159
调味品 135
调味汁 135
调音 179
调制解调器 176
挑染 39
跳板 235,238
跳高 235
跳马 235
跳水(项目) 235
跳球 226
跳伞 248
跳绳 251
跳水 238,239
跳水选手 238
跳台滑雪 247
跳踢 243
跳投 227
跳远 235
跳跃 243
贴 82
贴壁纸 82
铁 109,289
铁饼 234
铁杆 233
铁轨 208
铁路网 209
铁锹 187
铁丝剪 81
听筒 99
听诊器 45
庭警 180
庭园 261
庭院 58,84
停泊 217
停车 195
停车按钮 197
停车场 195
停车计时收费器 195
停电 60
停机坪 212
停止 269
艇员 241
通风口 210
通讯 98
同花 273
同事 24
同温层 286
铜 289
铜管乐器 257

铜牌 235
童装 30
瞳孔 51
桶 82,265
桶身 61
头 12
头部 19
头顶锁柜 210
头发 14,38
头颈部损伤 46
头盔 95,204,220,228
头盔面罩 205
头皮 39
头皮屑 39
头纱 35
头痛 44
投币电话 99
投币式自动洗衣店 115
投篮 227
投球 225,229
投球区土墩 228
投球手 225,229
投资 97
投资顾问 97
骰子 272
透明胶带 173
透支 96
秃顶 39
突尼斯 317
图标 177
图钉 173
图书馆 168,299
图书管理员 168,190
图书目录 168
图章 173
徒步靴 267
屠户 188
土表施肥 90
土耳其 319
土库曼斯坦 318
土壤 85
土星 280
兔肉 118
兔子 290
团体旅游 260
推 322
推杆 233
推荐书目 168
腿 12,119
退币口 99

退休 26
臀 13
臀肌 16
托盘 152,154
拖把 77
拖车 203,266
拖船 215
拖裙 35
拖拉机 182
拖鞋 31
拖走 195
脱水的 129
脱脂奶油 137
脱脂牛奶 136
驼峰 291
鸵鸟 292
椭圆形 164

V
V型领 33

W
娃娃 75
娃娃屋 75
挖 90
挖掘机 187
挖起杆 233
蛙 294
蛙泳 239
瓦努阿图 319
瓦片 58,187
袜子 33
外币 97
外币兑换处 97
外部 198
外车道 194
外出 75
外带 154
外覆巧克力 140
外核 282
外后视镜 198
外科 49
外科医生 48
外壳 130
外皮 126,142
外套 32
外涂层 83
外甥 23
外甥女 23
外孙子女 23
外祖父母 23
外野 228

汉语

外逸层 286
外阴切开术 52
弯曲(四肢) 251
豌豆 122
完整 129
玩 273
玩家 273
玩具 75,105
玩具篮 75
玩具屋 75
晚安 322
晚餐 64
晚餐菜单 152
晚点 209
晚礼服 34
碗 65
万圣节 27
王 272
王牌 273
网捕 245
网络 176
网球 230
网球场 230
网球手 231
网球鞋 231
网站 177
危地马拉 314
危险 195,322
威士忌 145
微波炉 66
微笑 25
微型车 199
围场 243
围兜 30,50
围巾 31,36
围栏 182
围裙 69
围嘴 30
桅杆 240
维生素 108
尾 290,292,294
尾巴 242
尾部 121
尾部车门 198
尾灯 204,207
尾骨 17
尾翼 210
纬线 283
委内瑞拉 315
卫生护垫 108
卫生间 104,266
卫生巾 108

卫生棉条 108
卫生纸巾 72
卫星导航仪 201
卫星电视天线 269
未婚夫妻 24
未婚夫 24
未婚妻 24
未熟的 129
未经巴氏消毒 137
胃 18
胃痛 44
喂母乳 53
温度 286
温度计 167,201
温暖 286
温室 85
榲桲 128
文件 177
文件柜 172
文件盒 173
文件夹 172,177
文具 105
文莱 319
文凭 169
文学 162,169
文艺复兴时期风格 301
文字讯息 99
纹身 41
蚊帐 267
蚊子 295
吻 293
稳定轮 207
稳向板 241
问候 322
问题 163,271
问询处 168
莴苣 123
涡轮增压器 203
蜗牛 295
卧铺车厢 209
卧式婴儿车 75
卧室 70
乌干达 317
乌克兰 316
乌拉圭 315
乌鸦 292
乌贼 121
乌兹别克 318
污水管 61
屋顶 58
屋顶窗 58

屋顶花园 84
屋檐 58
无背带 34
无带便鞋 37
无光漆 83
无光泽 83,271
无轨电车 196
无核 127
无核蜜橘 126
无核葡萄干 129
无核小葡萄 129
无花果 129
无脊椎动物 295
无肩带 34
无菌 47
无聊 25
无名指 15
无铅 199
无绳电话 99
无糖分的 145
无线电广播 179
无线电天线 214
无袖 34
无盐的 137
无障碍赛马 243
无罪 181
无罪释放 181
芜菁 124
芜菁甘蓝 125
蜈蚣 295
五 308
五百 308
五边形 164
五斗橱 70
五金店 114
五十 308
五万 309
五万五千五百 309
五线谱 256
五月 306
午餐 64
午餐菜单 152
午夜 305
武术 317
舞蹈学院 169
舞蹈演员 191
舞曲 259
舞台 254
舞台侧翼 254
勿折 98
物镜 167
物理 162

物理学 169
雾 287

X
X光 48
X光片看片器 45
X光行李检查机 212
西 312
西班牙 316
西伯利亚 313
西部片 255
西番莲果 128
西瓜 127
西葫芦 124
西撒哈拉 317
西式馅饼 143
西西里岛(意) 316
西洋双陆棋 272
西装 32
吸杯 53
吸尘器 77,188
吸尘软管 77
吸管 144,154,167
吸乳器 53
吸烟 112
吸烟板 152
吸入器 109
希腊 316
犀牛 291
稀释剂 83
溪流 285
锡 289
蜥蜴 293
膝 12
蟋蟀 295
洗 38,77
洗涤 76
洗涤槽 61,66
洗涤液 77
洗发水 38
洗甲水 41
洗礼 26
洗淋浴 72
洗牌 273
洗手池 72
洗头盆 38
洗碗机 66
洗衣服务 101
洗衣干衣机 76
洗衣机 76
洗衣间 76
洗衣篮 76

洗澡 72
喜剧片 255
喜马拉雅山 313
戏剧 254
系 169
系统 176
细长形面包 139
细皮小柑橘 126
细香葱 133
细枝 296
峡谷 284
下巴 14
下颚 14
下水 118
下水道 299
下午 305
下午好 322
下载 177
下周 307
夏天 31,307
夏威夷 314
仙人掌 87
仙人掌果 128
先生 22
纤维 127
纤维板 79
鲜果 157
鲜奶酪 136
弦 258
弦乐器 256
弦月 280
弦枕 258
弦轴 258
咸味的 155
舷窗 214
舷梯 214
舷外马达 215
嫌疑犯 94,181
显花植物 297
显示屏 269
显视器 172,176
显微镜 167
现场直播 178
现在 304
线 165,276
线锯 81
线束 277
线轴 245,276
限速 195
馅 155
馅饼 158
馅饼烤模 69

腺 19
乡村音乐 259
乡间花园 84
相册 271
相机盒 271
相机种类 270
相框 271
相片 271
相扑 237
香 130
香槟酒 145
香菜 133
香草 133,134
香草和香辛料 132
香草花园 84
香肠 118,155,157
香蕉 128
香料包 132
香水店 41,105
香辛料 132
香烟 112
香油 134
香脂醋 135
香子兰 132
箱包部 104
向…方向 320
向后挥轩 233
向日葵 184,297
向日葵籽 131
向上 320
向下 320
项链 36
项链坠 36
项目 247
象 272,291
象鼻 291
橡果 125
橡胶软管 89
橡胶靴 89
橡皮 163
橡皮膏 47
橡树 296
削皮 67
削皮刀 68
削球 230
消毒剂 47
消毒湿巾 47
消毒液 51
消防车 95
消防队 95
消防队员 95,189
消防斧 95

消防栓 95
消防梯 95
消防通道 95
消防站 95
消化系统 19
消火栓 95
消炎药 109
销售部 175
小 321
小(粒)菜豆 131
小臂 12
小辫 39
小苍兰 110
小肠 18
小船停靠区 217
小道 262
小雕像 260
小豆蔻 132
小费 152
小狗 290
小海豹 290
小号 257
小红萝卜 124
小花 122
小回转 247
小茴香 132
小鸡 185
小家鼠 290
小街 299
小节线 256
小姐 22
小径 58,85
小军鼓 257
小龙虾 121
小轮摩托 205
小麦 130,184
小猫 290
小米 130
小面包 139
小牛肉 118
小跑 243
小时 304
小提琴 256
小腿肚 13
小巷 298
小行星 280
小型公共汽车 197
小型橇 247
小鸭 185
小圆蛋糕 140
小圆面包 143,155
小指 15

小趾 15
小猪 184
校车 196
校服 162
校园 168
校长 163
笑 25
哮喘 44
蝎子 295
斜边 164
斜方肌 16
斜锯架 81
鞋 34,37
鞋带 37
鞋底 37
鞋店 114
鞋钉 233
鞋跟 37
鞋舌 37
鞋靴部 104
鞋眼 37
写 162
泻药 109
心 119
心血管系统 19
心脏 18
心肌梗塞 44
心脏病科 49
芯 122
锌 289
新 321
新古典主义风格 301
新加坡 319
新年 27
新生儿 53
新闻 178
新闻播音员 179,191
新闻记者 191
新闻媒体 178
新西兰 319
新鲜 121,127,130
新艺术风格 301
新月 280
薪水 175
信 98
信封 173
信号 209
信息屏 213
信箱 58,99
信用卡 96
兴奋 25
星期 306

星系 280
星云 280
星座 281
行军床 266
行李 100,198,213
行李舱 196
行李车 100
行李传送带 212
行李架 204,209
行李推车 213
行李拖车 212
行李箱 198
行星 280,282
行政区 315
醒来 71
杏 126
杏仁 129,151
杏仁糊 141
杏仁油 134
性病 20
性交 20
兄弟 22
匈牙利 316
胸 12,119
胸骨 17
胸肌 16
胸廓 17
胸鳍 294
胸罩 35
胸针 36
胸椎 17
雄蕊 297
熊 291
熊猫 291
休克 47
休闲垂钓 245
休闲上衣 33
休止符 256
修剪 39,91
修篱剪 89
修理工具箱 207
修枝 90
修枝剪 89
羞涩 25
袖口 32
袖扣 36
袖子 34
须后水 73
虚弱 321
序曲 256
叙利亚 318
续借 168

宣传页 96
玄武岩 288
悬臂 95
悬挂滑翔 248
悬挂式滑翔机 248
悬挂式文件夹 173
悬绳下降 248
悬崖 285
旋律 259
旋翼 211
旋转 230
学生 162
学生宿舍 168
学位 169
学位袍 169
学习 163
学习活动 162
学习用具 165
学校 162,299
学校食堂 168
雪 287
雪崩 247
雪道 246
雪道外 247
雪花酥模子 69
雪茄 112
雪利酒 145
雪松 296
鳕鱼 120
血压 44
血压计 45
熏鲱鱼 157
熏肉 118,157
熏鱼 143
熏制 159
熏制的 118 121 143
巡回赛 231
循环训练法 251
训练 251

Y
压倒 237
压花纸 83
压力 55
压力阀 61
压路机 187
压碎的 132
鸭 119,185
鸭蛋 137
牙齿护理 108
牙膏 72

牙根 50
牙菌斑 50
牙科椅 50
牙买加 314
牙买加丑橘 126
牙片 50
牙刷 72
牙痛 50
牙线 50,72
牙鳕 120
牙医 50,189
牙龈 50
牙钻 50
哑铃 251
亚麻 184
亚麻布 277
亚马孙平原 312
亚美尼亚 318
亚洲 318
咽 19
咽喉 19
烟 95
烟草 112,184
烟囱 58,214
烟斗 112
烟锅 112
烟盒 112
烟灰缸 150
烟雾报警器 95
烟熏 112
腌制的 118
腌制 159
岩洞 284
岩浆 283
岩浆池 283
岩石 284,288
岩石园 84
研钵 68,167
研杵 68,167
研究 169
研究生阶段的 169
盐 64,152,129
盐渍的
  121,129,137,143
颜料 274
颜色 274
颜色鲜明的休闲上装
  33
檐壁 301
檐槽 58
檐口 300
眼睑 51

眼睛 14,51
眼睑 51
眼镜盒 51
眼科 49
眼泪 51
眼线液 40
眼影 40
演员 179,191,254
验血 48
燕麦 130
燕子 292
秧苗 91
羊羔 185
羊角豆 122
羊角面包 156
羊毛衫 32
羊毛毡 74
羊群 183
羊水 52
羊水穿刺诊断 52
羊鱼 120
阳光 286
阳光明媚 286
阳台 59
阳痿 20
杨桃 128
洋葱 124
洋槐 110
仰卧起坐 251
仰泳 239
养鸡场 183
养鱼场 183
养猪场 183
氧气瓶 239
样片 271
腰 12
腰带 32,35,36,236
腰带扣 36
腰骶部 13
腰果 129,151
腰肉 121
腰椎 17
摇杆 150
摇滚音乐会 258
遥控器 269
鳍鱼 120,294
鳍鱼翅 120
咬钩 245
咬伤 46
药 109
药草 55
药茶 149

药店 108
药膏 47
药剂师 108,189
药剂室 108
药片 109
药物治疗 109
钥匙 59,207
椰枣 129
椰子 129
也门 318
野餐 263
野餐长椅 266
野风信子 297
野鸡 119
野生动物园 262
野味 119
野味肉 118
野营车 266
野营炉 266
叶 122,296
叶簇 110
叶梗 297
页岩 288
液体蜂蜜 134
液体量器 311
腋窝 13
一 308
一百 308
一百万 309
一百一十 308
一层 104
一次成像全自动相机
  270
一次性的 109
一次性尿布 30
一次性剃须刀 73
一次性相机 270
一点半 304
一点二十分 304
一点二十五分 304
一点三十分 304
一点十分 304
一点十五分 304
一点四十分 304
一点四十五分 304
一点五分 304
一点五十分 304
一点五十五分 304
一份 64
一副牌 273
一杆入洞 233
一九〇〇年 307

一九〇一年 307
一九一〇年 307
一刻钟 304
一年生(植物) 86
一千 309
一勺量 149
一万 309
一小杯 151
一月 306
伊丹奶酪 142
伊拉克 318
伊朗 318
衣橱 70
衣服夹 76
衣架 70
衣领 32
衣物篮 76
医生 45,189
医学 169
医用灯 50
医用吊带 46
医用夹板 47
医用钳 167
医院 48
仪表盘 201
贴贝 121,295
胰岛素 109
胰脏 18
移动病床 48
移动电话 99
移民 26
移植 91
移植铲 89
已经过巴氏消毒 137
以后 304
以色列 318
椅背 64,210
椅子 64
椅子腿 64
艺术 162
艺术馆 261
艺术品店 115
艺术史 169
艺术体操 235
议程 174
易烹调的 130
易损坏 98
意大利 316
意大利辣香肠 142
意大利面食 158
意大利熏火腿 143
意式浓咖啡 148

溢流管 61
阴唇 20
阴道 20
阴道隔膜 21
阴地植物 87
阴蒂 20
阴茎 21
阴囊 21
音符 256
音高 256
音阶 256
音乐 162
音乐风格 259
音乐会 255,258
音乐家 191
音乐剧 255
音乐学院 169
音量 179,269
音箱 216
音箱架 268
音像店 115
银 289
银行 96
银行经理 96
银行卡 96
银行手续费 96
银行转账 96
银幕 255
银牌 235
引产 53
引火物 266
引擎 202,204,210
引擎盖 198
引体向上 251
引座员 255
饮料 107,144,156
饮食 75
隐形眼镜 51
隐形眼镜盒 51
印度 318
印度草药疗法 55
印度尼西亚 319
印度式面包 139
印度洋 313
印刷 275
印台 173
印有笺头的信纸 173
应用程序 176
英尺 310
英寸 310
英国 316
英国管 257

英里 310
英式橄榄球 221
英式橄榄球球场 221
英式芥末酱 135
英式早餐 157
婴儿 23,30
婴儿杯 75
婴儿便盆 74
婴儿秤 53
婴儿床 74
婴儿吊带 75
婴儿护理 74
婴儿间 104
婴儿监视器 75
婴儿连脚裤 30
婴儿手套 30
婴儿睡篮 74
婴儿睡袋 30
婴儿鞋 30
婴儿衣物袋 75
婴儿用品 107
婴儿浴盆 74
罂粟 297
罂粟籽 138
樱草 297
樱桃 126
樱桃番茄 124
鹦鹉 293
鹰 292
鹰嘴豆 131
营地灯 267
营地管理处 266
营火 266
营养品 55
赢 273
赢家 273
应季的 129
硬 124,129,321
硬币 97
硬件 176
硬面包圈 139
硬膜外麻醉 52
硬木 79
硬奶酪 136
硬盘 176
硬纸盒 311
硬质路肩 194
佣金 97
泳道 238
泳具 238
泳裤 238

泳帽 238
泳姿 239
用杆支撑 91
用砂纸打磨 82
用牙线洁齿 50
忧愁 25
犹太教会堂 300
邮戳 98
邮袋 98,190
邮递员 98,190
邮局 98
邮局职员 98
邮票 98,112
邮筒 99
邮政编码 98
邮资 98
油 134,142,199
油菜 123
油菜籽 184
油画颜料 274
油量表 201
油轮 215
油门 200,204
油墨 275
油漆 83
油漆滚筒 83,82
油漆盘 83
油漆桶 83
油酥点心 140,149
油桃 126
油箱 203
油性(发质) 39
油性(皮肤) 41
油炸 159
油炸的 143
游客 260
游客咨询处 322
游览车 197
游览胜地 260
游览信息 261
游乐场 263
游乐园 262
游艇 215
游戏 75,272,273
游戏节目 178
游戏围栏 75
游行 27
游泳 238
游泳池 101,238,250
游泳镜 238
游泳圈 265
游泳选手 238

游泳衣 238,265
鱿鱼 121,295
有光泽 83,271
有轨电车 196,208
有核水果 126
有机(饲养)的 118
有机(栽培)的 91,122
有机废物 61
有价证券组合 97
有生殖能力的 20
有线电视 269
有效期限 109
有氧运动 251
有罪 181
右 260
右侧驾驶 201
右外野 228
右转 323
幼儿 30
釉质 50
淤泥 85
瘀伤 46
鱼 107,120
鱼贩 188
鱼和薯条 155
鱼类 294
渔篓 245
鱼片 121
渔叉捕鱼 245
渔船 217
渔竿 244
渔港 217
渔钩 244
渔民 189
渔网 217
渔线 244
渔线轮 244
逾越节 27
榆树 296
瑜伽 54
宇航员 281
宇宙 280
宇宙空间 280
羽毛 293
羽毛球 231
羽毛球(运动) 231
羽绒被 71
羽扇豆 297
羽衣甘蓝 123
雨 287
雨夹雪 286

雨林 285
雨刷 198
雨衣 31,245,267
语言 162
语音讯息 99
玉米 122,130,184
玉米面包 139
玉米油 135
玉石 288
芋头 124
育儿袋 291
育苗盐 89
育苗室 74
育婴箱 53
郁金香 111
狱警 181
浴缸 72
浴巾 73
浴袍 73
浴室 72,266
浴室防滑垫 72
预订 168
预约 45
鸢尾 110
园丁 188
园艺 90
园艺工具 88
园艺设计 91
园艺手套 89
园艺用品店 115
员工 175
原地跑 251
原告 180
圆顶 300
圆规 165
圆锯 78
圆号 257
圆粒 130
圆领 33
圆巧克力 113
圆心 164
圆形 164
圆周 164
圆柱体 164
圆锥体 164
远视 51
远洋客轮 214
远足 263
约旦 318
约会 175
月 306
月长石 288

月桂叶 133
月经 20
月球 280
乐池 254
乐队 254,256
乐谱 255,256
岳父 23
岳母 23
阅读灯 210
阅览室 168
越过 320
越南 318
越位 223
越野滑雪 247
越野摩托 205
越障碍赛 243
云 287
云母 289
运动场 168
运动服 31,32
运动裤 33
运动衫 33
运动鞋 31,37,251
运动胸罩 35
运动员 191
运球 227
晕车药 109
晕倒 25
熨斗 76
熨烫 76
熨衣板 76

Z
杂拌糖果 113
杂草 86
杂志 107,112,168
栽培 91
载玻片 167
载物台 167
载重汽车 194
再来一次 255
在线 177
暂停 220,269
赞比亚 317
脏衣物 76
葬礼 26
藏红花 132
凿子 81,275
早 305
早餐 64,156
早餐麦片 107

汉语

早餐盘 101
早餐桌 156
早产的 52
早晨 305
增建部分 58
午得 317
炸鸡 155
炸薯片 151
蚱蜢 295
斋月 27
摘除枯花 91
窄 321
展览 261
展品 261
占线 99
战斗机 211
战舰 215
站台 208
站台号 208
章鱼 121,295
蟑螂 295
掌骨 17
掌上电脑 175
丈夫 22
帐篷 267
帐篷杆 266
账单 152
账号 96
障碍 243
障碍赛 243
招牌 104
招生办 168
爪 291,293
沼泽 285
照明 178
照明弹 240
照相机 260
照相器材店 115
罩衫 38
蛰伤 46
蛰针 295
遮蔽胶带 83
遮瑕膏 40
遮阳帽 30,265
遮阳篷 75,148
遮阳伞 148,264
折叠式婴儿车 75
折梯 82
折纸 275
哲学 169
针 276
针垫 276

针脚 277
针脚选择器 276
针灸 55
针头 109
针线筐 276
针叶树 86
珍珠项链 36
榛仁油 134
榛子 129
诊断 45
诊室 45
诊所 48
枕套 71
枕头 70
阵雨 286
镇静剂 109
震动 283
震惊 25
蒸 67
蒸粗麦粉 130
蒸汽机车 208
整骨疗法 54
整理床铺 71
整粒 130
整形外科 49
整枝 91
正餐 158
正餐用盘 65
正方形 164
正极 167
正确 322
正手 231
正厅前排座位 254
正午 305
证据 181
证券 97
证券交易所 97
证人 180
政治学 169
支撑杆 89,91
支架 88,205,207,267
支票 96
支票簿 96
支票存根 96
支帐篷 266
支座 187
汁液 127
芝麻菜 123
芝麻籽 131
织边 277
织补 277
织布机 277

织物柔顺剂 76
蜘蛛 295
直接借记 96
直肠 21
直尺 165
直发 39
直径 164
直流电 60
直升飞机 211
直行 260
职业 188,190
植物 296
植物油 135
植物种类 86
殖民地 315
跖骨 17
止咳药 108
止痛药 47,109
纸板 275
纸板制型 275
纸币 97
纸盒 172,311
纸巾 108
纸巾盒 70
纸牌 273
纸样 276
指关节 15
指挥 256
指挥棒 256
指挥塔 215
指挥台 256
指甲 15
指甲锉 41
指甲刀 41
指甲护理 41
指甲剪 41
指甲油 41
指南针 240,312
指纹 94
指形饼干 141
指压按摩 54
指压疗法 55
指引 260
趾骨 207
趾甲 15
趾甲护理 41
制冰室 67
制动液容器 202
制服 94,189
制片人 254
制图员 191
制作面包 138

治疗师 55
掷界外球 223,226
掷球 227
掷骰子 273
窒息 47
智利 315
痣 14
雉 293
中北美洲 314
中波 179
中场 224
中场休息 254
中非共和国 317
中耕机 182
中国 318
中国武术 236
中间层 286
中筋面粉 139
中圈 222,224,226
中提琴 256
中外野 228
中线 172,311
中性(发质) 39
中央车道 194
中央处理器 176
中央分车带 194
中指 15
终点摄影记录 234
终点线 234
钟表 62,304
肿瘤科 49
种类 199,205
种子 88,122,130,131
中毒 46
中风 44
种植 183
重 321
重金属摇滚 259
重力 280
重量训练 251
周末 306
肘 13
昼夜 305
皱眉 25
皱纹 15
珠宝匠 188
珠宝制作 275
猪 185
猪圈 185
猪肉 118
猪血香肠 157
竹笋 122

竹子 86
主裁判 222
主菜 153
主唱 258
主持 174
主厨 152
主帆 240
主管 174
主茎 297
主路入口 194
主权国家 315
主人 64
主题公园 262
煮沸 67
煮鸡蛋 137,157
住宿 323
助产 53
助产士 53
助厨 152
助理 24
助推器 281
注射 48
注射器 109,167
注水 67
贮水箱 61
柱 225,300
柱顶楣梁 301
抓握 237
专科医生 49
专用浴室 100
砖 187
转身 238
转诊 49
转笔刀 163
转速表 201
转椅 172
庄稼 183
装饵 245
装入 76
装饰 141
装饰配料 155
装饰脚线 63
装饰艺术风格 301
装馅 159
装修 82
锥体 164
锥形隔离墩 187
准时 305
桌布 64
桌面 177
桌面背景 177
桌子 148

啄木鸟 292
着陆 211
籽 128
子宫 20,52
子宫颈 20,52
子宫托 21
姊妹 22
紫花苜蓿 184
紫罗兰 110
紫色 274
紫水晶 288
紫外线 286
紫外线浴床 41
字典 163
字节 176
字牌 272
字体 177
自动 200
自动扶梯 104

自动门 196
自动提示机 179
自动调温器 61
自动洗车站 199
白发粉 139
自豪 25
自来水 144
自然科学 162
自然疗法 55
自卫 237
自信 25
自行车 206
自行车道 206
自行车支架 207
自由宿营地 266
自由体操 235
自由泳 239
自助餐 152
自助早餐 156

棕褐色皮肤 41
棕榈 86
棕榈树 296
棕榈芯 122
鬃毛 242,291
总部 175
总公司 175
总汇三明治 155
总经理 175
纵深 165
走廊 168,210
走棋 273
奏鸣曲 256
租车处 213
租用 58
足底反射疗法 54
足弓 15
足球 222
足球场 222

足球球衣 31,222
足球球员 222
阻挡 227
组合抽屉 172
祖父 22
祖父母 23
祖母 22
钻夹头 78
钻孔 79
钻孔器 80
木工钻头 80
钻石 288
钻头 78,80
嘴 14
罪犯 181
罪行 94
鳟鱼 120
昨天 306
左 260

左侧驾驶 201
左外野 228
左转 323
作文 163
作业 163
座位 64,210,254
座椅头枕 200
座杆 206

汉语

agradecimientos • acknowledgments • 鸣谢

DORLING KINDERSLEY would like to thank Tracey Miles and Christine Lacey for design assistance, Georgina Garner for editorial and administrative help, Sonia Gavira, Polly Boyd, and Cathy Meeus for editorial help, and Claire Bowers for compiling the DK picture credits.

The publisher would like to thank the following for their kind permission to reproduce their photographs:

Abbreviations key:
t=top, b=bottom, r=right, l=left, c=centre

Abode: 62; **Action Plus:** 224bc; **alamy.com:** 154t; A.T. Willett 287bcl; Michael Foyle 184bl; Stock Connection 287bcr; **Allsport/Getty Images:** 238cl; **Alvey and Towers:** 209 acr, 215bcl, 215bcr, 241cr; **Peter Anderson:** 188cbr, 271br; **Anthony Blake Photo Library:** Charlie Stebbings 114cl; John Sims 114tcl; **Andyalte:** 98tl; **apple mac computers:** 268tcr; **Arcaid:** John Edward Linden 301bl; Martine Hamilton Knight, Architects: Chapman Taylor Partners, 213cl; Richard Bryant 301br; **Argos:** 41tcl, 66cbl, 66cl, 66br, 66bcl, 69cl, 70bcl, 71t, 77tl, 269tc, 270tl; **Axiom:** Eitan Simanor 105bcr; Ian Cumming 104; Vicki Couchman 148ccr; **Beken Of Cowes Ltd:** 215cbc; **Bosch:** 76tcr, 76tc, 76tcl; **Camera Press:** 27c, 38tr, 256t, 257cr; Barry J. Holmes 148tr; Jane Hanger 159cr; Mary Germanou 259bc; **Corbis:** 78b; Anna Clopet 247tr; Bettmann 181tl, 181tr; Bo Zauders 156t; Bob Rowan 152bl; Bob Winsett 247cbl; Brian Bailey 247br; Carl and Ann Purcell 162l; Chris Rainer 247ctl; ChromoSohm Inc. 179tr; Craig Aurness 215bl; David H.Wells 249cbr; Dennis Marsico 274bl; Dimitri Lundt 236bc; Duomo 211tl; Gail Mooney 277ctcr; George Lepp 248c; Gunter Marx 248cr; Jack Fields 210b; Jack Hollingsworth 231bl; Jacqui Hurst 277cbr; James L. Amos 247bl, 191ctr, 220bcr; Jan Butchofsky 277cbc; Johnathan Blair 243cr; Jon Feingersh 153tr; Jose F. Poblete 191br; Jose Luis Pelaez.Inc 153tc, 175tl; Karl Weatherly 220bl, 247tcr; Kelly Mooney Photography 259tl; Kevin Fleming 249bc; Kevin R. Morris 105tr; 243tl, 243tc; Kim Sayer 249tcr; Lynn Goldsmith 258t; Macduff Everton 231bcl; Mark Gibson 249bl; Mark L. Stephenson 249tcl; Michael Pole 115tr; Michael S. Yamashita 247cctl; Mike King 247cbl; Neil Rabinowitz 214br; Owen Franken 112t; Pablo Corral 115bc; Paul A. Sounders 169br, 249ctcl; Paul J. Sutton 224c, 224br; Peter Turnley 105tcr; Phil Schermeister 227b, 248tr; R. W Jones 309; R.W. Jones 175tr; Richard Hutchings 168b; Rick Doyle 241ctr; Robert Holmes 97bc, 277ctc; Roger Ressmeyer 169tr; Russ Schleipman 229; Steve Raymer 168cr; The Purcell Team 211ctr; Tim Wright 178; Vince Streano 194t; Wally McNamee 220br, 220bcl, 224bl; Yann Arhus-Bertrand 249tl; **Dixons:** 270cl, 270cr, 270bl, 270bcl, 270bcr, 270ccr; **Education Photos:** John Walmsley 26tl; **Empics Ltd:** Adam Day 236br; Andy Heading 243c; Steve White 249cbc; **Getty Images:** 48bcl, 100t, 114bcr, 154bl, 287tr; 94tr; **Dennis Gilbert:** 106tc; **Hulsta:** 70t; **Ideal Standard Ltd:** 72r; **The Image Bank/Getty Images:** 58; **Impact Photos:** Eliza Armstrong 115cr; John Arthur 190tl; Philip Achache 246t; **The Interior Archive:** Henry Wilson, Alfie's Market 114bl; Luke White, Architect: David Mikhail, 59tl; Simon Upton, Architect: Phillippe Starck, St Martins Lane Hotel 100bcr, 100br; **Jason Hawkes Aerial Photography:** 216t; **Dan Johnson:** 26cbl, 35r; **Kos Pictures Source:** 215cbl, 240tc, 240tr; David Williams 216b; **Lebrecht Collection:** Kate Mount 169bc; **MP Visual.com:** Mark Swallow 202t; **NASA:** 280cr, 280ccl, 281tl; **P&O Princess Cruises:** 214bl; **P A Photos:** 181br; **The Photographers' Library:** 186bl, 186bc, 186t; **Plain and Simple Kitchens:** 66t; **Powerstock Photolibrary:** 169tl, 256t, 287tc; **Rail Images:** 208c, 208 cbl, 209br; **Red Consultancy:** Odeon cinemas 257bcr; **Redferns:** 259br; Nigel Crane 259c; **Rex Features:** 106br, 259tc, 259tr, 259bl, 280b; Charles Ommaney 114tcr; J.F.F Whitehead 243cl; Patrick Barth 101tl; Patrick Frilet 189cbl; Scott Wiseman 287bl; **Royalty Free Images:** Getty Images/Eyewire 154bl; **Science & Society Picture Library:** Science Museum 202b; **Skyscan:** 168t, 182c, 298; Quick UK Ltd 212; **Sony:** 268bc; **Robert Streeter:** 154br; **Neil Sutherland:** 82tr, 83tl, 90t, 118, 188ctr, 196tl, 196tr, 299cl, 299bl; **The Travel Library:** Stuart Black 264t; **Travelex:** 97cl; **Vauxhall:** Technik 198t, 199tl, 199tr, 199cl, 199cr, 199ctcl, 199cctcr, 199tcl, 199tcr, 200; **View Pictures:** Dennis Gilbert, Architects: ACDP Consulting, 106t; Dennis Gilbert, Chris Wilkinson Architects, 209tr; Peter Cook, Architects: Nicholas Crimshaw and partners, 208t; **Betty Walton:** 185br;

Colin Walton: 2, 4, 7, 9, 10, 28, 42, 56, 92, 95c, 99tl, 99tcl, 102, 116, 120t, 138t, 146, 150t, 160, 170, 191ctcl, 192, 218, 252, 260br, 260l, 261tr, 261c, 261cr, 271cbl, 271cbr, 271ctl, 278, 287br, 302, 401.

Akhil Bahkshi; Patrick Baldwin; Geoff Brightling British Museum; John Bulmer; Andrew Butler; Joe Cornish; Brian Cosgrove; Andy Crawford and Kit Hougton; Philip Dowell; Alistair Duncan; Gables; Bob Gathany; Norman Hollands; Kew Gardens; Peter James Kindersley; Vladimir Kozlik; Sam Lloyd; London Northern Bus Company Ltd; Lucky Luke Licensing; Tracy Morgan; David Murray and Jules Selmes; Musée Vivant du Cheval, France; Museum of Broadcast Communications; Museum of Natural History; NASA; National History Museum; Norfolk Rural Life Museum; Stephen Oliver; RNLI; Royal Ballet School; Guy Ryecart; Science Museum; Neil Setchfield; Ross Simms and the Winchcombe Folk Police Museum; Singapore Symphony Orchestra; Smart Museum of Art; Tony Souter; Erik Svensson and Jeppe Wikstrom; Sam Tree of Keygrove Marketing Ltd; Barrie Watts; Alan Williams; Jerry Young.

Additional Photography by Colin Walton.

Colin Walton would like to thank:
A&A News, Uckfield; Abbey Music, Tunbridge Wells; Arena Mens Clothing, Tunbridge Wells; Burrells of Tunbridge Wells; Gary at Di Marco's; Jeremy's Home Store, Tunbridge Wells; Noakes of Tunbridge Wells; Ottakar's, Tunbridge Wells; Selby's of Uckfield; Sevenoaks Sound and Vision; Westfield, Royal Victoria Place, Tunbridge Wells.

Front jacket image © Volkswagen

All other images are Dorling Kindersley copyright. For further information see www.dkimages.com

DK PICTURE LIBRAR